CB080414

CULTURA MUSICAL NEGRA

RAÇA, CLASSE E CULTURA NO PÓS-ABOLIÇÃO

Editora Appris Ltda.
1.ª Edição - Copyright© 2025 dos autores
Direitos de Edição Reservados à Editora Appris Ltda.

Nenhuma parte desta obra poderá ser utilizada indevidamente, sem estar de acordo com a Lei nº 9.610/98. Se incorreções forem encontradas, serão de exclusiva responsabilidade de seus organizadores. Foi realizado o Depósito Legal na Fundação Biblioteca Nacional, de acordo com as Leis nºs 10.994, de 14/12/2004, e 12.192, de 14/01/2010.

Catalogação na Fonte
Elaborado por: Josefina A. S. Guedes
Bibliotecária CRB 9/870

B677c
2025

Bohrer, Felipe Rodrigues
Cultura musical negra: raça, classe e cultura no pós-abolição / Felipe Rodrigues Bohrer. – 1. ed. – Curitiba: Appris, 2025.
269 p. ; 23 cm.

Inclui bibliografia.
ISBN 978-65-250-8183-0

1. Negros – Canções e músicas. 2. Música – História – Porto Alegre (RS). 3. Negros – Condições sociais. 4. Negros – Pós-abolição.
I. Título.

CDD – 305.896

Livro de acordo com a normalização técnica da ABNT

Editora e Livraria Appris Ltda.
Av. Manoel Ribas, 2265 – Mercês
Curitiba/PR – CEP: 80810-002
Tel. (41) 3156 - 4731
www.editoraappris.com.br

Printed in Brazil
Impresso no Brasil

Felipe Rodrigues Bohrer

CULTURA MUSICAL NEGRA

RAÇA, CLASSE E CULTURA NO PÓS-ABOLIÇÃO

Appris editora

Curitiba, PR

2025

FICHA TÉCNICA

EDITORIAL: Augusto Coelho
Sara C. de Andrade Coelho

COMITÊ EDITORIAL E CONSULTORIAS:
Ana El Achkar (Universo/RJ)
Andréa Barbosa Gouveia (UFPR)
Antonio Evangelista de Souza Netto (PUC-SP)
Belinda Cunha (UFPB)
Délton Winter de Carvalho (FMP)
Edson da Silva (UFVJM)
Eliete Correia dos Santos (UEPB)
Erineu Foerste (Ufes)
Fabiano Santos (UERJ-IESP)
Francinete Fernandes de Sousa (UEPB)
Francisco Carlos Duarte (PUCPR)
Francisco de Assis (Fiam-Faam-SP-Brasil)
Gláucia Figueiredo (UNIPAMPA/ UDELAR)
Jacques de Lima Ferreira (UNOESC)
Jean Carlos Gonçalves (UFPR)
José Wálter Nunes (UnB)
Junia de Vilhena (PUC-RIO)
Lucas Mesquita (UNILA)
Márcia Gonçalves (Unitau)
Maria Margarida de Andrade (Umack)
Marilda A. Behrens (PUCPR)
Marília Andrade Torales Campos (UFPR)
Marli C. de Andrade
Patrícia L. Torres (PUCPR)
Paula Costa Mosca Macedo (UNIFESP)
Ramon Blanco (UNILA)
Roberta Ecleide Kelly (NEPE)
Roque Ismael da Costa Güllich (UFFS)
Sergio Gomes (UFRJ)
Tiago Gagliano Pinto Alberto (PUCPR)
Toni Reis (UP)
Valdomiro de Oliveira (UFPR)

SUPERVISORA EDITORIAL: Renata C. Lopes

PRODUÇÃO EDITORIAL: Bruna Holmen

REVISÃO: José Ramos

DIAGRAMAÇÃO: Andrezza Libel

CAPA: Mateus Porfírio

REVISÃO DE PROVA: Colméia Studios

Aos meus pais e irmãos, por todo o afeto e incentivo.

À minha companheira, por todo o afeto e parceria.

Aos meus filhos, por todo o afeto e alegria.

APRESENTAÇÃO

O livro *Cultura musical negra* explora o campo musical de Porto Alegre a partir das experiências da comunidade negra no período do pós-abolição, especialmente durante a Primeira República. A pesquisa investiga a música como um campo de disputas políticas e sociais, em que as categorias de classe e raça moldaram uma cultura musical própria e geraram oportunidades de mobilidade social. No contexto da pós-emancipação, a obra detalha como a música serviu como uma ferramenta de reivindicação dos direitos de cidadania, combate ao preconceito social, elaboração de identidades sociais positivas e mobilidade social. Logo no início, o livro nos desafia a questionar noções enraizadas sobre a identidade musical do Rio Grande do Sul, frequentemente retratado como uma região "europeia" e com limitada influência da população negra. Contra essa visão, o autor destaca o protagonismo da comunidade negra na vida cultural, social e política da cidade, mostrando que essa comunidade teve um papel crucial na construção de uma cultura musical vibrante, multifacetada e politizada. O livro também reflete sobre as tensões entre o popular e o erudito, revelando como essas distinções foram usadas para legitimar certos grupos enquanto excluíam outros. A música não é apresentada apenas como expressão artística, mas como um importante campo de disputa em torno dos direitos de cidadania e das hierarquias sociais. O autor investiga a complexa relação entre a comunidade negra e o poder público, especialmente nas tentativas de impor uma cultura musical elitista por meio da criação de instituições como a Banda Municipal de Porto Alegre.

O livro se organiza em três capítulos, precedidos pela introdução e seguidos das considerações finais, estruturando uma análise profunda da cultura musical de Porto Alegre e suas transformações no início do século XX. O Capítulo 1 concentra-se na criação da Banda Municipal de Porto Alegre, em 1925, e como esse projeto musical representou um ponto de interseção entre a elite letrada, o poder público e a comunidade negra. O autor investiga as tensões decorrentes desse processo e explora os debates sobre a música como um reflexo das relações sociais da época. O objetivo é compreender como a música, enquanto prática cultural, foi interpretada e disputada entre diferentes setores da sociedade. Já o Capítulo 2 volta-se para a vida social da comunidade negra e as associações civis, examinando como os parâmetros culturais e étnicos foram negociados diante da ideologia dominante. O texto analisa como bandas de música e grupos teatrais negros estavam envolvidos em diferentes projetos políticos, além de buscar compreender as formas de comportamento, instrução e visibilidade pública promovidas por essas entidades. Esse capítulo revela os debates internos da comunidade negra, assim como a circulação e participação desses grupos no espaço público, destacando seu papel na vida cultural e política da cidade. Por fim, o Capítulo 3 aborda a profissionalização da música, demonstrando como a atividade musical passou a se consolidar como uma carreira formal. O autor analisa o processo de regulamentação do mercado de trabalho para músicos, a criação de instituições de ensino musical e como os músicos negros participaram dessa transformação. O capítulo ressalta as estratégias utilizadas por esses músicos para conquistar espaços em um mercado competitivo e heterogêneo, refletindo sobre como essa apropriação cultural foi essencial na conquista de postos de trabalho e no reconhecimento profissional.

O livro oferece, assim, uma visão abrangente de como a música não só refletiu as disputas sociais da época, mas também se tornou um espaço de resistência e legitimação para a comunidade negra, num contexto marcado por profundas transformações políticas e culturais. A narrativa é densa, interligando debates políticos e sociais com práticas musicais cotidianas. São questionadas divisões simplistas entre "música popular" e "erudita", mostrando que essas fronteiras foram constantemente negociadas e reconfiguradas ao longo do tempo. O livro também nos convida a considerar o papel central dos músicos como mediadores culturais, destacando a importância da sua atuação nos espaços públicos e privados de Porto Alegre.

Esta obra fornece uma valiosa contribuição para os estudos sobre a história social da cultura do Brasil, particularmente no que diz respeito ao papel da comunidade negra na formação da cultura musical do Rio Grande do Sul. Ao longo do livro, o autor nos convida a refletir sobre a música não apenas como arte, mas como um campo dinâmico de resistência e negociação, em que identidades sociais foram moldadas e disputadas em um contexto de exclusão e mobilidade social.

PREFÁCIO

O samba e a música negra são seguidamente vinculados, no senso comum, ao Rio de Janeiro ou à Bahia, evocados com facilidade pelo carnaval. Este livro surpreende quem considera que no Rio Grande do Sul o povo seja branco e europeizado, avesso a essa cultura, ao revelar uma comunidade afrodescendente que estava longe de ser demográfica ou culturalmente inexpressiva. Com o objetivo de analisar a cultura musical de Porto Alegre e problematizar imagens estereotipadas, Bohrer nos convida a conhecer a experiência e o protagonismo de músicos negros na Primeira República.

O livro é, em muitos aspectos, provocador. Desafia narrativas lineares que representam a Primeira República como o tempo de modernização (contraposto a escravidão), da civilização dos costumes, da importação de valores europeus. O Rio Grande do Sul, vocacionado à erudição, impresso na reinvindicação de uma identidade branca, é desmascarado: se essa representação tem alguma materialidade na vida real, ela só ganha substância na política, não como realidade imanente, mas enquanto projeto de uma elite branca que, diante dos embates sociais, buscava se perpetuar como tal. Ao seu socorro, o Estado se fez muitas vezes presente.

A cultura, tal como trabalhada neste livro, é percebida como uma arena na qual os indivíduos negros, a partir das lutas relativas à profissionalização e às condições de existência, protagonizavam a luta por direitos, partícipes, mesmo que em posições desiguais, desse tenso processo de construção da identidade regional. Esses sujeitos são racializados. Portanto, termos como "classe" e "raça" fazem parte de uma mesma e necessária reflexão. Como resultado de um movimento dinâmico, a raça não se define na análise, como um resíduo do passado a ser problematizado na República, mas como produto de um processo de reificação que ordenava as pretensas diferenças — erudito/popular, branco/negro. A raça passava a ser gestada e reproduzida no próprio ato de classificação. O recorte temporal é elucidativo. Nas últimas décadas do século XIX e nas primeiras do XX, houve maior recepção de teorias racistas pela elite letrada e pelo Estado.

É nesse quadro que temos a fundação da banda municipal: berço da música clássica, com músicos brancos europeus, chamados à cena para ocupar o lugar pretensamente vazio da cultura erudita. Essa política pública operou a invisibilização de outras práticas culturais, corporificadas, por exemplo, na existência de uma banda municipal precedente, heterogênea em sua formação e fortemente relacionada a cultura e musicalidade da população negra da cidade. Esse silenciamento naturalizava os receios relativos ao potencial perigo disruptor de uma cultura percebida como popular, difícil de ser normatizada.

Todo esse contexto inspira a investigação sobre formas de resistência. Bohrer, ao seguir esse caminho, é muito cuidadoso. Não ambiciona encontrar, no contraponto, uma cultura negra autêntica, não busca eleger um panteão de músicos e personalidades negras positivadas para além desta política de dominação, como um refúgio dos estigmas que operam, inclusive, na longa duração. Afinal, a história desses músicos negros e de suas comunidades não pode ocultar os embates intrínsecos ao processo que objetivava subalternizá-los. Ignorá-los seria negar não apenas o enfrentamento, mas, ainda, a violência que também constitui, na relação conflitiva da alteridade, a potência formativa da identidade negra sul-rio-grandense. Nesse sentido, os trabalhos de Hall foram inspiradores na medida em que este pontua que mais importante do que buscar uma cultura popular autônoma fora do campo do poder e da dominação é perceber o campo de ação que os relaciona.

Nessa perspectiva, o popular e o erudito ressurgem com definições permeáveis às disputas e negociações de significados polissêmicos. Não surpreende, então, a narrativa de Borher que flagra na imprensa negra artigos sobre compositores eruditos, nem o relato sobre a execução de peças sinfônicas na abertura do carnaval.

Focado nas trajetórias de inúmeros músicos negros, as quais revela com riqueza de detalhes, o livro os acompanha na cidade: praças públicas, associações negras, teatros e cinemas onde experimentavam diferentes formas de atuação e profissionalização. Ao circular por esses diferentes espaços, funcionavam como mediadores culturais, problematizando não apenas a importância dessa comunidade na construção da cultura, mas a própria mobilidade do negro e sua inserção na história do Rio Grande do Sul. Por fim, ao convidar o leitor a conhecer essa história, o livro muito contribui para a compreensão da produção da raça e os efeitos do racismo. E isso não é pouco!

Boa leitura!

Prof.ª Dr.ª Regina Célia Lima Xavier
Doutora em História pela Universidade Estadual de Campinas (Unicamp)
Professora da Universidade Federal do Rio Grande do Sul (UFRS)

SUMÁRIO

INTRODUÇÃO

Em 1914, como não poderia deixar de ser, a cidade de Porto Alegre vivenciou o nascimento e a morte de alguns de seus habitantes. Um dos que vieram ao mundo foi o sambista Lupicínio Rodrigues. Filho do porteiro Francisco Rodrigues e da lavadeira Abgail Rodrigues, Lupi, como era conhecido entre seus próximos, nasceu numa região pobre da cidade conhecida como Ilhota. Esse nome não lhe foi dado por acaso. Formada pelo curso do Riachinho, a Ilhota situava-se em um de seus meandros, que, de tão acentuado, praticamente formava uma pequena ilha. Naturalmente, nos períodos chuvosos, essa região era castigada pelas forças da água, que dificultavam a vida de seus moradores e, ao mesmo tempo, lhes proporcionavam alguns meios de subsistência. O riacho era navegável. Muitos vendiam frutas e hortaliças em pequenas embarcações, ao passo que muitas mulheres iam à sua beira para lavar roupa, entre elas, a própria mãe de Lupi. A Ilhota era formada por duas pequenas ruas (a Ilhota e a Travessa Baptista), que formavam um "T", compostas de casas humildes. Foi numa dessas casinhas que nasceu Lupicínio Rodrigues. Seus pais, obviamente, ainda não sabiam que aquela criança seria um dos principais nomes da música popular do Rio Grande do Sul, reconhecido nacionalmente. Se não sabiam naquele momento, pouco depois, já poderiam imaginar. Os tradicionais biógrafos[1] de Lupicínio Rodrigues destacam que, desde novo, ele já apresentava uma forte inclinação para a música, para desgosto do seu pai, que desejava aplicação nos estudos. De todo modo, Lupi envolveu-se rapidamente com a atividade musical e logo alcançou projeção local. Em 1935, venceu um importante concurso carnavalesco promovido por ocasião do centenário da Guerra dos Farrapos, que lhe permitiu ingressar na Rádio Farroupilha. Era o famoso Carnaval Farroupilha. Pouco depois, já era conhecido nacionalmente e tornou-se uma figura importante na vida social e cultural de Porto Alegre.

Lupicínio Rodrigues não inventou o samba ou o carnaval popular em Porto Alegre. Foi, sim, um de seus principais nomes, provavelmente o mais conhecido. A cidade viu passar, por suas ruas, inúmeros blocos e cordões carnavalescos nas primeiras décadas do século XX, que muito

---

[1] GONZALEZ, Demosthenes. *Roteiro de um boêmio:* vida e obra de Lupicínio Rodrigues. Porto Alegre, Sulina, 1986; GOULART, Mário. *Lupicínio Rodrigues.* 3. ed. Porto Alegre: Tchê; RBS, 1984.

inspiraram Lupicínio Rodrigues na sua juventude e que, depois, foram também inspirados por esse renomado sambista. Ademais, Lupi não foi o único artista negro de Porto Alegre vinculado a gêneros musicais populares com grande reconhecimento nessas primeiras décadas do século XX.

Imagem 1 – Lupicínio Rodrigues

Fonte: Acervo Museu de Porto Alegre Joaquim Felizardo, Fototeca Sioma Breitman

O músico e pesquisador Hardy Vedana, no seu clássico livro *Jazz em Porto Alegre*[2], fornece algumas informações preciosas sobre o cenário musical da cidade na primeira metade do século XX, trazendo à tona diversos outros músicos e conjuntos musicais. Vedana, como era músico, teve o privilégio de tocar ao lado de instrumentistas da "velha guarda" e receber, de primeira mão, algumas experiências protagonizadas por antigos músicos negro. Um desses foi o saxofonista Marino Santos, que integrou a *Espia Só Jazz-band*. Formado exclusivamente por músicos negros, o conjunto foi fundado em 1923, na região conhecida, na época, como Colônia Africana,

[2] VEDANA, Hardy. *Jazz em Porto Alegre*. Porto Alegre: L&PM, 1987.

devido, em parte, à composição étnica de seus moradores. Privilegiado pelo contato íntimo com um dos integrantes da *Espia Só Jazz-band*, Vedana narra algumas peripécias da banda, desde sua fundação até uma turnê pelo Brasil, em meados da década de 1930, momento em que foi dissolvida e seus integrantes trilharam percursos distintos.

Imagem 2 – Espia Só Jazz-band

Espia Só Jazz: primeira banda de jazz de Porto Alegre, fundada em 1923, e na ativa até 1932.

Fonte: Vedana (1987)

Entre alguns desses percursos, Vedana destaca a gravação da música "Alto da Bronze" no final da década de 1930, na qual o saxofonista Marino Santos participou, realizada durante a excursão de outro conjunto musical à região platina. A solista desse samba gravado em plagas argentinas foi a cantora Horacina Correa, que iniciou sua trajetória artística cantando em um cordão carnavalesco — Bloco dos Turunas — oriundo também da Colônia Africana. Horacina conquistou uma ascensão meteórica por meio da música. Após atuar nas rádios locais, transferiu-se para o eixo Rio-São Paulo, onde gravou alguns discos e obteve êxito atuando no cinema, durante a década de 1940[3]. Hardy Vedana menciona que a cantora rumou para Europa, para trilhar uma sólida carreira artística. A última notícia que obteve de Horacina, seu livro foi publicado em 1987, foi que era proprietária de um hotel no Cairo (Egito) e que estava vivendo muito bem.

Imagem 3 – Horacina Correa

A cantora Oracina Corrêa, que interpretou o samba "Alto da Bronze", de Paulo Coelho.

[3] Para mais informações, ver Dicionário Cravo Albin da Música Popular Brasileira. Disponível em: www.dicionariompb.com.br/horacina-correia. Acesso em: 4 dez. 2013.

Imagem 4 – Marino Santos

Fonte: Vedana (1987)

Trajetórias como as de Lupicínio Rodrigues e Horacina Correa são ilustrativas para se perceber como artistas negros alcançaram visibilidade e mobilidade social por meio da música a partir de manifestações culturais populares. Por outro lado, suas histórias de vida também podem representar alguns casos bem-sucedidos que fogem à regra da maior parte da população negra, e de seus músicos, atuantes nas primeiras décadas do século XX. Mas, se esses podem ser considerados casos isolados, sabemos também que suas figuras, bem como as atividades em que estavam inseridos (principalmente no caso do carnaval), transgrediram sua vivência pessoal e fizeram parte de muitas outras.

A presença do samba e de diversos cordões carnavalescos em Porto Alegre de outros tempos pode nos trazer algumas sensações de familiaridade e estranhamento ao mesmo tempo. Por um lado, está bem alinhada com uma noção de identidade nacional que elege determinados símbolos como representantes dessa brasilidade, tais como a mulata, o malandro, o futebol, o carnaval, o samba, a alegria festiva, entre outros. Por outro, apresenta pouca relação com a identidade consolidada no senso comum sobre o Rio Grande do Sul e sua cultura musical. Afinal, quem nunca ouviu uma série de considerações de que esse é o "estado europeu" do Brasil, devido à sua elevada concentração de imigrantes alemães e italianos? Ou, ainda, que essa mesma região apresentou, ou ainda apresenta, diminutas presença e participação da população negra? Aliada a essas considerações, destacamos também a noção da pouca incidência da música popular no Sul do Brasil, notadamente o samba, que dialogariam com as culturas musicais de outros estados brasileiros, principalmente o Rio de Janeiro.

Tais interpretações arraigadas no senso comum não são meras manifestações do acaso e carregam consigo uma longa história de disputas políticas e ideológicas relacionadas à forma como diferentes grupos interpretam e projetam determinada sociedade étnica e socialmente multifacetada e desigual, tanto em seus recortes nacionais como regionais. A aparente relação conflituosa entre o samba, o carnaval e diversos músicos negros atuantes na capital de uma região pretensamente branca e europeia é apenas a parte mais visível desse debate político e social. Embora já se tenha transcorrido o centenário do nascimento de Lupicínio Rodrigues, principal nome da música popular do Rio Grande do Sul, pouco se sabe sobre a cultura musical protagonizada por músicos e instituições negras no final do século XIX às primeiras décadas do século XX, na cidade de Porto Alegre. Da mesma forma, também são diminutas as interpretações sobre sua própria vida cultural de forma abrangente, ainda mais se estiver preocupadas em percebê-la em suas implicações políticas e sociais.

Esta pesquisa tem por objetivo analisar a cultura musical de Porto Alegre a partir das experiências da comunidade negra, compreendendo-a como um campo de disputas políticas e como local privilegiado das discussões sobre os direitos de cidadania. Para isso, problematizamos como as questões de classe e raça influíram na definição de uma cultura musical negra e como foram criadas algumas formas de mobilidade social, por meio de diferentes usos da música, no período da pós-emancipação em Porto Alegre (mais especificamente, na Primeira República).

A música, e a cultura de forma geral, não são compreendidas neste trabalho como sensíveis manifestações artísticas alheias às disputas políticas e sociais de seu contexto. A atividade musical, principalmente nesse período, se torna possível por meio de sujeitos que a praticam e a disponibilizam para outros sujeitos em locais determinados, públicos e/ou privados. Estas músicas e estes sujeitos estão inseridos em uma mesma estrutura social, na qual ocupam diferentes lugares. Esta sociedade não é naturalmente desigual, muito embora sua construção e seu funcionamento estejam centrados nessa desigualdade historicamente determinada. Para isso, são estabelecidos variados mecanismos de dominação e ordenamento da vida cultural, política e social, visando manter e ampliar privilégios de determinados setores. Em contrapartida, são praticadas diferentes formas de resistência, individuais ou coletivas, que objetivam superar mecanismos de exclusão e discriminação que incidem sobre outros grupos sociais. Logicamente, esta realidade social não opera com oposições binárias, estáticas e homogêneas. As práticas sociais da vida cotidiana as tornam dinâmicas, flexíveis, contraditórias e complexas — resultado das disputas materiais e simbólicas travadas entre grupos sociais distintos, com diferentes interesses e estratégias de atuação. A atividade musical e demais manifestações artísticas não estão isentas desta dinâmica social e corresponde a mais uma de suas facetas. Ela também expressa e potencializa formas e estratégias de dominação e resistência, que são múltiplas. Consequentemente, ao atender a variados usos e objetivos políticos que estão em conflito, a música manifesta-se como mais um importante instrumento de lutas políticas e sociais.

Este trabalho também não compreende que formas de exacerbação cultural estejam previamente definidas as distintos grupos étnicos e sociais. Da mesma forma, não pretendemos acompanhar esta cultura musical negra fechada em si mesma. Muito pelo contrário. Procura, sob diferentes ângulos, analisá-la em variados espaços de manifestação e formas de expressão, como protagonista do cenário cultural de Porto Alegre. Ao mesmo tempo, objetivamos abordar diferentes usos da atividade musical realizados por músicos e instituições negras, marcadas por dinâmicas relações de solidariedade e conflito. Neste intento, buscamos percebê-la inserida em um cenário social mais amplo. Neste campo musical, que é plural e está em constante transformação, atuam os mais variados músicos, oriundos de diferentes escolas de formação e que disputam espaços de trabalho com a música. Para desdobrar todas essas histórias vamos conversar com outros autores que também trabalharam com estes temas.

Revisão bibliográfica

A cultura musical de Porto Alegre é um tema que poucos autores estudaram. No entanto, mesmo diminuta, podemos perceber como têm sido compreendidas algumas formas de participação da população negra e sua contribuição para a construção desse campo musical. Entre esforços que visavam ora silenciar e ora demarcar esta presença, tais interpretações também estiveram na base das elaborações intelectuais sobre a identidade regional, que pretendiam padronizar práticas sociais e culturais muito diversas. Em contrapartida, outras análises repousaram sobre a diversidade das próprias práticas sociais e culturais, que, por sua vez, problematizam, complexificam e reconstroem esta mesma identidade regional.

Como veremos com maior detalhe no Capítulo 1, algumas obras de referência que alimentaram as enciclopédias de música brasileira, difundido determinadas interpretações desse cenário cultural.[4] A principal delas, escrita por Antônio Corte Real em 1980, compreende que a cultura musical do Rio Grande do Sul é marcadamente erudita. Diversas instituições musicais, em sua maioria localizadas em Porto Alegre, foram elencadas para demonstrar a presença dessa música. Porém, a principal razão dessa caracterização decorria da elevada imigração europeia presente no Rio Grande do Sul.[5] Nesse tipo de perspectiva, ocorre um silenciamento sobre a presença da comunidade negra e de sua cultura. Essas estavam excluídas do cenário regional, que seria marcado pelos imigrantes europeus. Interpretações como essas dialogam e ajudam a construir noções estabelecidas no senso comum que compreendem o Rio Grande do Sul como o "estado europeu do Brasil", ou mesmo que o samba e as demais formas musicais populares vinculadas à população negra não caracterizam sua vida cultural.

Embora essa perspectiva ainda influencie recentes pesquisas, manifestações culturais e musicais vinculadas à comunidade negra já haviam recebido atenção nos ambíguos trabalhos de folcloristas e foram silenciadas por Corte Real. Por exemplo, o folclorista Dante de Laytano, influenciado por Gilberto Freyre, entre as décadas de 1940 e 1950, dedicou-se aos estudos das raízes populares, tradições, vestuários, festas religiosas, dentre outros,

[4] Aprofundaremos a análise dessas obras no Capítulo 1.

[5] CORTE REAL, Antônio. *Subsídios para a história da música no Rio Grande do Sul.* 2 ed. rev. Porto Alegre: Movimento, 1984.

procurando pensar a contribuição cultural do africano no Rio Grande do Sul.[6] Athos Damasceno Ferreira, por sua vez, demarca a participação dos negros em festejos populares de Porto Alegre no século XIX, tais como o Carnaval e os Ternos de Reis.[7] Embora brevemente mencionados, sua presença é visível basicamente no calor das discussões sobre a abolição da escravidão, compreendida por este autor como nobre campanha humanitária em prol dos irmãos escravizados, mantendo a noção de uma sociedade sem grandes conflitos. Nesse caso, a questão não é mais invisibilizar a presença negra, mas percebê-la como se fossem curiosidades de outrora. De forma despolitizada, foi demarcada sua presença, porém em uma sociedade harmonizada e caracterizada pela democracia racial e social.

Na ausência de trabalhos sobre o tema, principalmente a partir da década de 1980, alguns jornalistas e músicos, tais como Hardy Vedana[8] e os biógrafos de Lupicínio Rodrigues, empenharam-se para trazer à tona um pouco do cenário musical e seus músicos, com quem conviveram ou tiveram a oportunidade de apreciar. Hardy Vedana, por exemplo, proporciona uma outra visão da música de Porto Alegre em seus livros bastante informativos e repletos de fotografias, partituras e, inclusive, antigas gravações. Embora careça de análises mais profundas, Vedana tem o mérito de afirmar, na mesma década em que Corte Real sustentou a erudição como cultura musical local, que a Cidade de Porto Alegre vivia um caso único no país. Na introdução de seu livro *Jazz em Porto Alegre*, o autora afirma que tem a "[...] intenção de cobrir uma lacuna" e demonstrar que "[...] depois da cidade do Rio de Janeiro, Porto Alegre é a cidade que mais se identifica com a verdadeira música popular brasileira".[9]

Essa bibliografia produzida por folcloristas, músicos e jornalistas reproduz, mesmo que indiretamente, as disputas analíticas sobre um cenário cultural e social que é heterogêneo, assim com as tentativas de

---

6 Em interlocução com Gilberto Freyre, a obra de Dante de Laytano é permeada de ambiguidades e fundamenta uma série de imagens tradicionais sobre o Rio Grande do Sul, tais como a democracia social e uma escravidão amenizada. Para a problematização do contexto de sua produção, assim como sua trajetória, ver: NEDEL, Letícia Borges. *Paisagens da Província:* o regionalismo sul-rio-grandense e o Museu Júlio de Castilhos nos anos cinqüenta. 1999. Dissertação (Mestrado em História) — Instituto de Filosofia e Ciências Sociais-Universidade Federal do Rio de Janeiro, Rio de Janeiro, 1999.

7 FERREIRA, Athos Damasceno. *O carnaval porto-alegrense no século XIX*. Porto Alegre: Globo, 1970. FERREIRA, Athos Damasceno. Natal e reis na cidade de outrora. *In:* FERREIRA, Athos Damasceno. *Colóquios com a minha cidade*. Porto Alegre: Globo, 1974.

8 Vedana ainda publicou outros livros sobre o cenário musical em Porto Alegre, como VEDANA, Hardy. *A Elétrica e os Discos Gaúcho*. Porto Alegre: [*s. n.*], 2006. VEDANA, Hardy. *Octavio Dutra na história da música de Porto Alegre*. Porto Alegre: Editora Proletra, 2000.

9 VEDANA, 1987, p. 9.

torná-lo coeso. Música erudita, imigração, europeus, instituições musicais, africanos, festejos, abolição e música popular foram alguns dos elementos componentes da cultura musical local e que demarcaram as pautas interpretativas.

A partir da década de 1990, começaram a despontar alguns trabalhos acadêmicos que aprofundaram esses termos e trouxeram grandes contribuições sobre o passado musical e o protagonismo de setores negros na cultura local. Alexandre Lazzari[10], por exemplo, problematizou o livro de Athos Damasceno Ferreira sobre o carnaval do século XIX, demonstrando a variedades de significados e disputas impressas no festejo que permeavam as tensões políticas, as tentativas de ordenamento social e as discussões sobre cidadania que marcaram o processo da emancipação escrava. Márcia Ramos de Oliveira[11], por sua vez, aprofunda a trajetória de Lupicínio Rodrigues, integrando-o ao meio social e ao local de sua formação, caracterizado por uma comunidade preponderantemente negra e de baixa renda que contribuiu para o desenvolvimento da música popular do famoso sambista.

Ainda tiveram destaque na historiografia local os festejos carnavalescos das décadas de 1930 e 1940, período marcado pela definição política e ideológica dos símbolos nacionais, centrada nas manifesta-

[10] Alexandre Lazzari analisa o carnaval de Porto Alegre entre 1870 e 1915, destacando a coexistência de diferentes modos de participação no festejo, demonstrando a diversidade de significados e a busca de reconhecimento público e autoafirmação que o carnaval representou para diversos grupos da sociedade porto-alegrense do século XIX e princípio do século XX. A partir da criação das grandes sociedades carnavalescas inspiradas no carnaval da Corte carioca e dos posicionamentos de diversos jornais, o autor verifica as iniciativas dos grupos dominantes em uniformizar o carnaval e torná-lo símbolo civilizatório, tentando suplantar práticas festivas vinculadas ao grupos populares. Ver: LAZZARI, Alexandre. *Coisas para o povo não fazer:* carnaval em Porto Alegre (1870-1915). Campinas: Editora da Unicamp; Cecult, 2001.

[11] Márcia Ramos de Oliveira, utilizando depoimentos dos antigos parceiros do Lupicínio Rodrigues, ao lado do histórico do biografado, destaca os movimentos culturais associados ao desenvolvimento musical popular na Ilhota e na Cidade Baixa e os meios que possibilitaram o desenvolvimento artístico de Lupicínio Rodrigues. Para a autora, sua vivência em uma comunidade preponderantemente negra, de baixa renda, habitando zonas periféricas e circulantes da capital, sujeita à ação das águas e das forças policiais, contribuiu para o fortalecimento dos laços de solidariedade. Uma grande afinidade proporcionou as várias manifestações culturais ligadas por um imaginário próprio de grupo racial e socialmente marginalizado. Essas características explicam, conforme a autora, a extrema musicalidade existente nessa zona da Cidade, assim como sua identificação com os ritmos africanos, que originaram "um outro carnaval" em Porto Alegre. Ver: OLIVEIRA, Márcia Ramos. *Lupicínio Rodrigues:* a cidade, a música e os amigos. 1995. Dissertação (Mestrado em História) – UFRGS, Porto Alegre, 1995.

ções culturais populares. Iris Graciela Germano[12] destaca a construção de uma identidade negra, vinculada às discussões sobre a identidade regional e nacional, por meio do Carnaval de rua, que, naquele período, se tornaria o principal foco do festejo na Cidade. Ao lado dos blocos e cordões carnavalescos, a autora demonstra a importância dos territórios historicamente vinculados à população negra para o desenvolvimento desse festejo e dessas identidades sociais. Marcus Vinícius da Rosa[13], por sua vez, analisa no carnaval no mesmo período as práticas dos foliões e sua relação com o poder público e a imprensa na construção dos símbolos de nacionalidade. O autor destaca outras regiões urbanas também vinculadas ao carnaval popular que não eram, necessariamente, as caracterizadas majoritariamente por sua composição negra, que também integraram seu trabalho.

Algumas considerações em torno de outras atividades relacionadas à música marcaram presença, transversalmente, em trabalhos que analisam a população negra no período após a abolição, investigando sua

---

[12] A dissertação de Iris Graciela Germano analisa a construção de uma identidade negra por meio do Carnaval popular, durante as décadas de 1930 e 1940, em Porto Alegre, utilizando jornais, revistas e depoimentos de antigos carnavalescos. Demonstrando os diferentes modos como os grupos negros se apropriaram da festa carnavalesca, a autora destaca as mudanças das representações em torno do carnaval, frente às discussões da formação de uma identidade regional e nacional, bem como a eleição de seus símbolos representativos. Atenta à heterogeneidade dos carnavais negros da Cidade, enfatiza as hierarquias sociais internas, bem como as fronteiras simbólicas relacionadas às categorias de cor e classe na construção de identidades múltiplas, como negros, gaúchos e/ou brasileiros, operando separadamente ou em conjunto, de acordo com as demandas sociais. Destaca ainda as regiões urbanas marcadamente negras, de onde partiam os blocos e cordões, tais como Areal da Baronesa, Ilhota, Cidade Baixa, Cabo Rocha e Colônia Africana. Ver: GERMANO, Iris Graciela. *Rio Grande do Sul, Brasil e Etiópia:* os negros e o carnaval de Porto Alegre nas décadas de 1930 e 40. 1999. Dissertação (Mestrado em História) – PPGHIS-UFRGS, Porto Alegre, 1999.

[13] A dissertação de Marcus Vinicius da Rosa analisa o carnaval de rua durante as décadas de 1930 e 1940 e sua relação com diferentes regiões urbanas de Porto Alegre (inclusive os territórios negros), tencionando a hierarquização e a distinção social na vida cotidiana que são reiteradas nas festas de consagração ao carnaval. Enfatizando a multiplicidade dos sujeitos e os diferentes modos de organização da festa, o autor verifica que, além dos territórios negros, outras regiões da Cidade também se destacaram com o carnaval popular, inclusive aquelas caracterizadas pela forte presença de imigrantes europeus pobres. O autor também analisa, ao lado dos usos próprios realizados pelos foliões e diferentes grupos sociais, as atuações dos poderes públicos e da imprensa na construção do carnaval como símbolo de nacionalidade. Ver: ROSA, Marcus. V. F. *Quando Vargas caiu no samba:* um estudo sobre os significados do carnaval e as relações sociais estabelecidas entre os poderes públicos, a imprensa e os grupos de foliões em Porto Alegre durante as décadas de 1930 e 1940. 2008. Dissertação (Mestrado em História) – PPGHIS-UFRGS, Porto Alegre, 2008.

vida associativa e seus locais de moradia. Liane Susan Müller[14], ao mapear diversos clubes negros em Porto Alegre, no pós-abolição, localiza a vinculação dos fundadores das associações mais antigas com a Irmandade do Rosário. A autora tece considerações sobre as festas religiosas desenvolvidas a partir dessa irmandade e percebe sua influência nos festejos dos Ternos de Reis promovidos por clubes negros, na primeira década do século XX. Por sua vez, Jane Rocha de Mattos[15], ao analisar as relações sociais na região conhecida como Areal da Baronesa, localiza a presença de uma banda formada por músicos negros, denominada Lyra Oriental, que também participou de algumas visitações dos Ternos de Reis.

Essas pesquisas se empenharam na divulgação das manifestações culturais vinculadas à comunidade negra e aprofundaram suas implicações políticas e sociais nesse período de profundas transformações nas relações sociais, marcado pelo processo de emancipação escrava e pela luta em torno dos direitos de cidadania. Também questionaram os pressupostos de uma identidade regional que privilegia, especificamente, a contribuição de grupos de origem europeia no Rio Grande do Sul[16], e destacaram outras identidades étnicas e sociais igualmente importantes para a construção social, cultural e material de Porto Alegre atenta à comunidade negra. No entanto, sobre estas interpretações, podem-se traçar alguns pontos em comum. A música popular é a forma de exacerbação da cultura musical negra, principalmente por meio de festejos, tanto no período da escravidão

[14] A dissertação de Liane Müller dedicou-se ao estudo de um grupo de negros composto por uma elite intelectual e econômica que criou e fez uso de mecanismos próprios de expressão e luta. Sua preocupação reside em desvendar a forma pela qual o grupo se constituiu e observar em que medida esse grupo contribuiu para o processo de ascensão social da população negra. Procurando rastrear a trajetória de alguns desses indivíduos e seus grupos em diferentes contextos sociais, a autora verifica que esse grupo esteve ligado à criação de uma série de associações e de um jornal, na qual a autora identificou relação direta ou indireta com as práticas sociais desenvolvidas na Irmandade do Rosário de Porto Alegre, ao longo do século XIX. Ver: MULLER, Liane Susan. *"As contas do meu rosário são balas de artilharia"*: irmandade, jornal e associações negras em Porto Alegre. 1999. Dissertação (Mestrado em História) – PPGHIS-PUCRS, Porto Alegre, 1999.

[15] A pesquisa realizada por Jane Mattos tem como objetivo central questionar a possibilidade dessa localidade ser considerada como território negro, partindo de traços identitários ligados a elementos de cultura africana praticados nesse espaço e das discussões sobre etnicidade. Mesmo estando atenta à forma como a região foi apropriada no "imaginário da cidade", a autora busca superar a compreensão de território somente enquanto espaço físico, situando o sujeito no interior do espaço como foco de análise, consultando, além de jornais, processos crimes. Ver: MATTOS, Jane Rocha de. *Que arraial que nada, aquilo lá é um areal:* o Areal da Baronesa: imaginário e história (1879-1921). 2000. Dissertação (Mestrado em História) – Programa de Pós-Graduação em História-PUCRS, Porto Alegre, 2000.

[16] Sobre esta invisibilidade, ver: OLIVEN, Ruben George. A invisibilidade social e simbólica do negro no Rio Grande do Sul. *In:* OLIVEN, Ruben George. *Negros no sul do Brasil.* Florianópolis: Letras Contemporâneas, 1996; LEITE, Ilka Boaventura. Descendentes de africanos em Santa Catarina: invisibilidade histórica e segregação. *Textos e Debates*, n. 1, Florianópolis, v. 1, n. 1, p. 5-42, 1991.

como após sua abolição. Festas religiosas, Ternos de Reis, entrudo, carnavais e samba estão na base de seu repertório cultural. Essa mesma cultura musical tem locais específicos de sua irradiação no século XX. No caso, regiões da cidade caracterizadas por uma determinada composição étnico-racial — denominados na bibliografia como territórios negros urbanos. Sobre eles, devem-se tecer alguns comentários, mesmo que brevemente.

Mencionados por antigos cronistas, os territórios negros receberam atenção da historiografia local a partir das investigações baseadas na História Cultural, ao longo da década de 1990, principalmente por meio dos trabalhos de Sandra Jatahy Pesavento.[17] Essa produção bibliográfica apontou a Colônia Africana, a Cidade Baixa e o Areal da Baronesa como territórios marcadamente de composição negra no período final do regime escravista e no período pós-abolição, formando um "cinturão negro" ao redor da região central, espaço privilegiado da vida administrativa, econômica e cultural das elites dirigentes. Em contraponto a esses territórios negros, havia outras regiões onde habitavam segmentos abastados voltados para a implantação da ordem burguesa e para a modernização urbana, o que gerou uma divisão espacial marcada pela diferenciação social.[18]

Logicamente, essa noção de marginalização e de exclusão apreende um debate político colocado nas primeiras décadas do século XX e não dá conta da complexidade das relações sociais estabelecidas nessas regiões, condição que poderia ser alcançada acompanhando a atuação dos sujeitos que vivenciaram e dotaram de diversos sentidos estes mesmos espaços urbanos. Perceber apenas as representações emanadas por antigos cronistas e periódicos higienistas, delimita os locais da presença e de atuação da comunidade negra ao mesmo tempo em que cristaliza a noção de sua

---

[17] PESAVENTO, Sandra Jatahy. *Os pobres da cidade*: vida e trabalho (1880-1920). Porto Alegre: Ed. da Universidade-UFRGS, 1994; PESAVENTO, Sandra Jatahy. Os excluídos da cidade. *In:* SEFFNER, Fernando (org.). *Presença negra no Rio Grande do Sul*. Porto Alegre: UE, 1995; KERSTING, Eduardo. *Negros e a modernidade urbana em Porto Alegre*: a colônia africana. 1998. Dissertação (Mestrado em História) – PPGHIS-UFRGS, Porto Alegre, 1998; PESAVENTO, Sandra Jatahy. Lugares malditos: a cidade do outro no sul brasileiro (Porto Alegre, passagem do século XIX ao século XX). *Revista Brasileira de História*, São Paulo, v. 19, n. 37, p. 195-216, 1999.

[18] Partindo dos conceitos de representação e imaginário social, esses trabalhos acadêmicos privilegiam a abordagem desenvolvida por setores da imprensa e dos relatos de cronistas e memorialistas, reverberando visões depreciativas e marginalizantes sobre essas regiões urbanas e seus moradores, que, para estas pesquisas, resultaram no processo de exclusão do espaço urbano que se construía no momento de modernização dos costumes e de consolidação da ordem burguesa.

marginalidade.[19] Tal situação foi confrontada por outros estudos que visam proporcionar uma imagem alternativa a partir das discussões étnicas, como fizeram Iris Germano e Jane Mattos, e demarcam a importância destes mesmos territórios na construção de identidade étnica, destacando os laços de solidariedade e o sentimento de pertencimento de seus moradores. As autoras também mostram que um recorte étnico estritamente delimitado não se verificava nessas regiões, o que também não impedia sua caracterização como regiões negras.[20] Igualmente confrontando esta longa invisibilidade e estigmatização, têm sido publicados livros, projetos e diversas atividades voltadas para a valorização e divulgação da presença da população negra em Porto Alegre.[21] De certa forma, por meio das disputas em torno da identidade regional contra reativas à exclusão e invisibilidade da comunidade negra, também se cristalizou no senso comum a imagem dessas regiões urbanas compreendidas prioritariamente como espaços de cultura popular vinculada aos negros.

No conjunto das interpretações sobre a cultura musical de Porto Alegre permite-se pressupor uma cidade segregada cultural e territorialmente, do final do século XIX às primeiras décadas do século XX. À população negra estavam definidos seus locais: na música, o carnaval e demais formas populares; na cidade, os territórios negros, circundantes ao centro da Cidade. Já para a população branca, caberia levar a efeito as "nobres tradições" culturais europeias e ocupar as zonas privilegiadas da Cidade, costumadamente, localizadas na região central.

Essas configurações direcionam novamente para outras noções de identidade nacional e cultura popular. Embora dialogue com os mesmos símbolos, obviamente não se trata da mesma identidade nacional desenvolvida no governo de Getúlio Vargas e sustentada teoricamente

---

[19] Para uma discussão sobre a noção de territórios negros em Porto Alegre, ver: BITTENCOURT JUNIOR, Iosvaldir Carvalho. Os percursos do negro em Porto Alegre: territorialidade negra urbana. *In:* PORTO ALEGRE. *Museu de percurso do negro em Porto Alegre.* Porto Alegre: Secretaria de Cultura-Prefeitura Municipal de Porto Alegre, 2010.

[20] Para um questionamento sobre essas composições étnicas nesses territórios, também ver: ROSA, Marcus Vinicius de F. Colônia africana, arrabalde proletário: o cotidiano de negros e brancos, brasileiros e imigrantes num bairro de Porto Alegre durante as primeiras décadas do século XX. *In:* ENCONTRO ESCRAVIDÃO E LIBERDADE NO BRASIL MERIDIONAL, 5., 2011, Porto Alegre. *Anais* [...]. Porto Alegre: ANPUH RS, 2011. Disponível em http://www.escravidaoeliberdade.com.br. Acesso em: 24 dez. 2013.

[21] SANTOS, Irene (org.). *Negro em preto e branco:* história fotográfica da população negra em Porto Alegre. Porto Alegre: Secretaria de Cultura-Prefeitura Municipal de Porto Alegre; SANTOS, Irene. *Colonos e quilombolas:* memoria fotográfica das colônias africanas de Porto Alegre. Porto Alegre: Secretaria de Cultura--Prefeitura Municipal de Porto Alegre, 2010; PORTO ALEGRE. *Museu de percurso do negro em Porto Alegre.* Porto Alegre: Secretaria de Cultura-Prefeitura Municipal de Porto Alegre, 2010.

por Gilberto Freyre, que visava demarcar uma democracia racial e social. Também não se trata de uma percepção do Carnaval como uma festa na qual todos os brasileiros se igualam e se sentem pertencidos, com poucas variações regionais e que acompanhou uma linha evolutiva respondendo às modificações estruturais da sociedade, como defenderam Roberto Da Matta e Maria Isaura Pereira de Queiroz.[22] Mas está bastante próximo das concepções que opõem uma cultura erudita ou oficial frente a uma cultura popular que resiste aos processos de dominação. Nessas formas culturais, separadas e em oposição, são apresentados pontos de interconexão a partir de sua circularidade, por vezes, agenciada por mediadores culturais.[23] Essa forma de compreensão está bastante assentada na cultura popular, principalmente no Carnaval e no samba, do Rio de Janeiro. Mais especificamente, no papel das famosas "tias baianas", que se tornaram um ponto de "origem" e "difusão" dessa mesma cultura popular.[24]

A importância da "pequena África" para a construção da cultura popular no Rio de Janeiro pode ser, *grosso modo*, comparada com a importância dos territórios negros para a construção de uma cultura popular em Porto Alegre. Não há dúvidas sobre a importância desses espaços para a efetivação e a visibilização de atividades culturais e para a construção de identidades étnicas. Isso faz jus às experiências musicais e sociais de muitos grupos negros, já bem-fundamentado e demonstrado na bibliografia local. Por outro lado, atentar somente para esses espaços de atuação pode invisibilizar muitas outras experiências nas quais foram protagonistas contribuindo, tanto para a formação de variadas identidades sociais como

---

[22] DA MATTA, Roberto. *Carnavais, malandros e heróis*: para uma sociologia do dilema brasileiro. Rio de Janeiro: Zahar, 1989; QUEIRÓZ, Maria Isaura Pereira de. *Carnaval brasileiro:* o vivido e o mito. São Paulo: Brasiliense, 1992.

[23] Ver: GINZBURG, Carlo. *O queijo e os vermes:* o cotidiano e as ideias de um moleiro perseguido pela Inquisição. São Paulo: Companhia das Letras, 1897; BAKHTIN, Mikhail. *A cultura popular na Idade Média e no Renascimento:* o contexto de François Rabelais. São Paulo: Hucitec, 1987.

[24] Ver: SOHIET, Rachel. *A subversão pelo riso:* estudos sobre o carnaval carioca da Belle Époche ao tempo de Vargas. Rio de Janeiro: Editora Fundação Getúlio Vargas, 1998; MOURA, Roberto. *Tia Ciata e a pequena África do Rio de Janeiro.* Rio de Janeiro: Secretaria Municipal de Cultura, 1995; VELLOSO, Monica Pimenta. As tias baianas tomam conta do pedaço: espaço e identidade cultural no Rio de Janeiro. *Estudos Históricos,* n. 6, 1990; VIANNA, Hermano. *O mistério do samba.* Rio de Janeiro: Zahar, Editora da Universidade-UFRJ, 1995.

para a construção da cultura musical de Porto Alegre.[25] Diversos trabalhos têm-se empenhado em mostrar como os próprios festejos populares eram dotados de sentidos variados, permeados de disputas e protagonizados por grupos sociais heterogêneos em comunicação, percebendo-os como campo de conflito e de construções culturais muito diversas.[26]

Martha Abreu, por sua vez, tem destacado que grande quantidade de pesquisas sobre a música popular não consegue manter um afastamento dos referenciais e marcos temporais tradicionais, que determinam o período pós-1930 como inaugural para a valorização da "música popular", a partir da estratégia política getulista de oficializar o samba como música genuinamente nacional. Já o período da Primeira República costuma ser avaliado pelos insucessos dos dirigentes políticos e intelectuais em incorporar política e culturalmente os setores populares e outras manifestações legitimamente pátrias nos projetos de identidade nacional. A preferência por tais marcos, destaca a autora, contribui para "[...] colocar no esquecimento determinados atores sociais e para estreitar a análise de experiências e projetos no campo musical e político"[27]. Diante desse cenário, a autora avalia que, no presente, muitas pesquisas reforçam determinados julgamentos que visavam atender às demandas de outras épocas sobre a experiência cultural e política da Primeira República e sua dificuldade na definição do nacional.

Martha Abreu e Carolina Vianna Dantas também salientam que a questão da mestiçagem cultural não pode ser compreendida como um fenômeno homogêneo e seletivo no sentido de um pretenso branqueamento da cultura brasileira. Seus significados, usos e interlocutores eram diversos, assim como também eram as interpretações realizadas por inte-

---

[25] Tiago de Mello e Souza, por exemplo, problematiza os pressupostos da centralidade baiana na formação de uma cultura popular do Rio de Janeiro e destaca outras visões e experiências que contribuíram para a formação do repertório cultural. Para o autor, a experiência musical negra foi uma criação coletiva, marcada por grande diversidade de práticas e por influências de múltiplas origens. Entre elas, a presença de uma série de experiências associadas ao século XIX que ainda estavam atuantes no século XX, tais como festas religiosas, Ternos de Reis, jongo, caxambu, entre outras. Conforme o autor, as "tias" baianas dialogaram com tradições já existentes e com outros grupos recém-chegados, como as "tias" mineiras e fluminenses. Ver: MELLO E SOUZA, Tiago. Para além da casa da Tia Ciata: outras experiências no universo cultural carioca, 1830-1930. *Afro-Ásia*, n. 29-30, 2003.

[26] Ver: ABREU, Martha. *O Império do Divino:* festas religiosas e cultura popular no Rio de Janeiro, 1830-1900. Rio de Janeiro: Nova Fronteira, 1999; CUNHA, Maria C, p. Carnavais e outras festas: ensaios de história social da cultura. São Paulo: Editora da Unicamp, 2002; CUNHA, Maria C, p. *Ecos da Folia:* uma história social do carnaval carioca entre 1880 e 1920. São Paulo: Companhia das Letras, 2001.

[27] ABREU, Martha. Histórias musicais da Primeira República. *Revista ArtCultura*, Uberlândia, v. 13, n. 22, p. 71-84, 2011, p. 73.

lectuais. Desde o final do século XIX e anteriormente à década de 1930, houve importantes esforços de intelectuais e folcloristas que investiram na construção de uma otimista versão musical mestiça que representaria uma identidade nacional brasileira. Em outras palavras:

> A valorização das "coisas africanas, negras e mestiças" nas práticas culturais brasileiras não precisou esperar a obra clássica de Gilberto Freyre, "Casa grande e Senzala", publicada em 1933. Nem mesmo precisou esperar a emergência do samba para a celebração de uma pretérita música popular brasileira. Até pouco tempo atrás, admitia-se, no máximo, que, na década de 1920, com o movimento modernista, principalmente o paulista, os vetores do pessimismo sobre a influência africana e dos males da mestiçagem na cultura nacional começavam a se inverter.[28]

Neste direcionamento, Martha Abreu tem demonstrado o quanto o campo musical do período republicano, além de pouco conhecido, é variado e complexo.[29] Intelectuais, músicos e o público em geral já estavam discutindo, elaborando e consumindo conteúdos artísticos com temas nacionais e populares em diversos ambientes, transformando o campo musical em um canal de discussão e crítica dos problemas políticos da República. A autora mostra que músicos populares e negros conquistaram projeção em festas populares, nos teatros, no mercado editorial e na indústria fonográfica relacionada com a própria dinâmica das expressões populares, em busca de afirmação no mercado cultural.[30] Inserido em uma heterogeneidade de manifestações, significados e interpretações, Martha Abreu pontua a necessidade de:

---

[28] ABREU, Martha; DANTAS, Carolina Vianna. Música Popular, folclore e nação no Brasil, 1890-1920. *In:* CARVALHO, José Murilo. *Nação e cidadania no Império: novos horizontes.* Rio de Janeiro: Civilização Brasileira, 2007, p. 142

[29] Sobre a vida cultural na Primeira República, Abreu destaca algumas interpretações já consolidadas na bibliografia: a busca pela modernidade europeia agenciada pelas elites intelectualizadas e dirigentes em oposição às expressões populares e negras; a resistência frente a tais projetos a partir da persistência das formas culturais populares; um suposto momento inaugural de valorização das expressões musicais tidas como populares e nacionais, exacerbado com os modernistas, em 1922; e, por fim, o exotismo que passou a explicar a presença de expressões musicais identificadas como populares, folclóricas, regionais e negras no período como uma moda europeia e como manifestações efêmeras.

[30] Ver: ABREU, Martha. Participação política e identidade negra nas histórias de um músico cantor (1890-1920). *Topoi,* Rio de Janeiro, v. 11, n. 20, jan.-jun. 2010.

> [...] passar a analisar o campo musical, erudito ou popular, em qualquer época, como local dos conflitos culturais e políticos. Em meio a muitas disputas musicais, estavam no centro do debate da Primeira República diferentes concepções do que se procurava definir como "música popular" e "música brasileira"; diversas expressões musicais e festivas selecionáveis, ou não, para símbolos de civilidade, nacionalidade e/ou regionalidade.[31]

Os resultados de pesquisa obtidos por Martha Abreu são inspiradores para serem pensadas outras histórias a respeito da cultura musical negra e suas implicações políticas e sociais a partir de novos prismas. Frente a esses problemas historiográficos, elaboraram-se alguns questionamentos sobre o cenário musical de Porto Alegre: afinal, que cultura é essa tanto a de cidade como a da comunidade negra? O que há além do Carnaval (e dos festejos populares em geral)? Que outras experiências musicais protagonizaram em Porto Alegre? Como essas se articulam com as discussões sobre os direitos de cidadania? De que forma elas incidiram na elaboração identitária local, que, conforme se observou há pouco, é aparentemente contraditória? Que disputas permearam esta elaboração? Por fim, poderia ser escrita uma história social da música a partir das experiências de músicos e instituições negras que não tome necessariamente o Carnaval como ponto de partida, mas, sim, de chegada?

Entre a identidade nacional, raça, cultura e classe

Na década de 1930, consolidou-se a construção de uma identidade nacional que valoriza a mulata, a música dos negros e o Carnaval como símbolos nacionais. Desenvolvida como projeto político do governo de Getúlio Vargas e fundamentada por consagrados intérpretes do Brasil, como Gilberto Freyre, procurou estabelecer símbolos coesos dessa nacionalidade por meio da clássica fusão entre as três raças formadoras do Brasil e sua suposta relação interétnica harmoniosa, que fundamentou o "mito da democracia racial". Para Renato Ortiz, as construções sobre a identidade nacional não podem se constituir como um prolongamento

[31] ABREU, Martha. Histórias musicais da Primeira República. *Revista ArtCultura,* Uberlândia, v. 13, n. 22, 2011, p. 78-79.

dos valores populares.[32] Trata-se de discursos ideológicos que se estruturam no jogo da interação entre o nacional e o popular e que dissolvem a heterogeneidade da cultura popular. Estas construções ideológicas se definem "como uma concepção de mundo orgânica da sociedade como um todo (ou visando a totalidade) e como tal age como elemento de cimentação da diferenciação social".[33]

A elaboração de uma cultura nacional integradora, pautada nas contribuições harmoniosas de suas diferentes "raças", ajuda a problematizar o período pós-emancipação e a se interrogar sobre o papel da música como forma de integração cultural e mobilidade social da população negra nas décadas anteriores.

O período que compreende as décadas finais do século XIX e as primeiras décadas do século XX foi marcado pelo acolhimento de teorias raciais norte-americanas e europeias por parte da elite letrada brasileira, pautando as interpretações sobre o passado histórico, bem como as perspectivas sobre o futuro desenvolvimento social e cultural. A apropriação das teorias raciais buscava solucionar as contradições de sua origem multiétnica, procurando um afastamento de seu passado escravista. Demarcando tentativas de elaborações identitárias nacionais e/ou regionais e embasando projetos políticos e ideológicos, estas teorias raciais, ao longo do processo de emancipação escrava e nas primeiras décadas da República no Brasil, objetivavam o branqueamento da população. Naturalizando as desigualdades sociais a partir de hierarquias raciais, essas concepções biológicas de raça foram plurais e adaptaram-se à realidade brasileira.[34]

Tais teorias embasaram, por exemplo, as políticas públicas de imigração, que visavam a um progressivo embranquecimento do Brasil frente a um peculiar e lento processo de mestiçagem, além de solucionar o fornecimento

---

[32] Estas expressões culturais não se apresentam na sua concretude imediata como projeto político. Para que isto aconteça, conforme destaca Ortiz, é necessário que grupos sociais mais amplos se apropriem delas para, reinterpretando-as, orientá-las politicamente. Por meio de mecanismos de reinterpretações agenciada pelo Estado e por seus intelectuais, as práticas populares são apropriadas e transformadas em expressões da cultura nacional. ORTIZ, Renato. *Cultura brasileira e identidade nacional.* São Paulo: Editora Brasiliense, 1985, p. 140.

[33] ORTIZ, 1985, *p.* 136, 137.

[34] Sobre a apropriação das teorias raciais no Brasil, ver: MAIO, Marcos Chor (org.). *Raça, ciência e sociedade.* Rio de Janeiro: Fiocruz-CCBB, 1996; SKIDMORE, Thomas E. *Preto no branco.* Rio de Janeiro: Paz e Terra, 1976; SCHWARCZ, Lilia Moritz. *O espetáculo das raças:* cientistas, instituições e questão racial no Brasil, 1870-1930. São Paulo: Companhia das Letras, 1993; PETRUCCELLI, José Luis. As doutrinas francesas e o pensamento racial brasileiro (1870-1930): Arthur de Gobineau e Louis Couty no Brasil. *Estudos Sociedade e Agricultura,* Rio de Janeiro, v. 7, dez. 1996.

de mão de obra com o final do trabalho escravo.[35] Diversas pesquisas também demonstram que, ao longo do processo de emancipação, foram inauguradas novas formas de discriminação racial, assim como uma reconfiguração das políticas de dominação sobre os grupos populares que impedia a ascensão social dos negros. Alimentada por teorias raciais e políticas públicas, foi estabelecida, nesse momento, uma ideologia dominante que estigmatiza e marginaliza a comunidade negra e a população pobre de forma geral.[36]

Para Antônio Sérgio Alfredo Guimarães, o racismo surgiu na cena política brasileira como doutrina científica justamente quando se avizinhavam a abolição da escravatura e a pretensa igualdade política e formal entre todos os brasileiros, sendo que a apropriação dessas teorias criou as bases científicas para o preconceito de cor. O autor também destaca que as desigualdades regionais, que se tornavam mais latentes entre o norte e o sul do país a partir da decadência econômica dos principais centros de produção, deram espaço para a difusão, entre as elites intelectuais, de ideias racistas, que buscavam justificar a marginalização dessas antigas zonas centrais, devida ao grande contingente de população negra e mestiça, tidas como entrave ao desenvolvimento e ao progresso material.[37] Tal colocação auxilia como indicativo para pensar as apropriações das teorias raciais e suas implicações nas relações sociais no contexto do Rio Grande do Sul, visto que essa região recebeu grande quantidade de imigrantes europeus.

Desde o século XIX, produziu-se uma vasta literatura local que relega à escravidão e aos africanos um papel de menor importância na constituição da população e na formação social, reafirmando a imagem

[35] Para um aprofundamento desta questão, ver: SKIDMORE, 1976; SEYFERTH, Giralda. Construindo a nação: hierarquias raciais e o papel do racismo na política de imigração e colonização. *In:* MAIO, Marcos Chor (org.). *Raça, ciência e sociedade.* Rio de Janeiro: Fiocruz-CNBB, 1996; AZEVEDO, Célia Marinho Martinho. *Abolicionismo:* Brasil e Estados Unidos: uma história comparada (séc. XIX). São Paulo: Annablume, 2003.

[36] Ver: CHALHOUB, Sidney. *Trabalho, lar e botequim:* o cotidiano dos trabalhadores no Rio de Janeiro da "Belle Époche". Campinas: Unicamp, 2001 [1986]; AZEVEDO, Célia Marinho Martinho. *Onda negra, medo branco:* o negro no imaginário das elites — século XIX. Rio de Janeiro: Paz e Terra, 1987; ANDREWS, George Reid. *Negros e brancos em São Paulo (1888-1988).* Bauru: EDUSC, 1998; CHALHOUB, Sidney. *Cidade febril:* cortiços e epidemias na Corte Imperial. São Paulo: Companhia das Letras, 1996.

[37] GUIMARÃES, Antônio Sérgio Alfredo. Preconceito de cor e racismo no Brasil. *Revista de Antropologia,* São Paulo, v. 47, n. 1, p. 9-43, 2004.

de uma sociedade sulina branca.[38] Não há dúvidas de que a pressuposta ausência de africanos e seus descendentes no Rio Grande do Sul, e em Porto Alegre, é muito mais tributária das orientações ideológicas de antigos intelectuais calcados em "teorias científicas" do que era manifestado de fato nas práticas cotidianas. Nas últimas décadas, diversos estudos locais tem-se empenhado em descortinar a complexidade das relações sociais e raciais, pesquisando a presença dos africanos e de seus descendentes e demonstrando sua importância na construção social e cultural do Rio Grande do Sul.[39]

Mecanismo de controle social, reordenamento do espaço urbano sob as justificativas do higienismo, moralização dos costumes, estigmatização dos negros e de seus locais de sociabilidade e moradia permearam a Cidade de Porto Alegre no final do século XIX e nas primeiras décadas do século XX. Eram variações dos significados da constituição das relações sociais racializadas que estavam vinculadas à reorganização do trabalho livre e às tentativas de ordenamento social, permeando as discussões sobre os direitos de cidadania nesse período.

Por outro lado, essas configurações sociais são conflitantes com a noção de democracia racial que acompanhava a identidade nacional integradora da década de 1930. A construção dessa identidade, que elabora uma fusão harmoniosa e homogênea das três raças formadoras do Brasil (africanos, indígenas e europeus), centralizada na figura do mestiço e em formas culturais e musicais populares, insere-se em uma redefinição dos critérios que passaram a pautar a construção dessa mesma identidade nacional e a compreensão das relações sociais e raciais.

O discurso do racismo científico sofreu um deslocamento da noção de raça biológica para a cultura entre as décadas de 1920 e 1930, sob a influência da Antropologia Cultural de Franz Boas. Esse deslocamento

38 Sobre a produção historiográfica ao longo do século XIX e início do século XX, ver: XAVIER, Regina Célia Lima. Uma história que se conta: o papel dos africanos e seus descendentes na formação do Rio Grande do Sul. *História Unisinos*, n. 3, p. 243-258, v. 10, 2006. Sobre a discussão na literatura a respeito de Porto Alegre, ver: LAZZARI, Alexandre. Raça, escravidão e literatura nacional na Revista do Parthenon Literário (Porto Alegre, 1869-79). *In:* XAVIER, Regina Célia Lima (org.). *Escravidão e liberdade:* temas, problemas e perspectivas de análise. São Paulo: Alameda, 2012.

39 Sobre a produção historiográfica local relacionada aos temas da escravidão e da liberdade, consultar: XAVIER, Regina Célia Lima (org.). *História da escravidão e da liberdade no Brasil Meridional:* guia bibliográfico. Porto Alegre: Editora da UFRGS, 2007; XAVIER, Regina Célia Lima; BOHRER, Felipe Rodrigues. *Africanos, afro-descendentes: imagens de Porto Alegre* [e-book]. São Leopoldo: Ed. Oikos, 2018. Indicamos também a consulta aos Anais dos ENCONTROS Escravidão e Liberdade no Brasil Meridional, Disponível em: www.escravidaoe-liberdade.com.br. Acesso em: 28 out. 2013.

resultou numa interpretação otimista da formação do caráter nacional, com uma interpretação positiva da história da miscigenação. Essa forma de análise acabou por retratar a identidade nacional por meio de um movimento de sincretismo cultural que buscava valorizar as diferentes culturas inseridas no Brasil, resultando numa aparente harmonização dos contrários, buscando, conforme destaca Martinez-Echazábal, dar aos elementos africanos e indígenas uma expressão nacional, incorporado a projetos pretensamente sincréticos que constituíram formas de hegemonia dos setores tidos como superiores em termos étnicos ou culturais[40].

O principal expoente desse deslocamento, sem dúvida, foi Gilberto Freyre. Os seus principais livros, *Casa Grande e Senzala* (1933) e *Sobrados e Mocambos* (1936), questionam a afirmação aceita até então de que a miscigenação tenha causado um grande dano ao desenvolvimento do Brasil, sendo essas variedades étnicas, para o autor, uma grande vantagem à formação nacional. A análise de Freyre salienta a revalorização das relações dos variados componentes étnicos inseridos no período colonial monocultor e escravagista, que resultaram numa população etnicamente mestiça e portadora de uma cultura híbrida típica dessa sociedade agrária e patriarcal. A mestiçagem transformou a imagem do mulato em ícone da democracia racial e social, principalmente em oposição às tensas relações raciais nos Estados Unidos.

O trabalho de Gilberto Freyre, para Renato Ortiz, atende a uma "demanda social" alinhada com as orientações políticas do Estado visando consolidar o controle do desenvolvimento e das transformações sociais.[41] Para o autor, a construção desta identidade nacional mestiça, assentada na relação harmoniosa entre suas diferentes "raças", possibilita que todos se reconheçam como nacionais ao mesmo tempo que torna mais difícil o discernimento entre as fronteiras de cor, encobrindo os conflitos raciais.[42] Peter Wade observou que, no discurso nacionalista sobre a mestiçagem na Colômbia, há uma tensão permanente entre uma imagem de homogeneidade e uma imagem de diferença contínua, onde uma depende da outra.[43] Ela implica tanto uma mescla como uma separação contínua. Ao mesmo tempo que reafirma a existência de uma nação mestiça, composta de africanos,

---

40 MARTINEZ-ECHAZÁBAL, Lourdes. O culturalismo dos anos 30 no Brasil e na América Latina: deslocamento retórico ou mudança conceitual? *In:* MAIO, Marcos Choir (org.). *Raça, ciência e sociedade.* Rio de Janeiro: Fiocruz-CCBB, 1996, p. 107-124.

41 ORTIZ, Renato. *Op. cit, p.* 40.

42 *Ibidem*, p. 44

43 WADE, Peter, Compreendendo a "Africa" e a "negritude" na Colombia: a música e a política da cultura. *Estudos Afro-Asiaticos,* Rio de Janeiro, ano 25, n. 1, p. 145-178, 2003, p. 164.

nativos americanos e europeus, contempla seu eventual desaparecimento. Nesse processo, a ênfase na diferença racial é central para a definição das elites como superiores.[44] Na elaboração dessa ideologia, as contribuições das populações negras oferecidas à Nação não estavam desvinculadas das visões elitistas estereotipadas que existiam sobre os negros, no fim do período colonial, na América Latina. A noção de democracia racial sustentada por Freyre pouco contribuiu para o combate à discriminação racial e para a luta política em torno dos direitos de cidadania. Como pontua Thomas Skidmore, o valor prático de sua obra não estava na promoção de igualitarismo racial, mas, sim, "[...] para reforçar o branqueamento, mostrando de maneira vívida que a elite (principalmente a branca) adquirira preciosos traços culturais do íntimo contato com o africano (e com o índio em menor escala)"[45].

A democracia racial e social da sociedade brasileira interpretada como essencialmente benevolente, pautada pelo paternalismo, foi o foco da crítica realizada pela denominada Escola Paulista de Sociologia na década de 1960, que representou uma mudança substantiva no teor desses debates. Ela se propôs a pesquisar as relações raciais no Brasil, compreendidas intelectualmente, até então, como harmônicas, para percebê-las no âmbito das transformações estruturais da sociedade brasileira.[46] Renomados intelectuais, como Florestan Fernandes, Octavio Ianni e Fernando Henrique Cardoso, entre outros, denunciaram a violência do sistema de domínio senhorial e a desigualdade social e racial na passagem da sociedade tradicional escravista para a sociedade moderna capitalista. Em suas interpretações, a violência da escravidão e a exploração econômica reificaram o escravo e foram elementos definidores de sua anomia. Marcados pela "herança da escravidão", os descendentes de africanos foram marginalizados, ou tiveram uma mobilidade social diminuta, em decorrência de sua incapacidade adaptativa frente à estrutura de classe.

Entre o racismo científico, a democracia racial e a herança da escravidão, percebem-se as categorias raça, cultura e classe sendo empregadas separadamente e em oposição, embora correspondam a diferentes faces de um mesmo problema, para compreender e/ou solucionar as contradições de uma sociedade multiétnica e socialmente desigual. Suas escolhas

---

[44] *Ibidem*, p. 154.

[45] SKIDMORE, 1976, p. 211.

[46] Ver: MAIO, Marcos Chor. Abrindo a "caixa-preta": o projeto UNESCO de relações raciais. *In:* SCHWARCZ, Lilia (org.). *Antropologias, histórias, experiências*. Belo Horizonte: Editora da UFMG, 2004, p. 143-168.

atendem a debates políticos próprios de suas épocas e revelam, de certo modo, suas insuficiências tanto para compreender como para solucionar os problemas sociais e raciais, que são diferentes de acordo com cada perspectiva.

Porém, essas categorias não são previamente definidas e não estão em oposição. São construções sociais em permanente "fazer-se", inseridas em contextos específicos, contraditórios e conflitivos. Suas dinâmicas são ritmadas pelo "termo ausente", no caso, as experiências dos sujeitos que viveram naquele momento e que foram atuantes na mesma sociedade multiétnica e socialmente desigual. A reavaliação da democracia racial e da herança da escravidão não significa um afastamento dos conceitos de raça, cultura e classe que as fundamentaram. Pelo contrário, torna-se necessário problematizá-las em seus próprios termos, à luz das experiências dos sujeitos. Variados estudos da história social reavaliaram essas teses e permitiram um olhar mais aprofundado sobre a escravidão e o período pós-emancipação, ao priorizarem a ação histórica dos sujeitos, revelando variadas formas de atuação e seus projetos próprios, que os colocaram como interlocutores dos debates de sua época.[47]

Pontos de Partida: entre conceitos e métodos

Este trabalho parte dos pressupostos da História Social. Voltada à problematização dos diferentes níveis da experiência humana, caracteriza-se pela formulação de problemas específicos, que mediam o recorte de temas e de personagens, compreendo-os como sujeitos inseridos e atuantes em contextos historicamente definidos.[48] Centrada na agência dos sujeitos e de suas consciências, anteriormente desconsiderados como elementos significativos nos processos de transformações políticas, a História Social visa contrapor grandes modelos economicistas autoexplicativos e/ou paradigmas essencialistas. Nesse processo, objetiva destacar a ascensão e o protagonismo do povo comum, omitidos das histórias oficiais e tradicio-

[47] Ver: MATTOS, Hebe Maria. *Das cores do silêncio:* os significados da liberdade no Sudeste escravista (Brasil, séc. XIX). Rio de Janeiro: Arquivo Nacional, 1995; RIOS, Ana M. Lugão; MATTOS, Hebe M. *Memórias do cativeiro:* família, trabalho e cidadania no pós-abolição. Rio de Janeiro: Civilização Brasileira, 2005; COOPER, Frederick; HOLT, Thomas C.; SCOTT, Rebecca J. *Além da escravidão:* investigações sobre raça, trabalho e cidadania em sociedades pós-emancipação. Rio de Janeiro: Civilização Brasileira, 2005.

[48] BURKE, Peter (org.). *A escrita da História*: novas perspectivas. São Paulo: Editora da Universidade Estadual Paulista, 1992.

nais, em uma mudança de perspectiva que ficou conhecida como "história vista de baixo", cunhada pelo marxista britânico E. P. Thompson.[49]

Thompson destaca que a pesquisa histórica necessita de uma lógica apropriada aos fenômenos que estão sempre em movimento e que evidenciam manifestações contraditórias. Para o autor, a "lógica histórica" corresponde a um método lógico de investigação adequado a materiais históricos destinado a testar hipóteses e eliminar procedimentos autoconfirmadores, em que o discurso de demonstração histórica consiste no diálogo entre conceito e evidência, constituindo a dialética do conhecimento histórico. Os conceitos, que são confrontados com as evidências, não podem ser compreendidos como modelos, mas, sim, como expectativas. Eles "[...] não impõem uma regra, mas apressam e facilitam a indagação das evidências". Consequentemente, "[...] as evidências (e os acontecimentos reais) não obedecem às regras, e não obstante não poderiam ser compreendidas sem a regra, à qual oferecem suas próprias irregularidades". Essas evidências raramente são constantes e estão em transição, ao lado dos movimentos do evento histórico, definidas somente, portanto, dentro de contextos particulares.[50]

Ao problematizar a formação da classe operária inglesa, Thompson centrou sua análise no processo de constituição da consciência de classe amparada não apenas em termos econômicos, mas também culturais. Para o autor, as classe sociais não eram uma categoria, ou estrutura, previamente estabelecida, mas, sim, definida em sua efetiva construção histórica. O fazer-se das classes sociais ocorre "[...] quando alguns homens, como resultado de experiências comuns (herdadas ou partilhadas) sentem e articulam a identidade de seus interesses entre si, e contra outros homens cujos interesses diferem (e geralmente se opõem) dos seus". Destacando a agência do sujeito sobre tal processo de construção, Thompson compreende que a "[...] consciência de classe é a forma como essas experiências são tratadas em termos culturais: encarnadas em tradições, sistemas de valores, ideias e formas institucionais"[51]. Os costumes, normas, valores, expectativas e crenças também orientam as ações e escolhas dos indivíduos

---

[49] SHARPE, Jim. A história vista de baixo. *In:* BURKE, Peter (org.). *A escrita da História:* novas perspectivas. São Paulo: Editora da Universidade Estadual Paulista, 1992.

[50] THOMPSON, Edward Palme. Intervalo: a lógica histórica. *In:* THOMPSON, Edward Palme. *A miséria da Teoria ou um planetário de erros.* Rio de Janeiro: Jorge Zahar Ed., 1981.

[51] THOMPSON, Edward Palme. *A formação da classe operária inglesa*: A árvore da liberdade. v. I. Rio de Janeiro: Paz e Terra, 1987, p. 10.

e seus coletivos, que marcam o processo de construção de identidades e os interesses de classe pautados por experiências em comum. Essas experiências, por sua vez, portam suas dimensões históricas, que devem ser analisadas em seus próprios termos, manifestados nos comportamentos, valores, condutas e costumes.

Da mesma forma como considera que as classes sociais não eram previamente definidas e que estavam vinculadas a dinâmicas históricas particulares, Thompson também pontua que o costume está em fluxo contínuo, correspondendo a um campo para a mudança e a disputa, na qual interesses opostos apresentam reivindicações conflitantes. Para o autor, a cultura é uma arena de elementos conflitivos, apresentando suas próprias contradições sociais e culturais, permeadas de fraturas e oposições existentes dentro desse conjunto.[52] Thompson destaca que a cultura plebeia não se auto define e nem é independente de influências externas. Ela assume sua forma defensivamente, em oposição aos limites e controles impostos pelos governantes patrícios. Compreende, portanto, que a cultura popular está situada no lugar material que lhe corresponde: "[...] localizado dentro de um equilíbrio particular de relações sociais, um ambiente de trabalho de exploração e resistência à exploração, de relações de poder mascaradas pelos ritos do paternalismo e da deferência"[53]. Inserida neste campo de disputas, a cultura popular também está marcada por um conjunto de diferentes recursos, no qual há sempre uma troca entre o dominante e o subordinado, o escrito e o oral, a aldeia e a metrópole.

As orientações desenvolvidas por E. P. Thompson são de fundamental importância para este trabalho. A partir de sua compreensão sobre classe e cultura, percebem-se os processos de suas construções permeadas por diferentes forças conflitivas e que esses conceitos são inter-relacionados e se inserem nas mesmas disputas políticas e sociais. Além do mais, a utilização do conceito de "experiência" contribui para que se possa analisar tais questões em seus próprios termos, a partir das ações de diferentes grupos sociais em interlocução e inseridos em um mesmo contexto específico.

Direcionando esses pressupostos para um contexto pós-escravagista, devem-se articular outros conceitos, para que se consigam interrogar as evidências e responder ao problema de pesquisa. Antônio Sérgio Alfredo Guimarães destaca que as "raças" são "[...] construtos sociais, formas de identidade baseadas numa ideia biológica errônea, mas socialmente

[52] THOMPSON, Edward Palme. *Costumes em comum*. São Paulo: Companhia das Letras, 1998.

[53] *Ibidem*, p. 16-17.

eficaz para construir, manter e reproduzir diferenças e privilégios"[54]. Embora não existam num sentido estrito, as concepções de raças foram utilizadas de forma plena, para classificar e orientar ações humanas, cujas diferenciações apenas "[...] têm significados no interior de uma ideologia preexistente"[55]. Dito em outras palavras: a noção de raça está longe de apreender caracterizações e classificações naturais entre seres humanos. Seus significados estão em permanente construção, disputas e negociações entre diferentes atores sociais. Estes realizam mais variados usos estratégicos da ideia de raça, visando consolidar ou confrontar privilégios, classificações e caracterizações historicamente definidas.

Outro conceito que se deve discutir é o de cultura, principalmente por, como procurou-se demonstrar anteriormente, cristalizar formas de expressão cultural vinculadas a determinados grupos étnico-raciais (por exemplo erudito/branco e popular/negro). Stuart Hall[56] compreende que a cultura popular não são, num sentido "puro", as tradições populares de resistência aos processos de moralização dos grupos populares nem as formas que as sobrepõem, mas, sim, o terreno sobre a qual as transformações são operadas. Para o autor, não existe uma "cultura popular" íntegra, autêntica e autônoma, situada fora do campo de força das relações de poder e de dominação culturais. Inserido nesse contexto de disputa, Hall destaca que o importante não são os objetos culturais intrínseca ou historicamente determinados, mas o estado do jogo das relações culturais: "o que conta é a luta de classe na cultura ou em torno dela".[57] Para o autor:

> Por definição, a cultura popular negra é um espaço contraditório. É um local de contestação estratégica. Mas ela nunca pode ser simplificada ou explicada nos termos das simples oposições binárias habitualmente usadas para mapeá-las: alto ou baixo, resistência *versus* cooptação, autêntico *versus* inautêntico, experiencial *versus* formal, oposição *versus* homogeneização. Sempre existem posições a serem conquistadas na cultura popular, mas nenhuma luta consegue capturar a própria cultura popular para o nosso lado ou o deles.[58]

---

54 GUIMARÃES, Antônio Sérgio Alfredo. *Racismo e anti-racismo no Brasil.* São Paulo: Fundação de Apoio à Universidade de São Paulo; Editora 34, 1999, p. 67.

55 *Ibidem*, p. 44.

56 HALL, Stuart. *Da diáspora*: Identidade e mediações Culturais. Belo Horizonte: Editora UFMG, 2003.

57 *Ibidem*, p. 258.

58 *Ibidem*, p. 345.

Stuart Hall destaca a importância de vincular essas elaborações a contextos específicos e historicamente determinados. Para o autor, essas identidades não apresentam uma continuidade com um passado essencializado e nem se encontram manifestadas como forças puras, visto que elas estão sujeitas às disputas políticas e culturais dinâmicas. Paul Gilroy, neste direcionamento, destaca que a experiência compartilhada na escravidão e na emancipação compreende o principal elemento das identidades negras inseridas no processo diaspórico.[59] Essa noção de diáspora ultrapassa as perspectivas nacionais e conecta variadas experiências frente à dispersão das populações de origem africana nas Américas, no Caribe e na Europa. É a partir das experiências das lutas contra a discriminação racial que se delimita politicamente a identidade cultural dos negros no Ocidente, também marcada por processos de interconexões culturais diversos.

Peter Wade, ao estudar a música popular e música negra na Colômbia, nas primeiras décadas do século XX,[60] destaca que essas têm que ser compreendidas em seus contextos históricos mutáveis. Estes incluem aspectos tão variados quanto as definições da identidade nacional, o capitalismo transnacional, a política local, a produção do saber acadêmico e o modo como as pessoas concebem a si mesmas como encarnando aspectos diferentes da herança da nação, exprimíveis por uma prática corporificada. Imbuídas em contextos e interpretações dinâmicos, as manifestações culturais protagonizadas pelos negros estiveram sujeitas a inúmeras leituras.[61] Wade também enfatiza como os negros colombianos utilizaram uma ampla variedade de fontes culturais, sejam elas africanas, sejam europeias ou indígenas, para criar novas formas identificadas como negras no contexto colombiano.

A articulação entre diferentes formas musicais está na base também da construção das identidades diaspóricas, como destacou Stuart Hall. Para o autor os repertórios da cultura popular negra eram formados parcialmente por suas heranças e também determinados criticamente pelas

---

[59] GILROY, Paul. *O Atlântico Negro*: a modernidade e a dupla consciência. São Paulo: Ed. 34; Rio de Janeiro: Editora da Universidade Cândido Mendes, 2001.

[60] WADE, 2003, p. 174-175.

[61] Para o autor "O que quer que tenham sido a negritude e a africanidade, portanto, esteve sujeito a inúmeras leituras: elas podiam ser modernas e elegantes, ou primitivas e atrasadas; podiam ser modernas exatamente por serem "primitivas"; podiam ser sensuais, mas esse sensualismo poderia ser um impulso subjacente da mestiçagem e da nacionalidade, ou uma ameaça à moral, ou uma força libertária que contestaria as convenções sociais conservadoras; poderiam representar as raízes e a autenticidade, algo de autoctonemente colombiano, ou representar o passado atrasado que era preciso superar" (WADE, *Op. cit, p.* 164).

condições diaspóricas onde as conexões foram forjadas. Para o autor, todas estas formas culturais são produtos de sincronizações parciais, de engajamentos que atravessam fronteiras culturais, de confluências de mais de uma tradição cultural, de negociações entre posições dominantes e subalternas, de estratégias subterrâneas de recodificação e transcodificação, de significação crítica e do ato de significar a partir de materiais preexistentes. Por meio da apropriação, cooptação e rearticulação seletivas de ideologias, culturas e instituições europeias, ao lado de um patrimônio de origem africana, é que, para o autor, se elaboram formas culturais híbridas.[62]

Ao analisar processos de criação musical no contexto de sociedades escravagistas ou pós-escravagistas, Martin Denis-Constant[63] localiza o surgimento de novas formas musicais resultantes de processos de mistura e criação cultural engendradas neste cenário social. Para o autor, apesar do contexto de violência e dominação extrema, a escravidão colocou em comunicação povos de diferentes origens proporcionando grande variedades de contatos, trocas e misturas:

> Os contatos entre colonos, escravos e indígenas trazem transferências culturais que produzem as mestiçagens de onde surge a criação. O que está em jogo para todas as partes dessa mistura não é nada mais nada menos do que a invenção de uma sociedade na qual todos precisam viver, por opção, por acaso ou por coerção. Ora, não apenas essa sociedade deverá ser construída, mas será preciso ainda dar-lhe sentidos, sentidos esses que variam segundo os grupos que os imaginam, mas que não podem ser isolados de forma estanque uns dos outros. A mestiçagem de onde parte a crioulização deve ser entendida antes como um esforço de criação que visa dominar o ambiente e a entender, e depois muitas vezes mudar, as posições respectivas ocupadas por seus diferentes habitantes. Nas Américas, as línguas e as religiões trouxeram muitas confirmações desse processo. As coisas não são diferentes no caso da música.[64]

Denis-Constant compreende que estes processos de mestiçagens, inovações e criolizações, "da qual tanto senhores quanto escravos foram

---

[62] HALL, 2003, p. 343.

[63] DENIS-CONSTANT, Martin. A Herança Musical da Escravidão. *Revista Tempo,* Niterói, Niterói, v. 9, n. 15, p. 15-41, 2011.

[64] *Ibidem*, p. 19.

parte" e que criam novas formas musicais, estão ligados a sistemas de dominação e às estratégias inseparáveis de resistência, de acomodação e de poder. Estas fronteiras fluidas, tanto nas interpretações como nas práticas sociais, nos leva a perceber que esta cultura musical brasileira, ou provavelmente de qualquer outra sociedade pós-escravagista, tem por característica formas híbridas. As atribuições destas variadas formas culturais, umas vinculadas aos brancos e outras aos negros, umas populares e outras eruditas, inserem-se no dinâmico campo de disputas que visam demarcar tanto as formas de dominação como as formas de resistências.

A identidade nacional harmonizadora e homogeneizadora, centrada na figura da mulata, do samba e do Carnaval, ao lado de diversos outros símbolos (fomentada pela política cultural do período varguista, ancorada por interpretes do Brasil canonizados, como o Gilberto Freyre), pode ser considerada, *grosso modo*, como vencedora frente aos projetos políticos e ideológicos anteriores, preocupados em apagar a presença africana, compreendida como fonte de atraso social e cultural. A incorporação das manifestações populares e negras na cultura nacional, seguindo a construção ideológica da mestiçagem (Freyre e Estado Novo), não deixa de delimitar um espaço e uma forma de atuação desses mesmos setores sociais. Inserida nesta construção, são retirados ou esvaziados importantes espaços e formas de reivindicação políticas, inclusive a parti das próprias manifestações culturais. Ao mesmo tempo que propõe elaborar coesão a partir do ícone do mestiço (resultado da fusão das três diferentes "raças" formadoras do Brasil), ela também demarca, indiretamente, a distinção e consolida a imagem do que é o branco e sua cultura no cenário cultural, que nunca deixou de ser multifacetado.

Embora se tenha largamente sido difundida uma noção de polarização entre as diferentes formas musicais relacionadas com as origens étnicas de sua multifacetada população, associando a música erudita às populações brancas (principalmente de origem alemã e italiana) e a música popular à população negra, este trabalho não pretende confirmar se havia ou não uma oposição entre a música erudita e a popular. Para isto, será priorizado o uso da noção de "cultura musical" que permite maior flexibilidade na caracterização entre variadas formas e linguagens musicais. O interesse deste trabalho reside em problematizar, por meio da atuação dos sujeitos, como essas categorias estavam em negociação e se articulam com as discussões sobre os direitos de cidadania.

Estas configurações contribuem para que se possam avaliar as caracterizações e os locais sociais sobre a cultura musical de Porto Alegre consolidados tanto na historiografia como no senso comum. Para isto, precisa-se percebê-la como uma arena de conflitos permeada de disputas e negociações frente ao processo de reconfiguração das relações sociais de trabalho e as discussões em torno dos direitos de cidadania. A partir das experiências de parte da população negra, pode-se verificar como a atividade musical, entre seus diversos usos estratégicos, foi utilizada como forma de mobilidade social e como uma ferramenta de luta contra as discriminações raciais e as desigualdades sociais. Ao fazer-se isto, também tornam visíveis variadas aspirações e projetos políticos próprios da comunidade negra, permeados por uma série de aproximações e distanciamentos que os colocam como interlocutores importantes nos debates políticos de sua época.

Apresentação dos capítulos e dos documentos históricos

Este livro está dividida em três capítulos, além desta "Introdução" e das "Considerações Finais". O Capítulo 1 tem por objetivo perceber como a cultura musical de Porto Alegre foi interpretada e disputada por diferentes setores na década de 1920, por meio da criação da Banda Municipal de Porto Alegre em 1925, colocando em diálogo a elite letrada, o poder público e setores da comunidade negra, em frente às tensões resultantes da transformação desse conjunto musical. A problematização dessa instituição musical tem por fim perceber quais eram os termos desse debate e como estava articulada a relação entre a música e a população. Também se pretende problematizar como as obras de referência interpretaram essa mesma cultura musical. No Capítulo 2, objetiva-se adentrar parcialmente na vida social da comunidade negra por meio das associações civis para perceber como alguns parâmetros culturais e étnicos são negociados frente à ideologia dominante. Por meio de algumas bandas de música e grupos teatrais procura-se analisar como esta cultura musical esteve articulada a diferentes projetos políticos relacionados a formas de comportamento, mecanismos de instrução e formas de visibilidade pública. Marcada por dinâmicos processos de aproximações e distanciamentos no interior desta comunidade negra, este capítulo visa acompanhar alguns debates que permearam a prática desta cultura, revelando diferentes usos e leituras da atividade musical. Além da vivência nesta rede associativa negra, procura-se também acompanhar a circularidade de alguns grupos no espaço público demarcando sua visibilidade e participação na construção da vida cultural e política de Porto Alegre. No Capítulo 3, por sua vez, procura-se demonstrar que a elaboração desta cultura musical também atendia a um processo de profissionalização. A construção da categoria profissional do músico foi marcada por disputas principalmente por meio de instituições que visavam legitimar determinadas escolas de formação musical e a regulamentação deste mesmo mercado de trabalho em ampla expansão. Atento às negociações e à circulação entre diferentes espaços de ensino e trabalho com a música, procura-se acompanhar a integração de diversos musicistas negros neste campo profissional. Frente a este disputado mercado de trabalho, que era heterogêneo, estes mesmos músicos acionaram sua ampla apropriação cultural estrategicamente na conquistas de postos de trabalho, por vezes, marcadamente diferentes um dos outros. Por fim, procuramos-compreender este cenário musical e profissional como um campo de disputas permeado por tentativas variadas de legitimação.

Como fontes principais deste trabalho, são utilizados os jornais *A Federação* e *O Exemplo*. O jornal *A Federação* foi o veículo de divulgação do Partido Republica Rio-Grandense e órgão oficial dos poderes estadual e municipal. Fundado em 1884, foi publicado até 1937. Também divulgou, anualmente, os Relatórios Municipais, nos quais podem ser acompanhados algumas instituições públicas e o posicionamento oficial da municipalidade. O jornal *O Exemplo* foi um periódico redigido por lideranças negras, fornecendo diversas informações sobre a vida social, indicando atividades sociais e culturais realizadas. Pela sua leitura, podem-se perceber os debates sobre as estratégias de mobilidade social e o combate ao preconceito e à discriminação racial. Como fontes secundárias, foram consultados os Relatórios dos Presidentes da Província e os Relatórios dos Presidentes dos Estados Brasileiros, utilizados para traçar um perfil de algumas instituições musicais e educacionais públicas. Procedimento semelhante empregado aos Almanaques da Brigada Militar. Também foram consultados os Livros de Atas do Centro Musical Porto-Alegrense, para localizar a participação de determinados músicos nessa instituição.

O jornal *O Exemplo* circulou primeiramente entre 1892 e 1897. Retomou suas atividades em outras duas situações, entre 1902 e 1905, depois entre 1908 e 1911. Passou a ser publicado novamente em 1916 mantendo-se ativo até 1930, quando encerrou suas atividades. Os exemplares foram consultados nos seguintes arquivos: Biblioteca Rio Grandense, para a década de 1890; Núcleo de Pesquisa em História (PPGH/UFRGS) e Museu de Comunicação Social Hipólito José da Costa (Porto Alegre/RS) para os anos de 1902 a 1905 e 1908 a 1911; Biblioteca Nacional (Rio de Janeiro/RJ), para os anos de 1916 e 1919; Instituto Histórico e Geográfico do Rio Grande do Sul, para os anos de 1920 a 1930.[65] O jornal *A Federação* e os *Relatórios dos Presidentes da Província* e os *Relatórios dos Presidentes dos Estados Brasileiros* foram consultados no acervo *on-line* do portal de periódicos nacionais da Fundação Biblioteca Nacional (Hemeroteca Digital Brasileira). Esta ferramenta possibilita a realização de buscas nominais. Primeiramente foram analisadas a edições do jornal *O Exemplo*, em que foram mapeadas diversas associações, músicos e os principais debates relacionados à música e seus locais de atuação. As informações foram contrapostas e complementadas com uma leitura do jornal *A Federação*.

Tendo essas preposições como ponto de partida, percorrem-se as ruas de Porto Alegre, para acompanhar sua vida cultural, objetivando perceber, na relação da população com a música, como se deu esse processo de formação cultural, suas tentativas de ordenamento e legitimação, assim como foram construídas as formas de mobilidade social por parte da comunidade negra por meio da música.

[65] Sobre a década de 1890 restaram poucas edições do jornal. Já para a primeira década do século XX, para alguns anos há periodizações semestrais completas, enquanto outros anos temos números esparsos. Entre 1916 e 1930 praticamente todas as edições estão disponíveis.

1

A CIDADE, SUA MÚSICA E SUA POPULAÇÃO

A cidade de Porto Alegre apresenta um grande crescimento populacional entre o final do século XIX e as primeiras décadas do século XX. Relacionado com a demanda crescente da mão de obra ocasionado pela emergência da industrialização na capital e seus arredores, consumou-se um notável desenvolvimento comercial e econômico[66]. Acentuam este crescimento os processos de imigração, de abolição da escravatura e da migração do ambiente rural para o urbano. Com uma população estimada em mais 226 mil habitantes, segundo recenseamento municipal de 1922[67], Porto Alegre contava com quantidade significativa de imigrantes entre seus moradores. No mesmo recenseamento destacam-se, a partir da naturalidade, os italianos com mais de 12 mil almas, seguido dos alemães com mais de 10 mil, seguido dos portugueses e espanhóis, com mais de 6 mil e 3 mil almas, respectivamente. Fora estes, a cidade contava com mais de 5 mil moradores

[66] Na primeira década do século XX a cidade de Porto Alegre apresentou, conforme o escriturário autor do recenseamento de 1912 Olympio de Azevedo Lima, um movimento comercial notável. Se em 1901 a cidade apresentava 297 casas de importação e exportação e 1.100 casas de varejo, no final da primeira década este número aumentou para 327 estabelecimentos de transações internacionais e 1.869 casas de varejo. Na zona urbana de Porto Alegre, espaço de maior concentração habitacional e comercial, as indústrias contabilizavam 154 fabricas (móveis, sabonetes, cerveja, calçados, chapéus, doces, instrumento de corda, pregos, vassouras, entre tantas outras) e 149 oficinas (sapateiros, alfaiates, carpinteiros, ferreiros, mecânicos, litógrafos, entre outros). Ver: LIMA, Olympio de Azevedo. *Resultado do recenseamento da população e outros apontamentos do município de Porto Alegre*, Estado do Rio Grande do Sul. Porto Alegre: Livraria do Comércio, 1912. Já no recenseamento realizado em 1916 e publicado o ano seguinte o número de fábricas e oficinas caíram, provavelmente como consequência da retração econômica causada pela Primeira Guerra Mundial. Neste levantamento foram arroladas 139 fabricas e 88 oficinas. Nas fábricas, tinham destaque as de banha (9), de móveis (8), de sabão (6), de moagem de café (8), de gasosas (6), de cervejas (5) e de instrumentos de corda (2). Já nas oficinas destacavam-se as de carpinteiro (20), de sapateiros (18), de alfaiates (18), de marcineiro (5) e de litografias (5). Ver: LIMA, Olympio de Azevedo. *Resultado do recenseamento da população e outros apontamentos do município de Porto Alegre*, Estado do Rio Grande do Sul. Porto Alegre: Livraria do Comércio, 1917.

[67] Esta população está distribuída em três regiões: zona urbana, com 173.230 habitantes; zona suburbana, com 31.230; e zona rural, com 21.448. Destas regiões, pelo o que conhecemos hoje como Porto Alegre, compreende basicamente as duas primeiras zonas, visto que a rural corresponde a outros municípios que estavam sob jurisdição da capital.

de outras regiões, incluindo, conforme apontamentos do recenseador, "os Africanos, cuja raça está desaparecendo entre nós, com 66 almas".[68]

Porto Alegre comportava ainda uma rica e variada imprensa na década de 1920, revelando a efervescência dos debates concernentes à cidade e sua população. Entre eles destaca-se o jornal *A Federação*, *Diário de Notícias* e *O Exemplo*. O jornal *A Federação* foi o veículo de divulgação do Partido Republicano Rio-Grandense e órgão oficial do poder público em âmbito estadual e municipal. Fundado em 1884 foi publicado até 1937. O jornal *Diário de Notícias*, de orientação liberal, foi fundado em 1925 e circulou até 1979. Foi este periódico um impulsionador do movimento literário modernista no Sul do Brasil. Já o jornal *O Exemplo* era um periódico redigido por setores letrados da comunidade negra visando à defesa dos interesses de sua classe. Inaugurado em 1892, seu último exemplar circulou em 1930. Nestes periódicos se visibilizam questões pertinentes às disputas e demandas cotidianas, que acompanham seus recortes políticos, sociais e partidários.

Neste capítulo, problematizaremos a cultura musical de Porto Alegre entre o final do século XIX e o início do século XX. Vamos acompanhar a atuação do poder público, da elite letrada e de parte da comunidade negra, com o objetivo de entender a relação entre as chamadas culturas "popular" e "erudita" e sua conexão com a população da cidade. Primeiramente, analisaremos a formação da Banda Municipal de Porto Alegre, uma instituição criada e financiada pelo poder público, que, ao carregar o nome da cidade, simbolizava a relação entre a população, suas atividades artísticas e a identidade desejada para o município. Em seguida, contrapomos os debates dessas primeiras décadas do século XX às interpretações encontradas em obras de referência sobre a cultura musical do Rio Grande do Sul e, mais especificamente, de Porto Alegre.

1.1 Uma banda digna de portar o nome da cidade

Em abril de 1925, o jornal *A Federação*[69] publicou o projeto de organização de uma "Banda-Orquestra Municipal de Porto Alegre", apresentado ao Intendente Municipal pelos maestros José Corsi e José de Andrade Neves. Embora o projeto tenha sido de autoria dos músicos citados, a criação da

[68] LIMA, Olympio de Azevedo. *Resultado do recenseamento da população e outros apontamentos do município de Porto Alegre*, Estado do Rio Grande do Sul. Porto Alegre: Livraria do Comércio, 1917, p. 20.

[69] *A Federação*, Porto Alegre, 8 abr. 1925, p. 4.

banda já havia sido acordada previamente com a municipalidade, por meio do Intendente Octávio Rocha, como mencionado na introdução do projeto:

> Á s. exc. dr. Octavio Rocha, dd. Intendente do Municipio de Porto Alegre.
> Saudações.
> Conforme promettemos, vimos hoje á presença de v. exc. apresentar-lhe as bases do *Projecto Artistico-Financeiro* da futura *Banda Municipal* de Porto Alegre, cuja organização v. exc. teve a bondade de confiar aos abaixo-assignados, o que enche de orgulho pelo facto de vermos os nosso obscuros nomes ligados a um feito de tanta utilidade publica e artistica para a nossa bella capital.
> Pedimos permissão para reiterar a v. exc. que, aceitando essa honrosa incumbencia, não visamos proventos pessoaes de especie alguma. Assumindo o honroso compromisso de organisar a moderna Banda Municipal em questão visamos tão sómente a diffusão da musica na nossa cidade, apresentando um conjuncto de professores que honrassem os nossos esforços e que correspondessem á admiravel administração de v. exc. [...][70]

Os maestros José de Andrade Neves e José Corsi, proponentes do projeto, ocupavam posições de destaque no cenário musical de Porto Alegre, representando setores significativos da cultura local. Andrade Neves integrava o corpo docente do Conservatório de Música, vinculado ao Instituto de Belas Artes do Rio Grande do Sul, desde a criação do Curso de Flauta em 1919, do qual era o professor responsável.[71] Corsi, por sua vez, era um bandolinista e violonista italiano que chegou ao Rio Grande do Sul acompanhando um conjunto orquestral húngaro. Estabelecido na capital em 1913, fundou e dirigiu o Instituto Musical de Porto Alegre, uma das mais importantes escolas de música da época, até seu falecimento em 1938.[72] Em outras palavras, Andrade Neves representava a música dentro de uma instituição central para o projeto republicano e positivista do Partido Republicano Riograndense, enquanto Corsi era um representante do setor privado, à frente de uma das principais escolas de música daquele período.

A abertura do projeto fazia questão de destacar que o objetivo da nova e "moderna" banda, que carregaria o nome da cidade, era exclusi-

---

[70] *A Federação,* Porto Alegre, 8 abr. 1925, p. 4.

[71] CORTE REAL, 1984, p. 249.

[72] *Ibidem*, p. 281-282.

vamente a difusão da música por meio de um conjunto de professores qualificados. Naquele momento, a cultura musical revelava-se um tema de grande importância. A criação da banda era vista como uma iniciativa de utilidade pública e artística para "a nossa bella capital", devendo corresponder à "admiravel administração" de Otávio Rocha — o que, em essência, refletia uma encomenda pessoal do próprio intendente. A partir dessa breve apresentação, podemos levantar algumas reflexões sobre a vida musical de Porto Alegre no momento em que o projeto da Banda Municipal foi elaborado. A premissa subjacente à criação da banda era que a cidade carecia de um cenário musical que estivesse à altura de suas aspirações modernas. Não se tratava apenas de difundir música, mas de uma música específica, que representasse a modernidade desejada. Para tanto, eram necessários professores qualificados que honrassem essa iniciativa. No entanto, podemos nos perguntar: a criação da banda foi realmente um marco transformador na vida cultural de Porto Alegre? Os próprios proponentes do projeto, José Corsi e José Andrade Neves, no artigo citado, estabeleceram uma conexão entre o passado, o presente e as expectativas futuras da música na cidade. Segundo eles:

> A cultura musical nesta cidade attingiu, nos últimos annos, um desenvolvimento artístico que muito honra o Rio Grande do Sul. As instituições musicaes, fundadas há annos, os concertos symphonicos de grandes conjunctos e a passagem de celebridades mundiaes por esta capital muito contribuíram para attingir esse desenvolvimento.[73]

Partindo dessas menções, podemos inferir que os maestros provavelmente se referiam a instituições musicais como as sociedades de concertos fundadas no último quartel do século XIX, o Conservatório de Música e o Centro Musical Porto Alegrense. De forma geral, tratava-se de instituições voltadas para a prática e difusão da música erudita, com características internas distintas, mas todas surgidas entre o final do século XIX e o início do século XX. As sociedades de concertos eram organizadas quase que exclusivamente com base em critérios étnicos, acompanhando o fluxo imigratório europeu, especialmente de italianos e alemães. Segundo a pesquisadora Claudia Leal Rodrigues, que estudou a institucionalização da educação musical em Porto Alegre, a atuação

[73] *A Federação,* Porto Alegre, 8 abr. 1925, p. 4.

dessas sociedades de concertos teve como uma de suas consequências a especialização musical de membros da sociedade local em centros mais avançados, seja na capital da República (Rio de Janeiro), ou, principalmente, em conservatórios musicais de países europeus, como Itália, Alemanha e França. Alguns desses músicos receberam bolsas de estudo financiadas pelo Governo do Estado do Rio Grande do Sul, o que contribuiu para tornar mais atraente a criação de uma instituição de ensino artístico-musical superior localmente.[74]

Nesse contexto, insere-se a fundação do Instituto de Belas Artes em 1908, que abrigava o Conservatório de Música, tornando-se a primeira instituição de ensino artístico e musical do Rio Grande do Sul a oferecer cursos superiores contínuos na área. Localizado em Porto Alegre, sua criação foi idealizada pelo então Presidente do Estado, Carlos Barbosa Gonçalves, e concretizada por cidadãos de destaque social. Inicialmente constituída como uma sociedade particular, o Instituto de Belas Artes recebia significativo auxílio financeiro do Estado e, em melhor escala, da Intendência de Porto Alegre. Com o surgimento do Instituto, diversos outros conservatórios musicais se espalharam pelo estado na década de 1920, consolidando o ensino formal de música no Rio Grande do Sul. Para Círio Simon, as origens do Instituto Livre de Belas Artes se vinculam a um projeto civilizatório regional republicano, implantado no Rio Grande do Sul após a mudança do regime imperial. Esse projeto incluía a criação de uma série de instituições mantidas por grupos de profissionais das respectivas áreas, que ofereciam cursos superiores livres. Embora a iniciativa da fundação do Instituto possa ser atribuída a Carlos Barbosa, Simon sugere que seu propósito deve ser compreendido em um contexto mais amplo de exaltação à filosofia republicana e positivista, fundamentada na crença no "progresso e cultivo dos bons costumes" como pilares formadores da cidadania.[75]

Já o Centro Musical Porto-Alegrense, fundado em 1920, configurava-se como uma associação que reunia parte dos músicos atuantes no cenário musical local, com foco na profissionalização da atividade musical. Conforme a análise de Julia Simões sobre o processo de profissionalização

[74] RODRIGUES, Claudia Maria Leal. *Institucionalizando o ofício de ensinar:* estudo histórico sobre a educação musical em Porto Alegre (1877-1918). 2000. Dissertação (Mestrado em Música) – PPG-Mus., UFRGS, Porto Alegre, 2000.

[75] SIMON, Círio. *Etapas e contribuições do Instituto de Artes da UFRGS na constituição de expressões de autonomia no sistema de Artes Visuais do RS*. 1999. Tese (Doutorado em História) – PPG-His., PUCRS, Porto Alegre, 1999.

musical a partir dessa entidade, o Centro Musical era, na verdade, uma associação com caráter sindical, que promovia ações assistencialistas e previdenciárias, buscando o reconhecimento público da profissão. Além disso, a associação procurava controlar segmentos do mercado musical local, agenciando colocações profissionais para seus associados. Simões também ressalta que o Centro Musical desempenhava um papel educativo e agenciador, à medida que promovia o desenvolvimento do gosto artístico-musical dos moradores de Porto Alegre por meio de concertos sinfônicos voltados à música erudita.[76]

A cultura musical mencionada pelos proponentes do projeto de criação da Banda Municipal, assentada na tradição erudita europeia, já possuía uma trajetória significativa em Porto Alegre e passava por um processo gradual de consolidação. Enquanto no final do século XIX essa cultura era protagonizada por sociedades amadoras, ao longo das primeiras décadas do século XX, observamos a institucionalização do ensino musical formal. Na década de 1920, esses esforços foram ampliados, visando ao reconhecimento e à delimitação da atividade profissional no campo musical, consolidando, assim, sua presença na cidade.

Retornando à argumentação do projeto de criação da futura Banda Municipal, essa tradição cultural era ainda mais realçada com os comentários de dois renomados pianistas estrangeiros que, em visita à capital, expressaram surpresa com o nível da cultura artística e da educação musical local. Os maestros destacaram também outros benefícios associados à fundação da Banda Municipal. Ela prometia não apenas aprimorar o conjunto orquestral já existente em Porto Alegre, vinculado ao Centro Musical Porto-Alegrense, que carecia de instrumentos essenciais, mas também enriquecer a vida teatral da cidade ao proporcionar uma orquestra completa e permanente. Tais afirmações foram fundamentais para os proponentes reafirmarem a importância da criação da Banda Municipal. Eles argumentavam que, a partir dessa rica tradição musical, a nova banda poderia garantir o contínuo progresso cultural da cidade, desde que contasse com os apoios necessários: "[...] entendemos que creação de uma banda-orchestra só poderá despertar a attencção da nossa elite intelectual, si a mesma encontrar nella uma verdadeira instituição de cultura"[77].

[76] SIMÕES, Julia da Rosa. *Ser músico e viver da música no Brasil:* um estudo da trajetória do Centro Musical Porto-Alegrense (1920-1933). Dissertação (Mestrado em História) – Faculdade de Filosofia e Ciências Humanas, Pontifícia Universidade Católica do Rio Grande do Sul, Porto Alegre, 2011.

[77] *A Federação,* Porto Alegre, 8 abr. 1925, p. 4.

Não restam dúvidas de que as justificativas para a criação da Banda Municipal eram um tanto dúbias. Por um lado, Porto Alegre já contava com um notável desenvolvimento musical. Por outro, a necessidade de uma "nova" e "moderna" banda parecia ser um passo essencial para sustentar esse desenvolvimento. Ao mesmo tempo, era preciso completar o quadro de músicos que era deficitário. Não se pode deixar de sublinhar que a sofisticação cultural era também atestada por pianistas estrangeiros, que, provavelmente, conheciam muito pouco a cidade, sua música e sua população. Além disso, a criação da banda estava diretamente condicionada ao apoio da elite intelectual, cuja validação era vista como essencial para que a banda fosse reconhecida como uma "verdadeira" instituição cultural. Essa dependência levanta as questões: as instituições musicais já existentes não desempenhavam a função de difundir a música erudita? E a referida elite intelectual não as considerava "verdadeiras"? Essas sutilezas sugerem que, apesar dos elogios dirigidos à cultura musical de Porto Alegre pelos proponentes, ela ainda necessitava de uma forma de legitimação ou, nas palavras deles, tornar-se uma "verdadeira" instituição de cultura. Mas, afinal, o que entendem os proponentes por "uma verdadeira instituição de cultura"?

No projeto de criação da Banda Municipal, são elencadas diversas experiências internacionais como fontes de inspiração, ressaltando a importância dos conjuntos de harmonias nos grandes centros como meio de propagação dessa "verdadeira" cultura musical. Os proponentes mencionam exemplos de cidades na Itália, França, Alemanha, Inglaterra, Bélgica, Estados Unidos, México, Cuba, Argentina, Uruguai, Chile e Brasil, com ênfase especial na cidade de São Paulo. Essas referências serviam para evidenciar a preocupação dos poderes públicos estaduais e municipais nas principais cidades europeias com a manutenção e a qualidade das bandas de música. A inspiração também residia em determinadas características e funcionamentos que a futura Banda Municipal de Porto Alegre não poderia adotar. O projeto critica as bandas de música presentes em outras cidades do Brasil, destacando que muitas delas foram organizadas de maneira "errônea". Segundo os proponentes, essas bandas eram frequentemente dirigidas por pessoas com pouca experiência e quase nenhuma formação musical. Como destacam os proponentes:

> Na organização de bandas no nosso país costuma-se confiar as mesmas a dirigentes cujo unico valor consiste em ser um musico [não compreendido] — de muito folego, muita

> technica e pouca intelectualidade. Não se cogita de inquirir si o mesmo possue sufficiente preparo artístico-intellectual para dirigir um conjuncto.
> Nas bellas artes as difficuldades são, na maior parte das vezes, quase inaccessíveis, e, por isso, achamos impossível que um mediocre regente possa transcrever ou transportar para os seus conjunctos paginas de autores celebres sem o sufficiente preparo intellectual para esse emprehendimento. O que resulta dessa falta de competencia é que as bandas, ao envéz de serem propagadoras da cultura musical, desvirtuam o gosto artístico no povo executando producções banaes de autores sem renome ou composições sem nexo da lavra do próprio ensaiador.
> Esse é o mal geral que se observa na organisação de bandas normais, o que — salvo raras excepções — acarreta grande desperdício de tempo e dinheiro sem nenhuma compensação de ordem cultural.[78]

A projetada Banda Municipal era influenciada pelas iniciativas observadas nos grandes centros mundiais, principalmente os europeus. Essa seria a mais qualificada e sofisticada. Para sua formação, eram necessários instrumentistas (principalmente o maestro) com grandes aptidões intelectuais. Essa seria, portanto, a "verdadeira cultura musical" que precisava ser difundida. Fica claro que o projetado conjunto estava destinado à divulgação da música erudita atenta não apenas ao repertório apresentado, mas, principalmente, em sua forma de execução e performance. Em contraste, a chamada "falsa cultura", que era descrita como rústica e realizada por indivíduos com pouca sofisticação artística e intelectual, provavelmente se referia à música popular ou àquela executada por músicos menos preparados. Essa "pseudo música", que não estava alinhada com os padrões da erudição europeia, era vista como indesejada, pois comprometia o gosto artístico da população. Além disso, bandas que não seguissem esses padrões e fossem sustentadas pelo poder público eram vistas como um desperdício de tempo e recursos. Era preciso combatê-la e suplantá-la. Dessa forma, a criação da Banda Municipal de Porto Alegre era apresentada como uma iniciativa de utilidade pública, destinada a elevar o padrão cultural da cidade e combater as práticas musicais que não atendiam aos padrões de sofisticação e erudição estabelecidos.

Essa interpretação não era exclusiva dos Maestros José Corsi e José de Andrade Neves, autores do projeto de criação da Banda Municipal. O

[78] *A Federação*, Porto Alegre, 8 abr. 1925, p. 4.

desenvolvimento da Banda foi uma iniciativa conjunta com a municipalidade, a pedido do próprio Intendente Otávio Rocha. Não surpreende que, apenas um mês após a proposta ter sido divulgada na imprensa, o Intendente tenha autorizado, por ofício, a organização da banda e a abertura dos créditos necessários para o empreendimento.[79] Apesar dessa surpreendente agilidade, a Banda de Música Municipal foi oficialmente organizada somente em 27 de agosto de 1926, por meio do Decreto n. 65.[80] Conforme o Regulamento Interno publicado com o decreto, a Banda deveria realizar duas retretas por semana e participar das comemorações de datas festivas nacionais ou estaduais. Suas atuações seriam limitadas a retretas de caráter oficial, e anualmente a banda realizaria um concerto em benefício de uma instituição de caridade de Porto Alegre. Além disso, os solistas da Banda deveriam lecionar seus instrumentos na futura Escola de Música, vinculada à instituição.

A relação do poder público com a Banda Municipal pode ser aprofundada por meio dos Relatórios Anuais redigidos pelo Intendente Otávio Rocha, que eram remetidos ao Conselho Municipal e publicados nas páginas do veículo oficial do PRR. No relatório de 1926, Rocha justifica a criação da Banda Municipal anexando o decreto que oficializou sua organização definitiva.[81] Já em 1927, avalia seus resultados: "A Banda Municipal continua a merecer os maiores applausos por parte da população, que, em dias de retreta, acorre ao local em que ella se realiza, para ouvil-a com um interesse digno da sua cultura"[82]. Embora o Intendente saliente a procura da população, guiada por sua cultura sofisticada, ele também indica que essa erudição era promovida de forma pedagógica e gradual. Rocha destaca o esforço da Inspetoria, responsável pela organização e administração da Banda e centralizada na figura de José Corsi, para tornar os concertos públicos cada vez mais atraentes. A Inspetoria organizava "[...] programmas de caracter popular para despertar gradualmente no espirito do publico os principios educativos e didacticos da arte musical"[83].

Alguns eventos promovidos pela Banda Municipal são mencionados para demonstrar os avanços educativos e o refinamento cultural da

---

79 *A Federação*, Porto Alegre, 25 abr. 1925, p. 5.

80 O Decreto n. 65, de 27 de agosto de 1926, foi publicado, na íntegra, no mesmo dia em que foi assinado, no jornal *A Federação* de 27 agosto de 1926, na p. 6.

81 *A Federação*, Porto Alegre, 15 out. 1926, p. 48.

82 *A Federação*, Porto Alegre, 15 out. 1927, p. 32.

83 *A Federação*, Porto Alegre, 15 out. 1927, p. 32.

população. No Relatório Municipal de 1927, Octávio Rocha destaca um concerto realizado em homenagem ao centenário da morte de Beethoven, cujo evento visava angariar fundos para o monumento construído e dedicado a esse "[...] grande vulto, que irradiou arte sublime". Segundo o Intendente, com essa atividade "[...] a Banda Municipal conseguiu reaffirmar-se no conceito artistico do nosso ambiente musical, como uma verdadeira instituição de educação artística, justificando, assim, o gasto que sua creação exigiu".[84] Além das apresentações didáticas públicas, a difusão da "verdadeira cultura musical" também envolvia a construção de marcos simbólicos em Porto Alegre, como o mencionado monumento. Esses avanços, segundo a própria avaliação do Intendente, justificavam os investimentos realizados, que, apesar de elevados, eram necessários para reafirmar a importância e o impacto da iniciativa.

Outro ponto destacado pelo Intendente em seu relatório de 1927 foram as dificuldades enfrentadas no coreto da Praça Senador Florêncio, onde as retretas públicas[85] da Banda Municipal eram realizadas. O Intendente apontou que o local provisório apresentava problemas tanto materiais quanto artísticos, evidenciando a necessidade de um ambiente adequado e digno para as audições da Banda. Para superar essas dificuldades, estava em construção um coreto permanente na Praça Marechal Deodoro, o qual, segundo ele, dotaria Porto Alegre de uma "excelente praça de concertos".[86] Na época da publicação do Relatório, o novo auditório já estava praticamente concluído e seria inaugurado poucos dias depois. Outras razões também podem ter influenciado a construção desse novo espaço. Na véspera da inauguração do Auditório Araújo Vianna, o jornal *A Federação* noticiou o desmanche do antigo coreto da Praça Senador Florêncio e o trabalho de reparação realizado pela Diretoria Geral de Obras "[...] em virtude dos estragos provenientes do estacionamento de populares naquelle local, para assistirem às retretas da Banda Municipal"[87].

Os danos causados pelos populares na praça pública dificilmente se repetiriam no novo e moderno espaço. Além do requinte do auditório, o projeto previu uma clara divisão espacial para os espectadores, embora o acesso permanecesse gratuito. O complexo comportava um

---

[84] *Idem.*

[85] Comuns em festividades, eventos religiosos e feriados cívicos, retretas eram apresentações musicais ao ar livre, em praças públicas ou em coretos. Tais apresentações integravam o cotidiano das cidades e serviam tanto como entretenimento quanto uma ferramenta de valorização cultural e social.

[86] *A Federação*, Porto Alegre, 15 nov. 1927, p. 33.

[87] *A Federação*, Porto Alegre, 18 nov. 1927, p. 5.

número limitado de lugares distribuídos em galerias de bancos, enquanto o restante do público assistiria às apresentações a partir da rua. O Relatório Municipal de 1928 fornece uma descrição mais detalhada do novo coreto. Segundo o relatório, o Auditório Araújo Vianna, classificado como um "elegante coreto", foi construído em cimento armado e cercado por numerosas galerias de bancos "[...] sufficientes para acomodar 1.500 pessoas". Também faziam parte um pequeno jardim, "[...] formado por três 'par terres' classicos francezes", e abundante e moderna iluminação contendo "diversos reflectores da afamada fabrica Zeiss"[88]. A partir desse momento, Porto Alegre dispunha de um espaço digno para o conjunto que carregava o nome da cidade.

Imagem 5 – Auditório Araújo Vianna (ao lado Theatro São Pedro)

Fonte: Acervo Museu de Porto Alegre Joaquim Felizardo, Fototeca Sioma Breitman

Comparando os custos da moderna construção com os gastos destinados à manutenção da Banda Municipal, é possível compreender a magnitude do investimento. Segundo o Relatório apresentado ao Conselho

[88] *A Federação,* Porto Alegre, 15 out. 1928, p. 47.

Municipal pelo Vice-Intendente Alberto Bins em 1928[89], o orçamento para a Banda Municipal foi de 350:000$000, dos quais foram efetivamente gastos 233:043$280. Em contraste, a construção de toda a praça de concertos, considerada pelo Intendente Municipal como uma "obra de arte"[90], custou 119:888$510, o que representa cerca de um terço do orçamento destinado à manutenção da Banda Municipal, sublinhando o altíssimo investimento feito. De todo modo, os significados desses valores só podem ser dimensionados se forem cruzados com outros gastos públicos presentes no Orçamento Municipal. Por exemplo, a instrução recebeu um orçamento de 225:026$450, com uma despesa de 110:121$280. Já para "divertimentos", foram alocados 400:000$000, quantia equivalente à destinada à conservação de ruas e estradas e superior ao montante reservado para "caridade", que foi de 160:000$000. Esses dados ajudam a dimensionar o significativo valor investido na Banda Municipal e na construção do Auditório Araújo Vianna em relação aos outros gastos públicos.[91]

Tanto as considerações feitas nos relatórios municipais pelo Intendente Octávio Rocha sobre os resultados da atuação da Banda Municipal, que enfatizam seu objetivo de difundir a "verdadeira cultura musical", quanto o alto investimento destinado à criação do conjunto e à construção do moderno auditório, demonstram o envolvimento significativo da municipalidade com o surgimento e a manutenção da Banda Municipal. Não há dúvidas de que o empreendimento relacionado à Banda Municipal, com seus custos astronômicos, foi uma das principais iniciativas da municipalidade durante o período. Além disso, isso evidencia que a vida cultural de Porto Alegre era uma preocupação do poder público, exigindo uma atuação incisiva.

Esse projeto da Banda Municipal também incluiu outra iniciativa significativa: a criação da Escola de Música. No Relatório Municipal de 1928, é mencionado que a escola foi inaugurada em 8 de maio de 1928 e recebeu o nome de Octávio Rocha, em homenagem ao ex-Intendente Municipal, que faleceu naquele ano. A escola já contava com 61 alunos matriculados, divididos em duas turmas.[92] A organização da escola era

---

89 O antigo Intendente Municipal Otávio Rocha faleceu em 1928, assumindo, em seu lugar, o Vice-Intendente Alberto Bins.

90 *A Federação,* Porto Alegre, 15 out. 1928, p. 13.

91 Dados do relatório apresentado ao Conselho Municipal pelo Vice-Intendente em exercício Alberto Bins em 15 de outubro de 1928, publicado na Edição 237 do jornal *A Federação* do mesmo dia, nas páginas 16 e 17.

92 *A Federação,* Porto Alegre, 15 out. 1928, p. 47.

um elemento central do projeto da Banda Municipal, conforme o plano apresentado pelos Maestros José Corsi e José Andrade Neves em 1925.[93] No entanto, sua implementação começou a ganhar forma apenas em outubro de 1927, quando o Intendente Octávio Rocha adotou o Regulamento Interno da instituição.

> Art. 1º – A Escola de Musica, annexa a Banda de Musica Municipal, tem por fim:
> a. Formar professores de instrumentos de sopro e percussão, introduzindo em nosso meio os methodos mais aperfeiçoados das escolas classicas, afim de formar um núcleo de bons instrumenttistas nacionaes.
> b. Difundir uma verdadeira cultura musical, accessível gratuitamente á mocidade, estimulando-lhe o gosto para as instituições de conjunctos bandisticos.[94]

As finalidades da Escola de Música eram praticamente as mesmas que justificaram a criação da Banda Municipal, destacando-se a difusão de uma verdadeira cultura musical. Um aspecto notável é o foco na formação de professores. A introdução "em nosso meio" dos métodos aplicados nas escolas clássicas está acompanhando as mesmas características da formação da Banda, assim como seu repertório executado, dedicados à música erudita. O interesse reside em formar instrumentistas nacionais. Para se perceber como foi pensado esse objetivo, é necessário observar como foram selecionados os professores que os ensinariam, visto que eles também eram integrantes da Banda.

Não foi apenas a Escola de Música que demorou para entrar em atividade. A própria formação do conjunto foi um desafio para seus proponentes. No projeto de criação da Banda Municipal elaborado pelos Maestros José Corsi e José de Andrade Neves em 1925, foi definido um protorregulamento interno[95], que estabelecia as condições básicas para a formação e atuação da banda. Entre as diretrizes, destacava-se a exigência de que a Banda fosse composta de uma base mínima de 42 instrumentistas, que deveriam ser admitidos por meio de concurso. No entanto, essa condição não parece ter sido rigorosamente cumprida pela municipalidade. Apenas dois meses após a divulgação do projeto, a Banda

[93] *A Federação*, Porto Alegre, 8 abr. 1925, p. 4.

[94] *A Federação*, Porto Alegre, 20 out. 1927, p. 2.

[95] Descrevendo os direitos, os deveres e as penalidades dos componentes, os deveres dos dirigentes, a classificação dos componentes, além do quadro de graduação e seus respectivos ordenados, segundo *A Federação*, Porto Alegre, 8 abr. 1925, p. 4.

Municipal, aparentemente já formada, realizou um concerto artístico no Theatro São Pedro em 13 de junho de 1925.[96] Essa apresentação contou com a presença do Maestro-Diretor José Leonardi, que regeu o conjunto. Poucos dias depois, a Banda Municipal realizou um concerto gratuito no 4º Distrito (São João)[97], região com significativa presença teuta, por iniciativa do Intendente Octávio Rocha. O ponto mais notável é a presença do Maestro José Leonardi regendo a Banda Municipal apenas dois meses após a divulgação do projeto.

Os integrantes da Banda Municipal aparentemente não ingressaram por meio dos critérios estabelecidos inicialmente. No entanto, editais para concursos de ingresso na instituição eram frequentemente publicados na imprensa, mesmo com a Banda já em atividade. Em agosto de 1925, por exemplo, um edital foi veiculado em *A Federação*, por ordem do Intendente Municipal e assinado pelo Inspetor da Banda Municipal, José Corsi, comunicando a abertura das inscrições para diversos cursos de música e seus respectivos instrumentos, direcionado aos "aprendizes e futuros candidatos a instrumentista da grande banda em organização".[98] Da mesma forma, em novembro de 1925, o jornal *O Exemplo* publicou um edital informando aos "interessados inscritos para o concurso de candidatos a instrumentistas da Banda de Música Municipal" a data (8 de novembro) e o local das provas de admissão.[99] Considerando que o edital foi assinado em 6 de novembro (dois dias antes da prova), os candidatos precisariam estar particularmente atentos à sua divulgação para não perderem a seleção[100].

O processo de constituição da Banda Municipal aparentava ser bastante ambivalente. Por um lado, eram elaborados concursos para selecionar os músicos, como noticiado no jornal *A Federação*: "Os instrumentistas, que só serão admittidos na banda mediante concurso, assignarão com a municipalidade um contracto que vigorará por três annos, podendo o

96 *A Federação*, Porto Alegre, 14 jun. 1925, p. 3. Relembremos as datas relacionadas à criação da Banda: o projeto de sua criação foi oficializado em 4 de abril de 1925; o ofício autorizando a sua organização foi expedido pelo Intendente em 23 de abril de 1925; a promulgação da lei que deu a "autorização" ocorreu em 19 de maio de 1925.

97 *A Federação*, Porto Alegre, 21 jun. 1925, p. 5.

98 *A Federação*, Porto Alegre, 26 ago. 1925, p. 8.

99 *O Exemplo*, Porto Alegre, 8 nov. 1925, p. 2.

100 Se algum desses candidatos fosse leitor do jornal *O Exemplo*, a situação era ainda mais delicada, pois a publicação dos números desta folha ocorriam sempre aos domingos (dia da prova).

mesmo ser prorrogado findo o primeiro praso"[101]. Por outro lado, o mesmo jornal reportava iniciativas distintas: "Banda Municipal — Seguiu, hoje, como noticiamos, para Buenos Aires, Montevidéo, Rio e São Paulo, o maestro José Corsi, incumbido pela Intendencia Municipal de contractar instrumentistas para a banda-orchestra da qual é elle organisador."[102] Isso revela que a Banda Municipal tinha procedimentos variados para a contratação de seus músicos. No entanto, o ponto que mais chama atenção é a necessidade de viajar para outros países com o propósito de contratar músicos. Detalhes sobre a composição interna da Banda Municipal foram fornecidos no ano seguinte pelo jornal *A Federação*, pouco antes da formalização definitiva da organização da banda por meio de decreto assinado em agosto de 1926[103].

Apesar de o conjunto já ter se apresentado publicamente, como demonstrado anteriormente, o jornal *A Federação* anunciou a "primeira" audição da "grande banda municipal" realizada no Theatro São Pedro em 13 de junho de 1926, exatamente um ano após sua primeira exibição pública[104]. Na divulgação dessa atividade, são reiterados os objetivos da banda, como "a educação artística do nosso povo", e descrita sua composição interna. O regente, Maestro José Leonardi, era "[...] diplomado pelo real Conservatório de Palermo sendo possuidor do curso especial de diretor de bandas".[105] Em relação aos instrumentistas, destaca-se: "O elemento componente desta grande banda, foi escolhido por concurso e foi contractado parte no Brasil, em Buenos Ayres e os solistas e primeiras partes, foram contractados na Europa."[106]. No mês seguinte, o mesmo periódico anunciou a "primeira" retreta — uma apresentação em praça ou via pública — que a Banda Municipal realizaria na Praça Senador Florêncio e detalhou o processo de sua composição interna.

---

101 *A Federação,* Porto Alegre, 25 abr. 1925, p. 5.

102 *A Federação,* Porto Alegre, 25 set. 1925, p. 5.

103 O Decreto n. 65, de 27 de agosto de 1926, foi publicado no jornal *A Federação,* no mesmo dia de sua assinatura.

104 Provavelmente, a referência à primeira audição decorre de essa apresentar uma formação mais completa, que lhe coube o adjetivo de "grande banda". Na sequência da matéria, é alertado que o conjunto é composto de 60 instrumentistas, representando todas as famílias de instrumentos adaptados nas grandes bandas europeias, inclusive o contrabaixo de corda.

105 Salientamos que as capacitações técnicas do maestro regente foi um dos pontos discutidos no projeto de criação da Banda proposto pelos Maestros José Corsi e José de Andrade Neves. Para se diferenciar de outras bandas mais rústicas e limitadas, como se viu, o regente deveria demonstrar sua capacitação apresentando cursos de harmonia, contrapontos e instrumentação. Ver em *A Federação,* Porto Alegre, 8 abr. 1925.

106 *A Federação,* Porto Alegre, 10 jun. 1926, p. 5.

> Este conjunto acha-se em organisação desde o anno passado e, si sómente, hoje, dará o seu primeiro concerto publico devido as grandes difficuldades encontradas pelo organisador, maestro J. Corsi, o qual necessitou ausentar-se para o extrangeiro, a fim de conseguir elementos para que esse conjunto estivesse á altura do fim por elle traçado.
> No conjunto desta corporação composta de diversas nacionalidades fazem parte dezesseis professores desta capital, sendo outros contractados em S. Paulo e em Buenos Aires e parte delles vindo da Europa. A instituição da Banda Municipal, além de outros benefícios de caracter cívico e social, vem prehencher uma grande lacuna no nosso meio artístico: agora Porto Alegre póde organisar uma orchestra, sem necessitar de elementos de fora, facilitando assim a vinda de boas Companhias mensageiras do gaudio espiritual e artístico.[107]

As justificativas para a demora na organização definitiva da Banda Municipal foram anunciadas no periódico oficial dos poderes públicos estadual e municipal: a cidade de Porto Alegre não dispunha do número suficiente de músicos capacitados para as finalidades da Banda. Entre o regente e seus 60 músicos, apenas 16 eram de Porto Alegre, o que não necessariamente significa que fossem naturais da região, podendo ser, inclusive, estrangeiros. Os benefícios da Banda, ao lado do caráter cívico e social, também foram festejados: a Cidade não necessitava mais dos "elementos de fora", pois esses mesmos já estavam contratados. Esses músicos estrangeiros, principalmente os italianos, ocupavam os principais cargos da Banda Municipal. O maestro italiano José Leonardi assumia a regência da orquestra, enquanto os solistas e primeiras partes foram contratados na Europa. O Regulamento da Banda Municipal previa que: "Os solistas da Banda deverão leccionar os respectivos instrumentos, por espaço de uma hora diaria, aos aprendizes da Escola de Música da Municipalidade, sem remuneração de especie alguma"[108]. Ou seja, a remuneração desses solistas estava garantida em seus contratos, e as aulas eram uma parte das suas atribuições, além de receberem um ordenamento maior. Assim, o ensino na Escola de Música anexa à Banda Municipal era realizado por esses instrumentistas europeus.

---

107 *A Federação*, Porto Alegre, 7 jul. 1926, p. 5.

108 Trecho do Decreto n. 65, de 27 de agosto de 1926, Capítulo VI, Artigo 21º, publicado em: *A Federação*, Porto Alegre, 15 out. 1926, p. 28.

Imagem 6 – Banda Municipal de Porto Alegre 1926

Fonte: Corte Real (1984)

A Banda Municipal já contava com alguns integrantes privilegiados que, provavelmente, faziam parte das redes de trabalho e de sociabilidade de seu Inspetor. Vale lembrar que o maestro italiano José Corsi dirigia uma das maiores escolas privadas de música, o Instituto Musical de Porto Alegre. Além disso, havia integrado as primeiras diretorias do Centro Musical Porto-Alegrense, que reunia alguns dos principais músicos da cidade. Em 1920, ano de sua fundação, era o vice-presidente e, no ano seguinte, foi eleito presidente[109]. José Corsi também esteve envolvido com a criação do Centro de Cultura Artística do Rio Grande do Sul. Conforme Julia Simões, seu objetivo básico era difundir o ensino da música no Estado, fundando escolas de música em várias cidades, formando um público para concertos e agenciando concertistas nacionais e estrangeiros[110]. A própria designação de José Corsi como organizador e Inspetor da Banda Municipal pode ser resultado dessa ampla circulação e das redes que ele havia constituído.

No processo de montagem da Banda Municipal, não apenas as redes de José Corsi desempenharam um papel crucial. O maestro José Leonardi também teve uma contribuição fundamental. Segundo Corte Real, José Leonardi, natural da Itália e nascido em 1880 na província de Catania, era trompetista e possuía um diploma de professor de instrumentação para bandas, adquirido no Conservatório de Música de Palermo. Antes de se

[109] SIMÕES, 2011, p. 124 e 141.

[110] *Ibidem*, p. 166.

transferir para a América do Sul, ele havia ocupado o cargo de diretor da Banda Municipal de Naso, na Província de Messina. Em 1910, assumiu a direção da Banda Municipal de Assunção, no Paraguai, e, antes de ser contratado por José Corsi para reger a Banda Municipal de Porto Alegre, exerceu a função de solista na Banda Municipal de Buenos Aires.[111] Leonardi atuou como regente da Banda Municipal de Porto Alegre até sua aposentadoria em 1950, após atingir o limite de idade previsto em lei. Em outras palavras, o maestro José Leonardi era um especialista em bandas municipais, com uma ampla circulação e extensas redes de sociabilidade.

Essas redes, por sua vez, se expandiam para diferentes instâncias, que não se limitavam apenas à ocupação de postos de trabalho ou à difusão da música. A Banda Municipal de Porto Alegre, por meio de seu inspetor e regente, também dialogava com orientações ideológicas que se definiam naquele momento. Em junho de 1926, o jornal *A Federação* noticiou uma reunião realizada na sede do "Comite Dante Alighieri", organizada por membros da colônia italiana residente em Porto Alegre, na qual foi decidido "fundar o 'Grupo Fascista Porto Alegrense', que ja conta com muitos socios". O primeiro presidente eleito foi o maestro José Corsi[112]. Na semana seguinte, o mesmo periódico relatou que mais de 50 pessoas compareceram à referida reunião e que uma comissão de sindicância foi nomeada para analisar os pedidos de admissão, incluindo os maestros José Corsi e José Leonardi.[113] Embora seja difícil definir com precisão os contornos desse recém-criado Grupo Fascista de Porto Alegre, o jornal do PRR destacou que a "seção fascista" da cidade era composta por "enthusiastas da direcção que Benito Mussolini deu á reorganisação das cousas publicas da Italia". O periódico ressaltou que o delegado-geral dos "Fascios dos Estados Unidos do Brasil" nomeou, por ofício, o professor José Corsi como "fiduciario do fascio de Porto Alegre". Ainda é mencionado um telegrama que o maestro Corsi, referido como Giuseppe e não José, enviou a Mussolini expressando indignação pelos ataques sofridos pela liderança fascista e reafirmando a confiança dos fascistas de Porto Alegre em sua pessoa: "S. E: Benito Mussolini, Roma — Fascisti Porto Alegre indignatti ripatersi vigliacchi attentati vostra idolatrata persona vi ippotecano anima e cuori. — Giuseppe Corsi, fiduciario."[114] Em março

[111] CORTE REAL, 1984, p. 51.

[112] *A Federação*, Porto Alegre, 12 jun. 1926, p. 5.

[113] *A Federação*, Porto Alegre, 19 jun. 1926, p. 5.

[114] *A Federação*, Porto Alegre, 14 set. 1926, p. 5.

de 1927, o maestro José Corsi pediu demissão do cargo de presidente do Grupo Fascista Porto Alegrense.[115] Por outro lado, o maestro José Leonardi manteve-se ativo nesse grupo e em outros eventos relacionados ao fascismo em Porto Alegre. Em outubro de 1928, por exemplo, "Giuseppe Leonardi" utilizou seus conhecimentos musicais e algumas de suas próprias composições nas celebrações do sexto aniversário da Marcha sobre Roma.[116]

A Banda Municipal de Porto Alegre, portanto, concretizou um complexo projeto político do poder público, com diversas implicações. Representativa da cultura musical da cidade, era majoritariamente composta por italianos, sendo suas duas principais lideranças ligadas a grupos fascistas. Esforçava-se em delimitar certos estilos e gostos musicais como "verdadeiros", enquanto deslegitimava, consequentemente, outras manifestações como "falsa" cultura. Esse esforço implicou um elevado investimento público, alinhado à administração de Otávio Rocha e sua política de modernização da cidade, com o objetivo de europeizar os costumes locais. Nesse contexto, havia também uma preocupação com a formação de futuros músicos nacionais por meio da Escola de Música Octávio Rocha. Mas quem eram os futuros músicos que essa escola pretendia formar? O Intendente Octávio Rocha fez as seguintes considerações sobre a Escola de Música no Relatório Municipal de 1927, pouco antes de sua inauguração:

> [...] A instituição da Banda Musical comporta a creação da Escola de Musica, para que, no futuro, os componentes da mesma sejam professores nacionaes.
> Para isso, acha-se já entabolado entendimento com a directoria do Orphanatrophio Santo Antonio do Pão dos Pobres, afim de seleccionar, entre seus alumnos, os elementos mais aptos e que revelem verdadeira vocação musical.
> Isto não exclue que, por meio de editaes, destinados ao publico em geral, se de entrada a todos os que se achem em condições de admissão. Opportunamente, será organisado o regulamento que servirá de base á referida escola [...]. [117]

O público-alvo da Escola de Música era formado por crianças pobres, vinculadas ao Orfanato Santo Antônio do Pão dos Pobres, que deveriam demonstrar uma "verdadeira" vocação musical. Localizada na região do

115 *A Federação,* Porto Alegre, 12 mar. 1927, p. 4.

116 *A Federação,* Porto Alegre, 30 out. 1928, p. 4.

117 *A Federação,* Porto Alegre, 15 out. 1927, p. 37.

Areal da Baronesa, essa instituição estava inserida em uma área marcadamente negra, conhecida por ser um espaço privilegiado para manifestações de música popular, principalmente pelos inúmeros cordões e blocos carnavalescos. Tratava-se, portanto, de crianças pobres, possivelmente negras, já inseridas no universo da cultura popular. A criação da Escola de Música correspondia, assim, a um projeto pedagógico bem planejado. Se, no futuro, esses estudantes se tornariam professores nacionais, naquele momento, os professores eram músicos europeus. Afinal, Porto Alegre não dispunha de músicos qualificados, ancorados nos métodos das escolas clássicas, para liderar tal empreendimento, como demonstra a necessidade de se viajar ao exterior para contratar esses instrumentistas. Os futuros músicos nacionais não podiam seguir sozinhos, precisavam ser guiados por profissionais devidamente capacitados em direção à "verdadeira cultura musical". Cabe lembrar que a Banda Municipal tinha um caráter de utilidade pública, com benefícios cívicos e artísticos, e que a população nacional deveria ser educada, refinada e sofisticada por meio dessa iniciativa.

Embora a Banda Municipal de Porto Alegre tenha sido parte de um grande projeto político das elites dominantes, com o passar dos anos ela parece ter perdido relevância e se tornado insustentável para o próprio poder público. O sonho dourado de criar uma banda que atendesse às necessidades artísticas de uma cidade em crescimento quase foi abandonado poucos anos após sua criação, especialmente com a morte de Otávio Rocha em 1928, o principal idealizador da iniciativa. Segundo Corte Real, em 1931, após os cinco anos estipulados no contrato de formação da Banda, o novo intendente, Alberto Bins, considerou os custos elevados para sua manutenção e cogitou extingui-la. Apesar dos altos custos, a Banda Municipal de Porto Alegre não foi encerrada logo após sua criação graças à intervenção de José Antônio Flores da Cunha, então Governador do Estado.[118] A solução encontrada foi a manutenção da banda com a redução de seus custos, o que implicou a diminuição do número de músicos. Corte Real destaca que, após o término do primeiro contrato em 1931, a banda passou a operar em "condições precárias", o que levou à deserção

[118] CORTE REAL, 1984, p. 55.

de alguns músicos e a uma redução progressiva de seu quadro até sua fusão com a Orquestra Sinfônica de Porto Alegre em 1953.[119]

Até o momento, pudemos observar que a criação da Banda Municipal, juntamente com sua Escola de Música anexa e o Auditório Araújo Vianna, correspondeu a uma política de Estado direcionada à difusão da música erudita e à educação artística da população. A ideia de "verdadeira cultura musical" estava fortemente ancorada na tradição erudita europeia, de onde foram trazidos os principais instrumentistas. Além de desempenharem seus papéis na Banda, esses músicos estrangeiros também tinham a responsabilidade de formar os futuros instrumentistas nacionais de qualidade. Embora a Banda Municipal de Porto Alegre tenha atuado por quase 30 anos e participado ativamente na vida cultural da cidade, especialmente nos primeiros anos, fica claro que sua importância foi mais notável no momento de sua criação do que em sua continuidade. O grande investimento inicial contrasta com o descaso que a instituição sofreu com o passar do tempo, especialmente em relação à sua manutenção. O desejo de criar uma banda nos moldes europeus, composta por músicos estrangeiros e voltada para a disseminação da "verdadeira cultura musical" erudita, parece ter superado as preocupações com seus altos custos, justificando todo o esforço empregado para sua constituição. No entanto, não havia uma necessidade imperiosa de adotar tais características, o que sugere que a grande contribuição da Banda Municipal de Porto Alegre está em seu próprio ato de criação e nos significados que suas peculiaridades e objetivos assumiram dentro de seu contexto histórico.

1.2 A criação da Banda que já existia

As justificativas para a criação da Banda Municipal de Porto Alegre, assim como sua forma peculiar de constituição e o foco nas contrapartidas pedagógicas, tinham raízes em necessidades e projetos específicos. A cidade já possuía, desde 1911, uma escola voltada à educação de crianças pobres, que também incluía o ensino de música. Deixemos que os objetivos dessa escola sejam expostos por meio da avaliação realizada pelos redatores do

[119] A Banda Municipal contou com 60 componentes do momento de sua criação até 1931, quando venceu o primeiro contrato firmado, e quase foi extinta. Não se sabe quantos instrumentistas atuaram após esse episódio, mas, em 1949, quando a banda foi reestruturada, estava previsto uma formação com 30 componentes, fora o maestro e o contramestre, quando 23 assentos já estavam ocupados com sete estavam em aberto. No momento de encerramento de suas atividades, em 1953, a banda contava com apenas 15 integrantes. Ver: CORTE REAL, 1984, p. 55-62.

jornal *A Federação* — que, nesse momento, tinha como Diretor o futuro Intendente Octavio Rocha — sobre o Relatório Municipal apresentado pelo então Intendente Municipal José Montaury:

> Com o fim de proporcionar instrucção primaria a creanças pobres, que se ocupam no servico de capinação das ruas, foi construido um prédio em terreno da "Limpeza Publica", para nelle funcionar uma aula que o intendente denominou **o**, em homenagem á memoria desse ilustre educador. [...] É uma iniciativa nobre do intendente, mostrando as suas belas qualidades de caracter e coração, procurando arrancar, pela educação, do caminho do vicio pobres creanças abandonadas. Na limpeza publica se lhes dá trabalho. Na escola se lhes fortalece o espirito para a lucta pela vida.[120]

A Escola Hilário Ribeiro já havia sido mencionada de forma discreta nas páginas do jornal *A Federação,* que em julho fora acompanhar a entrega de prêmios aos alunos que mais se destacaram em aplicação, frequência e conduta. Esses prêmios consistiam em "peças de roupas para uso dos referidos menores".[121] Após constar no Relatório Municipal de 1911, publicado em novembro, a Escola passou a ter uma presença constante no jornal, divulgando o projeto da municipalidade. Em dezembro de 1911, em outra visita de redatores à sua sede, foi informado de que a instituição era "especialmente, destinada a adultos e meninos absolutamente sem recursos, capinadores das ruas, conductores de carroças da limpesa, empregados humildes e obscuros de varios serviços e que, findo estes, vão á noite aprender a ler, escrever e contar."[122] No fundo, tratava-se dos próprios funcionários da Intendência Municipal, conforme relata o Relatório Municipal de 1913.

> Com o fim de proporcionar instrucção elementar (lêr, escrever e contar) ás crianças pobres, que se occupam no serviço de capina das ruas e outros custeiados pela Intendencia, foi fundada a escola nocturna Hilario Ribeiro, em 13 de Maio de 1911 com uma frequência de 38 alumnos para uma matricula de 46 e em 30 de junho ultimo essa matricula eleva-se a 222 alumnos com uma frequência de 190. Desses alunos, 219 era brasileiros e 3 estrangeiros. A sala para esse fim construída já se torna pequena, obrigando a dividir

[120] *A Federação,* Porto Alegre, 29 nov. 1911, p. 1.

[121] *A Federação,* Porto Alegre, 15 jul. 1911, p. 4.

[122] *A Federação,* Porto Alegre, 27 dez. 1911, p. 4.

> os alunos em três turmas. A fim de melhor atender-se os trabalhos das aulas, torna-se preciso o aumento da sala, para o que peço a devida autorização. Annexa á essa aula, funccionou outro de musica, inaugurada em Junho do anno próximo findo, sendo organisada uma banda, cujo adiantamento é bem lisonjeiro. Acha-se essa escola sob a inspecção do respectivo sub-intendente, e dá instrucção não só ás creanças como ao pessoal do respectivo posto.[123]

A Escola Hilário Ribeiro foi fundada em 1911, na sugestiva data de 13 de maio, que marca a abolição da escravatura. Essa instituição, composta basicamente por brasileiros, ou, se preferirem, por nacionais.[124] A nova escola mantida pela municipalidade incluía-se em um importante projeto político da Prefeitura que lhe dava visibilidade e quer era, amplamente divulgado. Esta recebeu incentivo público tal como a Banda Municipal recebeu em 1925, apesar de serem projetos com propósitos profundamente distintos. A escola frequentemente era destacada como exemplo da Administração Municipal para ilustres visitantes, que eram conduzidos pelo Intendente José Montaury às suas instalações. Os elogios à escola vinham até mesmo de jornais que tradicionalmente eram críticos à Administração Municipal. Em 1913, por exemplo, o jornal *Correio do Povo*, de orientação liberal, fez extensos elogios à iniciativa do Intendente José Montaury, os quais foram prontamente republicados nas páginas de *A Federação*.[125] Muitas vezes, os redatores de *A Federação* descreviam a criação da escola de forma romanceada, enfatizando a liderança e a iniciativa do Intendente Municipal.

> [...] Fundou-a o dr. Montaury, na multiplicidade das suas cogitações pelo bem alheio. Apiedado da situação dos meninos desvalidos que perambulam pela cidade, o humanitário administrador chamou-se, tanto quanto possível, a um trabalho compatível com as suas ainda apoucadas forças. Foi incumbida a esses pequenos a capina das ruas. Verificando o seu estado de analfabetismo, instituiu-se para eles a escola nocturna Hilario Ribeiro, nome de um ilustre pedagogista rio-grandense extincto. Em junho ultimo foi organisada a banda de musica da escola, com elementos exclusivamente tirados dela, sem que, note-se bem, nenhum dos meninos nella aproveitados já tivessem recebido quaisquer noções da respectiva arte. Pois essa foi a banda com

[123] *A Federação*, Porto Alegre, 27 nov. 1913, p. 4.

[124] Essa composição interna, formada, basicamente, por nacionais, permaneceu ao longo de sua atuação. No Relatório Municipal de 1915, foi informada a matrícula de 250 alunos, entre os quais 246 eram brasileiros; três, portugueses; e, completando a soma, um árabe, segundo *A Federação*, Porto Alegre, 26 nov. 1915, p. 4.

[125] *A Federação*, Porto Alegre, 6 jun. 1913, p. 2.

> que nos encontramos hontem. Vel-a no seu correctissimo uniforme de brim kaki, elegantes bonets e botinas amarelas, empunhando excelente instrumental aqui fabricado já era um prazer. Ouvil-a, não era possível fazel-o sem verdadeiro enthusiasmo, pela correcção e garbo com que aquelles trinta e quatro minúsculos músicos executavam sugestivas musicas da Patria."[126]

A banda de música foi criada um ano após a fundação da Escola Hilário Ribeiro e era composta de crianças pobres vinculadas à instituição. Em 1912, quando a Intendência Municipal novamente distribuiu os "prêmios" aos melhores alunos, o jornal *A Federação* destacou que a banda de música da escola participou das atividades, destacando sua denominação: "O acto será solemne, tocando por esta occasião a ***banda de musica municipal*** [grifos nossos], sob a regência do professor Andre Avelino Rodrigues"[127]. Essa referência à banda da Escola Hilário Ribeiro como Banda Municipal também aparece em outros documentos oficiais. No recenseamento de Porto Alegre de 1917,[128] o escriturário Azevedo Lima sublinha a iniciativa do município em manter duas escolas noturnas — a Hilário Ribeiro e a Bibiano de Almeida. O apoio da municipalidade a essas escolas, voltadas para a população pobre, era motivo de orgulho para o recenseador, como podemos perceber no seguinte trecho:

> É inegável que foi um acto de verdadeira benemerência da administração municipal a creação dessas duas escolas. Funccionaram durante o anno findo, respectivamente, com a freqüência de 160 e 65 alumnos, filhos de pessoas pobres que procuraram na instrucção que a alma bemfaseja da administração municipal lhes facultou, os meios para se tornarem homens dignos da sociedade. A escola Hilário Ribeiro mantem uma aula de gymnastica, e outra de musica com cujos alumnos formou-se a excellente banda denominada Municipal, tão elogiada sempre que se faz ouvir por occasião de memoráveis datas. Ambas as escolas possuem dois 'grounds de foot-ball' para exercício e diversão das crianças. Bem haja quem se interessa pela infância desvalida, fornecendo-lhes a instrucção para futuramente se tornarem dignos da Pátria e da Família.[129]

126 *A Federação,* Porto Alegre, 17 fev. 1913, p. 1.

127 *A Federação,* Porto Alegre, 16 set. 1912, p. 2.

128 LIMA, Olympio de Azevedo. *Resultado do recenseamento da população e outros apontamentos do município de Porto Alegre,* Estado do Rio Grande do Sul. Porto Alegre: Livraria do Comércio, 1917.

129 *Ibidem,* p. 111, [grifos nossos].

Os Recenseamentos publicados ao longo da década de 1910, além de fornecerem dados estatísticos de Porto Alegre, serviam como instrumento de divulgação, apresentando aspectos da geografia, da população, das construções prediais e das atividades artísticas, entre outros fatores que evidenciassem o progresso e a modernidade da cidade. Nesse contexto, a Banda Municipal, vinculada à Escola Hilário Ribeiro, destacava-se ao ressaltar a preocupação do Poder Público com os grupos sociais desprivilegiados, ou nas palavras do recenseador Azevedo, a preocupação da alma benfazeja da municipalidade com a infância desvalida.

A Banda Municipal da Escola Hilário Ribeiro era, portanto, uma instituição musical financiada pela municipalidade, assim como a Banda de 1925. Contudo, seus integrantes não eram músicos profissionais, não eram italianos nem foram contratados em países estrangeiros. A banda era composta de crianças e alguns adultos pobres, muitos deles trabalhadores da própria Intendência Municipal, especialmente no serviço de capinação das ruas. Todos brasileiros, com uma provável predominância de negros em seus quadros. Assim como a Banda Municipal de 1925, a banda da Escola Hilário Ribeiro também representou um projeto político de grande relevância, com constante visibilidade no periódico oficial do Partido Republicano Riograndense e participação nas celebrações oficiais da vida política local.

A antiga Banda Municipal mantinha relações de proximidade com outros conjuntos musicais atuantes em Porto Alegre. Na comemoração do terceiro aniversário de fundação da Escola Hilário Ribeiro, participaram da festa organizada a banda de música do Instituto Técnico Profissional, uma banda de música da Brigada Militar e a Sociedade Musical Lyra Oriental.[130] O primeiro conjunto estava vinculado a uma instituição de ensino nos moldes da própria Escola Hilário Ribeiro, destinada a crianças pobres e filhos de operários. A banda seguinte pertencia à corporação de segurança militar estadual.[131] Já a Sociedade Musical Lyra Oriental, por sua vez, era formada por músicos negros, com sede na região conhecida como Areal da Baronesa, onde também se situava o Orfanato Santo Antônio do Pão dos Pobres.[132]

---

130 *A Federação*, Porto Alegre, 14 maio 1915, p. 5.

131 Essas instituições serão tratadas com maior profundidade no terceiro capítulo deste trabalho.

132 Ver: MATTOS, 2000.

Essa banda de música, frequentemente chamada de Banda Municipal, participava ativamente de diversas atividades cívicas. Entre suas apresentações, destacavam-se as homenagens póstumas a Júlio de Castilhos, antiga liderança política do Partido Republicano Rio-Grandense.[133] A banda também realizava retretas no coreto da Praça Senador Florêncio (o mesmo que, posteriormente, não foi considerado adequado para a Banda Municipal de 1925) durante as comemorações do Sete de Setembro.[134] Além disso, visitava o jornal *A Federação* em seus aniversários. Em uma dessas visitas, o maestro da antiga Banda Municipal, Honorato Rosa, recebeu uma batuta de ébano de um dos seus redatores, executando em seguida o "Hymno Rio-Grandense", tendo a "apreciada banda" recebido fartos elogios.[135]

Mas, afinal, quem eram os regentes dessa banda? Eram, de fato, músicos com pouca prática e sem o tal preparo intelectual? As críticas realizadas por José Corsi no projeto de criação da Banda Municipal de 1925 estão endereçadas à antiga Banda Municipal? Conforme o *Relatório Municipal de 1917*, publicado no jornal *A Federação*, as aulas de música na Escola Hilário Ribeiro eram ministradas pelo Maestro Honorato Rosa, com o auxílio do Maestro André Avelino Rodrigues.[136] Honorato Rosa era um maestro, de cor branca[137], que nasceu por volta de 1880[138] e faleceu em 1925. Além de reger a Banda Municipal, sabemos que, em 1921, Honorato Rosa era operário de segunda classe do Arsenal de Guerra.[139] Foi a partir dessa instituição que, em 1925, pouco antes de sua morte, o comando da 3ª Região Militar solicitou sua inspeção de saúde para fins de aposentadoria.[140] Em relação ao contramestre da antiga Banda Municipal, André Avelino Rodrigues, sabemos que, ao falecer em 1918, o jornal *A Federação*

---

133 *A Federação*, Porto Alegre, 30 jun. 1913, p. 4; *A Federação*, Porto Alegre, 14 jul. 1914, p. 1.

134 *A Federação*, Porto Alegre, 8 set. 1915, p. 4.

135 *A Federação*, Porto Alegre, 3 jan. 1915, p. 10.

136 *A Federação*, Porto Alegre, 20 nov. 1917, p. 31.

137 Em duas situações, na seção obituária do jornal *A Federação*, foi informado o falecimento de um filho e uma filha de Honorato Rosa constando, respectivamente, "Ely, filho de Honorato Rosa, deste Estado, branco, 1 anno" e "Grazilda, filha de Honorato Rosa, deste Estado, branca, 41 mezes", em *A Federação*, Porto Alegre, 26 fev. 1904 – p. 2. e *A Federação*, Porto Alegre, 14 fev. 1907 – p. 2.

138 Em meio ao cadastramento de registro eleitoral publicado no jornal *A Federação*, em 1902 é informado que Honorato Rosa era casado, professor e contava com 23 anos de idade, em *A Federação*, Porto Alegre, 21 jul. 1902, p. 4.

139 A informação provém de um comunicado de licença de seis meses concedido pelo Ministro da Guerra à Honorato Rosa, publicado no jornal *A Federação* (*A Federação*, Porto Alegre, 23 nov. 1921, p. 4).

140 *A Federação*, Porto Alegre, 30 jan. 1925, p. 3.

informou que ele era solteiro, pardo, natural do Rio Grande do Sul, e estava internado no Hospital da Santa Casa, no qual faleceu aos 40 anos de idade.[141] Andre Avelino Rodrigues também trabalhou em diversas instituições públicas com bandas de música. Em 1909, seu nome apareceu no *Diário Oficial*, reproduzido em *A Federação*, entre os nomeados para a Guarda Nacional, em que foi designado alferes da 4ª Companhia do 76º Batalhão de Infantaria do Estado Maior.[142]

Em suma, a antiga Banda Municipal contava com um maestro branco e um contramestre pardo, ambos com formação em instituições militares, e não nos métodos das escolas clássicas. Mas que tipo de música era ensinada em suas dependências? Podemos ter uma ideia a partir da descrição das festividades pelo terceiro aniversário de sua fundação, onde diversas apresentações de alunos, inclusive os que integravam a banda, foram registradas. Na ocasião, parte do repertório foi mencionada pelos articulistas de *A Federação*, destacando-se peças como "Aria Ravasa", "Travista" (Verdi), "Prelúdio da Cavalaria Rusticana" (Mascagni) e "Ave Maria do Guarany" (Carlos Gomes). Contudo, a Banda Municipal vinculada à Escola Hilário Ribeiro também difundia e ensinava outras formas musicais, além de temas da música erudita. Na mesma comemoração, um aluno apresentou a peça "Meu Boi", descrita como "cançoneta popular".[143] Em outra ocasião, o mesmo periódico relatou, nos exames finais de 1917, que a banda, composta por 38 alunos sob a regência do Maestro Honorato Rosa, "[...] executou diversos trechos de opera", numa apresentação que contou com a presença de muitas famílias, cavalheiros, membros do Conselho Municipal e do Intendente José Montaury Leitão, recebendo elogios por parte do articulista.[144] Sabemos também que seus regentes, o Maestro Honorato Rosa e o Contramestre André Avelino Rodrigues, tinham ligação com o Arsenal de Guerra e a Brigada Militar. Provavelmente, o ensino musical ministrado por esses maestros às crianças pobres acompanhava o repertório presente nas bandas e instituições militares das quais faziam parte.

A antiga Banda Municipal parece ter executado e difundido um repertório musical mais heterogêneo do que a Escola de Música Octávio

---

141 *A Federação*, Porto Alegre, 1º nov. 1918, p. 2.

142 *A Federação*, Porto Alegre, 5 ago. 1909, p. 1.

143 *A Federação*, Porto Alegre, 14 maio 1915, p. 5.

144 *A Federação*, Porto Alegre, 15 jan. 1917, p. 5.

Rocha, vinculada à Banda Municipal de 1925. Embora também reproduzisse temas de música erudita, provavelmente não seguia os "métodos mais aperfeiçoados das escolas clássicas" e, portanto, não difundia a "verdadeira cultura musical", conforme os padrões defendidos na criação da Banda de 1925. Essas *nuances*, que constituíram um dos principais argumentos para a fundação da nova Banda, não pareciam ter a mesma importância para a municipalidade ao longo da década de 1910. Após ampla divulgação sobre a alma benemérita do Intendente com a criação da Escola Hilário Ribeiro e sua Banda Municipal, notamos que, gradativamente, sua presença nas páginas de *A Federação* e nos próprios Relatórios Municipais foi diminuindo. A denominação dessa banda como "Municipal" esteve atrelada ao início de suas atividades, mas, com o tempo, passou a ser referida apenas como Banda da Escola Hilário Ribeiro após a metade da década de 1910.

Entretanto, esse quadro se inverte quando localizamos a presença da Banda, ainda descrita como Banda Municipal, nas páginas do jornal *O Exemplo*, redigido por lideranças negras. Embora tenhamos encontrado poucas referências sobre a antiga Banda Municipal, fica evidente que, com seu maestro Honorato Rosa, a banda mantinha uma relação de proximidade com espaços de relevância para a população negra, tanto em entidades civis e indivíduos destacados quanto em festejos populares. Por exemplo, ao descrever a Festa de Nossa Senhora do Rosário em 1919, *O Exemplo* destaca as bandas que participaram das comemorações: uma da Brigada Militar; a do 10º Regimento; a do Instituto Profissional, regida por Abel de Barros; a Banda da Intendência Municipal, regida por Honorato Rosa; e a Lyra Oriental, sob a regência de José André Gonçalves.[145] Algumas dessas bandas já haviam se apresentado na festa do terceiro aniversário da Escola Hilário Ribeiro, em 1915. Essas bandas, por intermédio de seus regentes, também se encontraram em diversos outros momentos. Em 1918, *O Exemplo* noticiou a celebração de uma missa de réquiem pela "alma de seu finado contramestre André Avelino Rodrigues", organizada pela Banda Musical Hilário Ribeiro.[146] Na cobertura dessa missa, verificam-se os diversos espaços por onde o finado maestro circulou, reforçando as conexões estabelecidas entre essas instituições musicais e a comunidade negra de Porto Alegre:

[145] *O Exemplo*, Porto Alegre, 12 out. 1919, p. 2.

[146] *O Exemplo*, Porto Alegre, 15 dez. 1918, p. 2.

> Com grande concorrência, tiveram logar a 17 do corrente, as missas mandadas celebrar por iniciativa da Banda Municipal e dos srs Honorato Rosa, capitão Miguel Branco, Fortunato M. Theodoro da Silva e Rodolpho Claussen em suffragio da alma do finado contra-mestre, tenente André Avelino Rodrigues. Finda a missa teve inicio o responso solemne sendo officiante o padre Vicente Conde, acolytado pelos padres Antono Berenguer e Feliciano Yague, occupando o coro o Sr. Antonio Arnaldo da Silva, vendo-se armado no centro do templo alteroso catafalco. A banda de musica do 1º da brigada militar compareceu, executando marchas fúnebres. Estiveram presentes o dr. M. Leitão, intendente municipal, funccionarios públicos, a banda "Lyra Oriental" representada pelo nosso amigo José André Gonçalves, commissão da sociedade Floresta Aurora, todos os meninos da Banda Municipal, muitas famílias e cavalheiros. Findos os actos a Banda Municipal tendo a frente o respectivo mestre, Sr. Honorato Rosa, foi em romaria ao cemitério depositar flores no tumulo do seu saudoso contra-mestres. Esta folha esteve representada em todos os actos.[147]

A relação entre essas bandas musicais, constituídas a partir de diferentes instituições e critérios de composição, estava longe de ser superficial. A própria Banda Municipal vinculada à Escola Hilário Ribeiro também fazia parte da rede de sociabilidade da comunidade negra. Em 1920, ela participou de um festival de variedades organizado pela Sociedade Floresta Aurora, principal clube social negro de Porto Alegre. O evento, realizado em comemoração à promulgação da Lei do Ventre Livre (28 de setembro), incluiu as apresentações das peças teatrais *O Pae da Escrava* e *Oraculo*, do dramaturgo Arthur da Rocha, além de outras atividades. Nos intervalos das atrações, fez-se ouvir "[...] a banda municipal, sob a regência do nosso amigo Honorato Rosa, que gentilmente associou-se ao festival".[148]

A relação entre o maestro Honorato Rosa e este clube negro era ainda mais profunda e de longa data, algo que aparentemente parecia perturbar os futuros organizadores da Banda Municipal de 1925. O maestro Honorato Rosa também tinha composições de sua lavra que, por sua vez, revelam sua relação de proximidade com este clube negro. Em 1904 o jornal *O Exemplo* noticiou que este maestro havia composto uma marcha denominada Floresta Aurora em homenagem à referida Sociedade que

---

147 *O Exemplo,* Porto Alegre, 22 dez. 1918, p. 2.

148 *O Exemplo,* Porto Alegre, 3 out. 1920, p. 3.

seria executada pela Banda de Música do Arsenal de Guerra.[149] Por sua vez, o Maestro Honorato Rosa participava também de outras associações ao lado de alguns redatores do jornal *O Exemplo*, como o Clube Democracia e Progresso[150], e regia também o Cordão Carnavalesco União da Empreza, que também estabelecia uma relação próxima com o jornal *O Exemplo*:

> C.C. União da Empreza — Foi uma pena, devéras! O luzido e valoroso C. C. União da Empreza veio, de surpresa, cumprimentar a nossa folha, na noite da última quarta-feira e, estava apenas o nosso director! Depois de serem executadas as bellas marchas "Isaura" e "Maria" o seu ensaiador, o competente maestro Honorato Rosa, saudou "O Exemplo", havendo agradecido, em duas palavras, o nosso director, que disse sentir bastante não estarem presentes, no momento, os demais companheiros da redacção para que apreciassem o popular cordão e terminou erguendo um "hurrah!" aos alegres foliões. Em seguida retirou-se o "União da Empreza", ao som da sua Marcha Official. Varias "visagens" fizeram "Bota não bota" e o Remeixosinho, hábil saltador.[151]

Em suma, a antiga Banda Municipal, sob a regência dos Maestros Honorato Rosa e André Avelino Rodrigues, estabelecia uma significativa relação de proximidade com espaços de referência da população negra, especialmente por meio de suas associações civis e veículos da imprensa. No entanto, a antiga Banda Municipal não foi contemporânea à Banda Municipal criada pelo Intendente Octávio Rocha. O contramestre da banda da Escola Hilário Ribeiro havia falecido em 1918, e o Maestro Honorato Rosa faleceu em março de 1925,[152] poucos meses antes de o Intendente Municipal solicitar a criação de uma "nova" Banda Municipal. Embora não tenhamos subsídios para afirmar com certeza, toda a coincidência entre as datas sugere que a criação da nova Banda Municipal só pôde ser concretizada após o falecimento de seu antigo mestre. Assim, a Banda Municipal foi (re)criada com grande pompa e alto investimento pela municipalidade em 1925, sem que sua origem humilde e, em parte, negra fosse valorizada.

Curiosamente, a cidade de Porto Alegre teve duas Bandas Municipais que, embora representassem a mesma cidade, eram completamente dife-

[149] *O Exemplo,* Porto Alegre, 24 jul. 1904, p. 2.

[150] *O Exemplo,* Porto Alegre, 7 maio 1922, p. 3.

[151] *O Exemplo,* Porto Alegre, 26 fev. 1922, p. 2.

[152] *O Exemplo,* Porto Alegre, 1º mar. 1925, p. 2.

rentes uma da outra. Enquanto a Banda "oficial" era composta, em grande parte, de músicos estrangeiros e destinada a difundir a "verdadeira cultura musical" e educar a população nacional, a antiga Banda era formada por nacionais e, provavelmente, desempenhava um repertório mais eclético (ou, na lógica de José Corsi, uma falsa cultura musical, rústica, pouco sofisticada e realizada por músicos sem o devido preparo intelectual). Não restam dúvidas de que esses conjuntos musicais eram fundamentalmente diferentes e atendiam a objetivos distintos. De todo modo, ambas as bandas foram instrumentos de projetos políticos promovidos pelo poder público relacionados à música, à cidade e à sua população, revelando diferentes facetas do poder público e de sua orientação positivista.

A Escola Hilário Ribeiro e a antiga Banda Municipal foram símbolos das políticas públicas desenvolvidas pela municipalidade em um período de tensão social, caracterizado por greves operárias e recessão econômica. A antiga Banda Municipal, embora inclusiva, apresentava ambiguidades significativas. Baseados no princípio comtiano de integrar o proletariado à sociedade e de manter a ordem por meio da moral e da educação, oferecia acesso ao trabalho e à instrução para um número limitado de crianças, ao mesmo tempo em que garantia mão de obra barata para os serviços municipais. Além disso, seguindo o princípio castilhista de que o governante deve reger a sociedade de acordo com suas virtudes, essa iniciativa refletia a benevolência do Intendente Municipal, que parecia estar oferecendo um favor aos grupos desprivilegiados.

Por sua vez, a Banda Municipal de 1925 acompanhava uma proposta de modernização da cidade e dos costumes, com foco na difusão de uma identidade social e cultural específica e desejada. Esta identidade cultural deveria ser guiada pelas virtudes intelectuais de seus músicos, e a presença dessa Banda Municipal foi marcada por constantes tentativas de distinção social. O local de atuação dessa Banda enobrecida não poderia ser os coretos situados nas praças públicas, ao lado das demais instituições musicais. Era necessário construir um moderno anfiteatro, considerado uma obra de arte, a um custo elevadíssimo. Para compensar o alcance que a antiga Banda Municipal tinha na educação musical de crianças pobres e negras, a municipalidade criou a Escola Octávio Rocha, inicialmente instalada na instituição Pão dos Pobres, situada na região do Areal da Baronesa — uma área conhecida pela sua cultura popular, com inúmeros blocos e cordões carnavalescos e uma marcante participação da população negra. Além de deixar legados duradouros, a municipalidade encarregou-se também da formação de professores nacionais, a princípio lecionada por músicos estrangeiros, com a intenção de que, em um futuro indefinido, os nacionais ocupassem os espaços que, naquele momento, eram preenchidos por europeus.

Provavelmente, a aversão manifestada pelos organizadores da Banda Municipal de 1925, José Corsi e José Andrade Neves, aos maestros sem preparo intelectual adequado estava direcionada aos antigos regentes da banda vinculada à Escola Hilário Ribeiro. Da mesma forma, a criação da Escola de Música Octávio Rocha parece ter correspondido a uma compensação à atuação e aos objetivos da antiga Banda Municipal, que, em outros momentos, representou uma política pública prioritária da municipalidade. Com a nova Banda Municipal, a antiga passou a ser secundária, cedendo lugar a uma representação europeizante da cidade de Porto Alegre. Perguntamo-nos se o envolvimento dos maestros, um branco e outro pardo, com formas musicais identificadas como populares foi um motivo para o caráter pedagógico da Banda de 1925. Foi devido às relações de proximidade com a comunidade negra que a nova banda já tinha um regulamento interno antes mesmo de sua organização? E a composição étnica da antiga Banda Municipal foi um fator para sua recriação? A multiforme Banda Municipal de Porto Alegre ainda tem outras páginas de sua história a serem exploradas, que podem nos fornecer respostas para essas questões.

1.3 Um peculiar caso de "Jacobinismo Musical"

O projeto de modernização cultural de Porto Alegre, que envolvia a (re)criação da Banda Municipal, a fundação da Escola de Música Octávio Rocha e a construção do Auditório Araújo Viana, não angariava apenas simpatias. Embora contasse com o apoio da intelectualidade local e da elite letrada, a recepção a essas iniciativas não era unânime. Um exemplo disso pode ser encontrado na matéria publicada em dezembro de 1928 no jornal *O Exemplo*, intitulada "Jacobinismo Musical — sempre o maldito preconceito". Em seu primeiro parágrafo, a matéria expressava:

> Com o mais seguro e justo dos critérios, o nosso presado collega Diario de Noticias, desta capital, iniciou, brilhantemente, uma nobre campanha contra o singularismo

> absurdo de serem os nossos compatriotas, mormente os homens de cor, systematicamente, afastados da celebre Banda Municipal que, num injustificavel "jacobinismo", transforma o Auditorium Araujo Vianna num verdadeiro "Consulado Symphonico... Calabrez!".[153]

A denúncia sobre a discriminação racial não se limitava apenas ao afastamento dos "homens de cor" da Banda Municipal, mas também à sua composição predominantemente italiana. Frente a esse cenário, estava em curso uma "nobre campanha" contra esse "singularismo absurdo", iniciada pelo jornal *Diário de Notícias* e na qual o jornal *O Exemplo*, representante da comunidade negra, também se engajou.[154] A matéria publicada no *O Exemplo* apresentava diversas considerações de seu articulista, incluindo a publicação do artigo do jornal que deu início à campanha. O *Diário de Notícias* reivindicava, a seu turno, que o Conselho Municipal de Porto Alegre tomasse medidas semelhantes a um projeto apresentado à Câmara dos Deputados, que determinava que as casas comerciais não poderiam ter mais de um terço de empregados estrangeiros. Segundo o *Diário de Notícias*, essa medida visava combater abusos frequentes, como os observados em firmas estrangeiras no Rio de Janeiro, que excluíam trabalhadores nacionais de seus quadros.[155] Aplicando a situação a Porto Alegre, a sugestão era que, pelo menos, um terço dos músicos da Banda Municipal fosse constituído, por meio de cotas, por "nacionaes". Contudo, o agravante no caso de Porto Alegre era que essa medida não se aplicava a estabelecimentos privados ou casas comerciais, mas sim a uma corporação criada e mantida pela municipalidade local. O *Diário de Notícias* elucidava:

> Como é sabido, uma parte dos musicos brasileiros é daquela corporação systematica e deliberadamente excluida, pois que se não admitte nella o accesso aos homens de cor. Estes poderá exercer, no Brasil, qualquer função, occupar qualquer cargo por mais elevado que seja. Pode haver homens de cor na alta magistratura e no parlamento, entre a officialidade das nossas instituições militares e no professorado das nossas escolas de ensino superior. Pode um homem

[153] *O Exemplo*, Porto Alegre, 10 dez. 1928, p. 1.

[154] Observamos a presença de uma imprensa bastante atuante nas discussões políticas e sociais em Porto Alegre. Seguidamente, esses debates decorriam no diálogo entre diferentes periódicos, inclusive, de diferentes composições e orientações políticas. Veja o caso do jornal *O Exemplo*, que era redigido por lideranças negras, dialogando com o *Diario de Notícias*, que não o era, porém debatendo, conjuntamente, algumas questões referentes à cidade, a sua cultura e a sua população.

[155] Conforme indicação do jornal *O Exemplo*, a matéria do *Diario de Notícias* foi vinculada em 6 de novembro de 1928.

> de cor ascender a presidencia da Republica. Só não pode entrar a fazer parte da banda municipal de Porto Alegre, para a qual se importam do estrangeiro até os tocadores de bombo e tambor.[156]

O jornal *O Exemplo*, por sua vez, louvava a iniciativa do *Diario de Notícias,* que "[...] rompeu com energia o seu patriótico fogo contra esse inqualificável preconceito", e anunciava sua participação nesta "nobre campanha" realizada "com o mais seguro e justo dos critérios", tendo em vista que a denúncia e o combate de práticas discriminatórias correspondiam a "[...] razão de sua existência, na justa defeza dos homens cujos direitos lhe incumbe sustentar". Em sua argumentação, o jornal *O Exemplo* optou por denunciar a indiferença do Intendente Municipal em aprovar tacitamente, com seu silêncio, "esse atentado à nossa soberania de povo livre". Na sua argumentação, o articulista destacou as participações e contribuições da população negra para as conquistas "civilizatórias de sua Pátria":

> No entretanto, não só na musica como em todas as Artes, na Sciencia, na Industria e no Commercio; o Brasil tem assombrado o mundo com os seus grandes homens, os quaes, sem distincção de raças ou de origens foram, são e serão coeficentes maximos na conquista da civilisação. Deixando de parte as figuras legendarias do Barão de Cotegipe, João Alfredo, Marcilio Dias, José do Patrocinio e tantos outros, varões illustres, que tanto honraram a sua Patria, apezar de homens de cor, é de assignalar que por maior que sejam as aptidões musicaes do maestro Leonardi, elle não conseguirá apagar a gloria excelsa de Mendanha, Lino Carvalho, Lino Hermogenes, o velho João Bandeira, Pedro Borges e tantos outros professores de musica que tanto honraram o Brasil e o Rio Grande do Sul, seu berço amado![157]

A tônica da argumentação do articulista do jornal *O Exemplo* girava em torno da atuação de algumas pessoas ilustres ("apezar de homens de cor") que realizaram importantes contribuições para o desenvolvimento e a honradez da Nação, auxiliando na construção da civilização. Inicialmente, salientou a participação nas áreas da ciência, da indústria e do comércio, e, em seguida, destacou a atuação de músicos como os Maestros Mendanha, Lino Carvalho, Lino Hermógenes, João Bandeira,

---

[156] *Diario de Notícias,* 6 de novembro de 1928, citado por *O Exemplo,* Porto Alegre, 10 dez. 1928, p. 1.

[157] *O Exemplo,* Porto Alegre, 10 dez. 1928, p. 1.

Pedro Borges e "tantos outros professores de música", que ofereceram contribuições significativas à música local. Em outras palavras, reivindicou o reconhecimento de uma cultura musical desenvolvida localmente por maestros nacionais, possivelmente incluindo músicos negros. Independentemente da origem étnica dos musicistas mencionados, é evidente a manifestação de aversão à predominância de estrangeiros na Banda Municipal, centrada na figura do maestro italiano José Leonardi, assim como a inconformidade com o não reconhecimento das contribuições da população nacional. Nesse direcionamento, o articulista também menciona que "[...] podem os privilegiados estrangeiros da Municipal, continuarem a ganhar, nababescamente, o suor do Povo gaucho, mas respeite-o como tem o dever indeclinável de fazê-lo!"[158]. O conflito aqui não se relaciona diretamente com a "competência musical" dos músicos afastados, mas com a participação de não brancos em instituições voltadas para a música erudita, como a própria Banda Municipal, compreendida por seus criadores como a mais sofisticada e civilizada.

Na argumentação do articulista de *O Exemplo*, destaca-se sua conclusão de que "[...] o Brasil tem assombrado o mundo com os seus grandes homens, os quaes, sem distincção de raças ou de origens foram, são e serão coeficentes maximos na conquista da civilisação". O que estava em discussão e à prova eram projetos civilizatórios protagonizados por diferentes grupos étnicos. Por meio da Banda Municipal, é possível perceber que, para a municipalidade e para a elite letrada que a apoiava, o processo de civilização da cultura musical cabia às populações de origem europeia, notadamente italianos. Para isso, era necessário educar os nacionais e, ao mesmo tempo, submeter os negros nesse processo. Para as lideranças negras, a conquista dessa civilização não poderia ocorrer com distinção de raças e origens, por isso, reivindicavam o reconhecimento de sua contribuição e da cultura musical legada por antigos instrumentistas e maestros nacionais.

Esse tipo de assertiva, reivindicando os direitos de cidadania, remete, por sua vez, aos debates sobre o período imigratório, à apropriação de teorias raciais europeias e norte-americanas e à teoria do branqueamento. Essas discussões sobre a constituição racial da população, bem como sua relação com o processo de civilização, permeavam o contexto em que foi elaborada a (re)criação da Banda Municipal, compreendida aqui como

[158] *O Exemplo*, Porto Alegre, 10 dez. 1928, p. 1.

uma política pública. Para sustentar tal iniciativa, era fundamental contar com diversos apoios, principalmente da intelectualidade local, como havia solicitado José Corsi no momento da criação da banda musical em 1925.

A permanência de interpretações sobre a formação e a caracterização do Rio Grande do Sul baseadas nos pressupostos do "racismo científico" não são especificidades da virada do século XIX para o XX. Jorge Salis Goulart, por exemplo, publicou seu livro em 1927, logo após a criação da Banda, e destaca-se por suas formulações calcadas no racismo científico.[159] Por meio de seu trabalho, percebemos a recepção desses debates no Rio Grande do Sul naquele momento. Em seu livro, Goulart ressalta a forte influência do meio geográfico, ao lado das forças sociais e raciais, na formação histórica e psicológica do estado sulino, baseada nas características da composição populacional do Rio Grande do Sul. Seguindo suas diretrizes racistas, autor projetou de forma extremamente otimista o desenvolvimento da civilização local. Ele acreditava na progressiva diminuição da população negra, pela apuração sanguínea das qualidades inatas das raças ditas superiores "no cadinho misterioso das seleções étnicas". Dialogando com a teoria do branqueamento de Oliveira Vianna, Goulart argumenta que o grande contingente de raça branca ("na sua maioria ariana"), fundido com um menor coeficiente de sangue indígena e, em menor escala ainda, com o sangue africano, constitui o principal elemento que distingue a composição étnica da população gaúcha das demais regiões brasileiras. O Rio Grande do Sul configurava, portanto, um caso exemplar de mestiçagem e branqueamento. Conforme o autor:

> O Rio Grande do Sul está num clima ideal para o desenvolvimento da civilização. Tudo contribuirá para que o aceleramento dessa progressão seja cada vez maior. Possuindo uma das grandes populações mais brancas do Brasil, dotado de condições meteorológicas excelentes, todos os fatores convergem para o engrandecimento do nosso futuro. Com o aumento da população, com o desenvolvimento do progresso, esse mesmo desenvolvimento acelera ainda mais a civilização que só encontra estímulos favoráveis num clima revigorante e numa raça superior.[160]

---

[159] GOULART, Jorge Salis. *A formação do Rio Grande do Sul*. Pelotas: Livraria do Globo, 1927.

[160] *Ibidem*, p. 194.

No texto de Jorge Salis Goulart, a noção de desigualdade racial, influenciada pelos pensadores europeus do século XIX, é marcada de forma intensa. Essa perspectiva invisibiliza a apreciação da presença e da participação cultural dos africanos e seus descendentes no Estado. A abordagem reduzida que Goulart faz sobre a contribuição e a presença dos africanos e seus descendentes está fundamentada em uma concepção negativa de suas contribuições e na crença em seu progressivo desaparecimento em face do processo de "embranquecimento" por meio da mestiçagem.[161] Goulart ainda destaca que os elementos considerados inferiores inseridos na comunidade não poderiam obstruir ou retardar o progresso ascendente que acreditava estar em curso. Para evitar isso, caberia à população branca a função de guiar a trajetória do povo sul-rio-grandense, elevando-o a uma posição de destaque dentro da comunidade brasileira. O ideal de embranquecimento é constantemente abordado, com ênfase no estágio já avançado que o Rio Grande do Sul teria alcançado nesse processo.

As considerações de Salis Goulart sobre a formação populacional e social do Rio Grande do Sul articulam dois pontos fundamentais para compreendermos esse período. Em primeiro lugar, ele demonstra como as apropriações das teorias científicas raciais influenciaram a construção e a consolidação de uma identidade regional que privilegiava a presença dos descendentes de imigrantes europeus, em detrimento de outros grupos étnicos. Em segundo lugar, evidencia como essas ideias, postuladas por uma certa elite letrada, também se manifestaram nas relações cotidianas. Observamos que a criação da Banda Municipal, efetivada pelo poder público de Porto Alegre, se relacionou com proposições semelhantes, ao buscar a vinda de músicos estrangeiros e desclassificar, principalmente, os músicos nacionais e não brancos. A recriação da Banda Municipal fez parte de uma política de modernização da cidade e representou mais um capítulo dos esforços ideológicos para construir uma identidade regional baseada na concepção biológica de raça. Essa política visava fundamentar uma construção cultural, social e civilizacional branca e europeia, considerada superior segundo esses pressupostos. Para sustentar tal imagem, era necessário excluir e invisibilizar, especialmente, a

[161] Reforçando o ideal de branqueamento, Goulart salienta que o "[...] sangue negro bem de pressa desaparece confundido no sangue branco, pois que atualmente se calcula em 85% da população total o coeficiente ariano" (GOULART, 1927, p. 180).

participação da população negra, que, de acordo com esses referenciais, era vista como inferior. Simultaneamente, as instituições representativas da cidade deveriam alinhar-se com o que estava preconizado pela literatura racialista.

A criação oficial da Banda Municipal, notadamente italiana e dedicada à execução de música erudita, materializava essas considerações ideológicas. A iniciativa visava destacar o protagonismo da população e da cultura europeias em uma instituição que representava a cidade, refletido inclusive em sua denominação. Essa abordagem não apenas invisibilizava outros grupos étnicos e formas culturais distintas, mas também buscava educar a população conforme os padrões desejados. Em suma, tanto a política pública quanto a elite letrada reforçavam o ideal do branqueamento. É importante considerar, ainda, como as orientações fascistas de seu Inspetor, José Corsi, e de seu Maestro, José Leonardi, poderiam ter influenciado a composição étnica da banda e o sistemático afastamento de músicos, principalmente homens de cor, dos seus quadros. Por outro lado, as considerações resultantes da denúncia do "jacobinismo musical" demonstram que esse processo não se deu sem conflitos. A reação da comunidade negra, protagonizada por lideranças negras redatoras do jornal *O Exemplo*, evidencia a discriminação racial existente no interior da Banda Municipal. A denúncia destaca a ação da municipalidade em privilegiar músicos estrangeiros em detrimento dos "homens de cor". Junto a essa denúncia, está a reivindicação da contribuição da população negra nas conquistas civilizatórias nacionais e a demarcação de uma tradição musical local de significativa importância, da qual também eram protagonistas. A campanha iniciada pelo *Diário de Notícias*, na qual *O Exemplo* tomou parte, desencadeou diversas discussões sobre relações de trabalho, interações interétnicas, elaboração de identidades, direitos civis e a participação da população negra na vida social e artística de Porto Alegre.

1.4 Entre a identidade regional e a cultura musical

O debate sobre a cultura musical local, nas primeiras décadas do século XX, estava politizado e em constante disputa entre diferentes agentes sociais, como evidenciado pelo exemplo da Banda Municipal de Porto Alegre. A bibliografia gerada sobre a cultura musical local oferece diferentes leituras. Algumas dessas interpretações incorporaram os argumentos que justificaram o projeto político promovido pelo poder público de consolidar uma cultura musical baseada na erudição, despolitizando, ao mesmo tempo, essa construção ao invisibilizar as disputas em torno de sua formulação. Por outro lado, tais perspectivas foram questionadas, e suas implicações políticas, evidenciadas. Para compreendermos como essas interpretações sobre a cultura musical de Porto Alegre foram pensadas, construídas e problematizadas, analisaremos os textos de Athos Damasceno Ferreira, Ênio de Freitas e Castro, Antônio Corte Real e Maria Elizabeth Lucas. Selecionamos esses autores devido à importância de suas obras na compreensão dessa cultura musical, que serviram de paradigma tanto para sua consolidação quanto para o questionamento de suas bases. A análise seguirá uma abordagem cronológica, permitindo-nos acompanhar a construção dessas interpretações, e estará atenta à relação da música (suas formas e espaços) com a população porto-alegrense do século XIX até o início do século XX, período em que os debates envolvendo a municipalidade, a elite letrada e a reação dos porta-vozes da comunidade negra se intensificaram.

O discurso do racismo científico, como manifestado na obra de Jorge Salis Goulart, sofre um deslocamento entre as décadas de 1920 e 1930. Sob a influência da Antropologia Cultural de Franz Boas, a cultura passa a ser o principal elemento de interpretação, substituindo o foco biológico e ressignificando a questão racial na interpretação social do Brasil. No Rio Grande do Sul, o desenvolvimento dos estudos sobre o folclore enfatiza a análise das manifestações populares, destacando os usos e costumes dos colonizadores, principalmente portugueses, alemães e italianos. Ao fundamentar a identidade regional pelo seu aspecto folclórico, os indígenas e negros receberam pouca atenção dos intelectuais locais daquele período. Dante de Laytano, principal interlocutor de Gilberto Freyre, foi um dos poucos que escreveu sobre as raízes populares no estado sulino atenta aos negros (tais como religião, vestuário, tradições), embora tenha os inseridos de forma harmoniosa e despolitizada na formação social do Rio Grande do Sul.[162]

[162] Para aprofundar o contexto de sua elaboração, assim com a trajetória de Dante de Laytano, ver: NEDEL, Letícia Borges. *Paisagens da Província:* o regionalismo sul-rio-grandense e o Museu Júlio de Castilhos nos anos cinqüenta. Rio de Janeiro: UFRJ, 1999 e SILVA, Sarah Calvi Amaral. *Africanos e afro-descendentes nas origens do Brasil:* raça e relações raciais no II Congresso Afro-Brasileiro de Salvador (1937) e no III Congresso Sul-Riograndense de História e Geografia do IHGRS. 2010. Dissertação (Mestrado em História) – Programa de Pós-Graduação em História, Universidade Federal do Rio Grande do Sul, Porto Alegre, 2010.

É dentro desse contexto e dessas perspectivas que Athos Damasceno Ferreira[163] produziu seus textos. Focaremos mais detidamente em três de suas obras, que, embora publicadas em diferentes momentos, mantêm características semelhantes ao tratar da vida cultural de Porto Alegre no século XIX.[164] Essas produções destacam o protagonismo dos portugueses e açorianos, com o objetivo de reafirmar a descendência étnica de Porto Alegre e do Rio Grande do Sul[165], e, em menor medida, dos imigrantes europeus, especialmente alemães e italianos. Em seus trabalhos, a presença dos descendentes de africanos é inserida, ainda que de forma tangencial, no contexto dos festejos populares. Em sua abordagem, as relações interétnicas aparecem como harmoniosas e a população negra ganha um protagonismo temporário frente à discussão abolicionista, compreendida pelo autor como nobre campanha humanitária.[166]

No clássico livro *Palco, Salão e Picadeiro em Porto Alegre no Século XIX*[167], publicado em 1956, Athos Damasceno Ferreira destaca a presença dos teatros, das associações dramáticas e musicais, a circulação de artistas e a relevância do Maestro Mendanha, entre outros pontos. Ao tratar das atividades artísticas desenvolvidas em Porto Alegre no século XIX, o autor menciona que os primeiros colonizadores da cidade, os açorianos, eram

---

[163] Athos Damasceno Ferreira (1902-1975) consagrou-se como escritor de literatura, principalmente por meio da poesia, antes de se afirmar como pesquisador. Em geral, na sua obra, prevalecem, como tema, a vida cultural da Cidade de Porto Alegre e a sua preocupação com a constituição da identidade regional sul-rio-grandense. Escreveu em jornais (principalmente no *Correio do Povo*) e revistas de Porto Alegre, sendo colaborador da revista *Província de São Pedro*. Também ingressou no Instituto Histórico e Geográfico do Rio Grande do Sul, na década de 1950. Pra aprofundar suas trajetória e interpretação, ver: SILVA, Gabriela Correa da. *O regionalismo sul-rio-grandense de Athos Damasceno Ferreira e sua polêmica com Vargas Netto (1932)*. 2011. Monografia (Trabalho de Conclusão de Curso de História) – Universidade Federal do Rio Grande do Sul, Porto Alegre, 2011.

[164] Nesses trabalhos, o primeiro publicado na década de 1950 e os dois seguintes na década de 1970, permanece sua preocupação com a vida cultural de Porto Alegre no século XIX. O autor utiliza, basicamente, relatos de viajantes e jornais que menciona constantemente, embora não os referencie. Sua produção como pesquisador em História, nessas obras, parece circular entre o memorialismo e o folclorismo.

[165] Nesse período, estava sendo travada uma disputa historiográfica sobre as população que povoaram o Rio Grande do Sul, opondo a importância entre os platinistas e os portugueses. Para aprofundar essa discussão, ver: GUTFREIND, Ieda. *A historiografia rio-grandense*. 2. ed. Porto Alegre: Editora da UFRGS, 1998.

[166] Nesse período, o mito da democracia racial já havia sido questionado com importantes estudos da Escola Paulista, integrada no projeto da Organização das Nações Unidas Para a Educação, a Ciência e a Cultura (Unesco), problematizando o entendimento do preconceito nas transformações estruturais brasileiras, na passagem da sociedade tradicional e escravista para a moderna e capitalista. Para aprofundar a questão, ver: MAIO, Marcos Chor. Abrindo a "caixa-preta": o projeto UNESCO de relações raciais. *In:* SCHWARCZ, Lilia (org.). *Antropologias, histórias, experiências*. Belo Horizonte: Editora da UFMG, 2004.

[167] FERREIRA, Athos Damasceno. *Palco, salão e picadeiro em Porto Alegre no século XIX:* contribuição para o estudo do processo cultural do Rio Grande do Sul. Porto Alegre: Globo, 1956.

"particularmente afeiçoados ao teatro e à música" e teriam construído as primeiras casas de espetáculo, surgidas ainda no final do século XVIII, sob modestas construções. Informativo em sua abordagem, Ferreira privilegia as sociedades musicais e dramáticas ativas na cidade, tanto locais quanto visitantes. A música erudita é destacada com frequência, enquanto outras formas e locais de expressão musical, como as bandas militares e as cerimônias religiosas, recebem menor atenção. O Maestro Mendanha, figura central em muitas dessas atividades musicais, também ocupa lugar de destaque no texto.[168] Ferreira relata que Mendanha fundou a Sociedade Musical Porto Alegrense em 1856, a primeira do gênero no Rio Grande do Sul, especificamente para se apresentar na inauguração do Theatro São Pedro, a mais importante casa de espetáculos da cidade, inaugurada em 1858. Entre os músicos notáveis dessa sociedade, destacamos Lino Carvalho da Cunha e Silva, também citado na denúncia do "Jacobinismo Musical".[169] Além disso, Ferreira afirma que Mendanha gozava de elevado prestígio "no seio da nossa elite", participando, com sua orquestra, em concertos de música erudita e em "brilhantes noitadas líricas".[170]

Athos Damasceno Ferreira também aborda a presença de festejos populares que contavam com música, ou que passaram a incorporar música ao longo do século XIX, classificando-os como componentes da vida cultural de Porto Alegre. Influenciado pelo folclorismo, ele dedica parte de sua obra às festas populares, como o carnaval[171], destacando suas transformações, e aos Ternos de Reis, parte do ciclo das festividades natalinas.[172] Em sua análise do carnaval de Porto Alegre, Damasceno enfatiza

---

[168] O Maestro Joaquim José Mendanha nasceu em Itabira do Campo, na Província de Minas Gerais — atual Município de Itabirito —, no final do século XVIII e transitou por diferentes regiões do Brasil antes de aportar, em definitivo, no Rio Grande do Sul. Ainda jovem, transferiu-se para a Cidade do Rio de Janeiro, para atuar como músico em uma unidade de infantaria pertencente ao Exército Imperial, no caso o 2º Batalhão de Caçadores da 1ª Linha. Ainda no Rio de Janeiro, filiou-se na Irmandade da Gloriosa Virgem e Mártir Santa Cecilia e integrou o coro da Capela Imperial como cantor falsetista. O destacamento militar o qual o Maestro Mendanha integrava foi deslocado, em 1837, para a então Província de São Pedro do Sul, em decorrência da Guerra dos Farrapos, iniciado dois anos antes. Após o término desse conflito, o maestro fixou residência em Porto Alegre, onde viveu até sua morte, em 1885, deixando grande legado para a cultura local. MARCONDES, Marcos Antônio (org.). *Enciclopédia da Música Brasileira*: erudita, folclórica e popular. São Paulo: Art Editora, 1977. V. 2, p. 470.

[169] FERREIRA, 1956, p. 34.

[170] *Ibidem*, p. 89.

[171] FERREIRA, Athos Damasceno. *O carnaval porto-alegrense no século XIX*. Porto Alegre: Globo, 1970.

[172] FERREIRA, Athos Damasceno. Natal e reis na cidade de outrora. *In:* FERREIRA, Athos Damasceno. *Colóquios com a minha cidade*. Porto Alegre: Globo, 1974. Esse livro é uma coletânea composta por textos publicados em diferentes períodos. Não foi possível localizar a data de publicação do capítulo destacado.

a presença negra nos festejos. Ao tratar do surgimento das sociedades carnavalescas compostas de membros da elite, ele aponta tanto para a persistência do velho entrudo quanto para a inclusão de diferentes grupos sociais nesses festejos, com destaque para a Sociedade Floresta Aurora, formada por negros. A menção à participação da população negra, anteriormente referida como "populares", ganha maior visibilidade durante a campanha abolicionista, momento em que esses foliões começam a ser identificados por sua cor, ainda que sob a tutela dos interesses políticos de setores da elite, interessados em criticar a escravidão. No entanto, após a abolição, essa breve visibilidade da presença negra no carnaval desaparece. Podemos observar uma relação semelhante quando Athos Damasceno aborda as festas da Natividade e os conjuntos de Ternos de Reis.[173] Para o autor, essa festividade era tributária das tradições portuguesas, assim como o próprio Entrudo. No entanto, ele também dedica atenção à participação de outros grupos étnicos nessas atividades, ressaltando suas contribuições para a esfera cultural de forma harmoniosa entre as diferentes etnias e grupos sociais:

> Aliás, à altura da última trintena do século, começam a amiudar-se os contatos sociais entre brasileiros e teutos aqui domiciliados. Famílias de ascendência portugueza são convidadas, com freqüência, a compartilhar reuniões, bailes e outras festas por eles promovidas em associações que mantinham, praticamente fechadas a... estranhos. E, ao ensejo das comemorações natalinas, muitos são os Oliveiras, os Carvalho, os Gonçalves, os Chaves, os Almeida que, de mão dadas com os Wolmann, os Heidtmann, os Hasch, os Hengel, os Polhmann, festejam o Nascimento de Jesus, não só no templo dos alemães católicos da cidade — a Igreja de São José — onde armam Presépios e se celebram imponentes missas cantadas, como em grêmios, centros esportivos e outras sociedades pertencentes à comunidade germânica local.[174]

Se os portugueses e alemães andavam de mãos dadas frente à consagração ao nascimento do pequenino Messias, mantendo a tradição do festejo, tal relação, na avaliação do autor, não se verificava quando estas atividades passavam a ser protagonizados por camadas populares principalmente a partir de determinados grupos de Ternos de Reis. O autor

173 FERREIRA, 1974.

174 *Ibidem*, p. 115.

enumera alguns desses grupos, que, a partir de 1875, passaram a celebrar os Reis Magos, ampliando gradativamente sua presença até o final do século XIX. Entre eles, Damasceno destaca a participação da população negra, que formava diversos Ternos com denominações que remetem à sua ascendência africana, como: os benguelas, os africanos, moçambicanos, os baianos, as baianas, as baianinhas e o Menelick. Muitos dos "ensaiadores" desses Ternos de Reis, conforme autor, eram discípulos do maestro Mendanha.[175] Assim como ocorre com o carnaval, os grupos populares começam a apresentar cor frente a campanha abolicionista e é, a partir dela, que, para Damasceno, passam a demarcar sua presença na cultura local:

> Com o recrudescimento da propagando abolicionista na Capital, maior se torna a participação dos Ternos na campanha humanitária em que se acham então envolvidas, pode-se dizer, todas as classes sociais. E acentua-se cada vez mais a influência africana na composição desses Ternos — influência que se patenteia nos textos musicais, nas letras que os completam e na indumentária de seus instrumentistas, cantores e acompanhantes.[176]

Para Damasceno, as cerimônias da Natividade e as festividades dos Reis, trazidas por portugueses — tanto ilhéus quanto peninsulares —, já não mantinham as mesmas formas tradicionais de sua origem. Segundo o autor, até mesmo em sua fonte original, ou seja, em Portugal, essas celebrações já estavam "contaminadas por imitações deformadoras e inovações insólitas, o que as alteraria ainda mais com o passar dos anos":

> Ninguém ignora que as chamadas práticas tradicionais, quer as de caráter religioso quer as de cunho profano, não resistem, em sua essência e morfologia, à ação do tempo e às influências do meio, sobretudo — é obvio — quando essas práticas são transplantadas. Modificam-se invariável e sensivelmente. E, segundo as circunstâncias, enriquecem ou empobrecem, conservando não raro apenas alguns matizes de suas exteriorizações primitivas e escasseantes vestígios de seu conteúdo originário.[177]

---

175 *Ibidem*, p. 119.

176 *Ibidem*, p. 120.

177 *Ibidem*, p. 107.

Embora seja perceptível o esforço de Athos Damasceno em inserir os africanos e seus descendentes nas atividades culturais, também é evidente uma valorização dessa presença em contraste com o desvirtuamento das nobres tradições portuguesas. Mesmo que os trabalhos de Athos Damasceno Ferreira se refiram tanto a manifestações musicais populares no século XIX quanto à música erudita em seu primeiro livro (1956), o autor não propõe uma interpretação abrangente sobre a cultura musical local. Destacamos que Damasceno menciona a participação do Maestro Mendanha em alguns festejos religiosos, como nas celebrações natalinas realizadas na Capela do Menino Deus e seus arredores, onde ele regia os coros[178], nos concertos de música sacra conduzidos por ele na Sociedade Beneficente Alemã em 1870[179], e na instituição do culto à Santa Cecília, padroeira dos músicos. Outro ponto fundamental é a referência de que muitos ensaiadores dos grupos de Ternos de Reis identificados com a comunidade negra foram discípulos desse importante maestro.

Por sua vez, o músico e pesquisador Ênio de Freitas e Castro[180] procura elaborar uma síntese da cultura musical do Rio Grande do Sul nos séculos XIX e XX. Publicados inicialmente em 1956 (ano também do principal livro de Athos Damasceno Ferreira), na Enciclopédia Rio-Grandense[181], seus artigos destacam, especialmente ao abordar o século XX, o protagonismo da música erudita, embora o autor também explore o folclorismo.[182] Em nossa análise, Ênio de Freitas e Castro destaca que a música no Rio Grande do Sul, no século XIX, era bastante incipiente. Fatores como os conflitos militares ao longo do século e as distâncias das maiores cidades, agrava-

---

[178] *Ibidem*, p. 110.

[179] *Ibidem*, 115-116.

[180] Ênio de Freitas e Castro (1911-1975) foi professor, compositor, pianista, regente e musicólogo. Lecionou no Instituto de Bellas Artes do Rio Grande do Sul e foi regente da Orquestra Filarmônica de Porto Alegre. Foi, também, fundador e dirigente da Associação Rio-Grandense de Música e membro fundador da cadeira nº 29 da Academia Brasileira de Música. Sobre sua biografia, ver: http://www.abmusica.org.br/html/fundador/fundador291.html. Acesso em: 15 set. 2013.

[181] Essa Enciclopédia, lançada em 1956, destacou a preocupação em valorizar e conservar as tradições existentes, "[...] sejam elas oriundas dos portugueses, alemães, italianos ou de outras origens". Foi mencionado o orgulho do Rio Grande do Sul por ser um dos berços da nova cultura brasileira, servindo, assim, de modelo para o País. Desejando prestar um serviço útil, a Enciclopédia pretendeu ser popular e escrita para todas as camadas sociais, visando fornecer uma visão geral sobre a evolução histórico-cultural local. Para mais informações dessa enciclopédia, ver a introdução presente em seu primeiro exemplar.

[182] Ênio de Freitas e Castro participou das gravações de manifestações musicais populares ao lado de Luiz Heitor, realizadas no Rio Grande do Sul, na década de 1940. Atuou na Secretaria de Educação do Rio Grande do Sul, onde, por meio de sua iniciativa, foi criado o Instituto de Tradições e Folclores. Publicou estudos sobre a música popular durante a década de 1940.

das pelo fato de Porto Alegre não ser uma cidade litorânea, retardaram o desenvolvimento das atividades artísticas e intelectuais, contribuindo para o lento progresso dos centros urbanos. Apesar desses fatores militares, sociais e geográficos que atrasaram a "evolução cultural" local, o autor pontua que a atividade musical, enquanto parte inerente da vida social, continuava a se desenvolver por meio de bailes, reuniões familiares, festas de rua, cerimônias religiosas e militares. Freitas e Castro também nota a presença do canto popular, que, acompanhado de "[...] viola, ou violão, se desenvolvia entre o povo".[183]

Utilizando cronistas que visitaram Porto Alegre na primeira metade do século XIX[184], Freitas e Castro observa o surgimento de clubes e teatros que contribuíram para o cultivo da música. Estes elementos passaram a se acentuar ao longo do século, especialmente após o fim da Guerra dos Farrapos, em 1845, quando Porto Alegre começou a ter uma maior inserção na circulação de artistas. O autor ressalta que a música religiosa, importante componente de "nossa história musical nacional", também se refletiu no Rio Grande do Sul. Também têm espaço em sua análise alguns pontos que foram acentuados por Athos Damasceno Ferreira, como as associações musicais formadas por imigrantes europeus no final do século XIX e a presença do Maestro Mendanha como principal propagador da atividade musical nesse período. Embora Freitas e Castro reconheça a presença ainda incipiente da música nesse período, ele localiza o contato com o Rio de Janeiro como a principal fonte da cultura musical local no século XIX. Para o autor:

> Se não tivemos nada de importante, do ponto de vista da historia da musica brasileira, isto é, em outras palavras, se a história da musica brasileira pode ser escrita sem levar em consideração o que se passou em nosso Estado no século passado, aparece-nos, porém, como uma compensação, o verificarmos que a nossa evolução, entretanto, é filha direta da evolução da música no Brasil, e nem a forte colonização conseguiu afastá-la dos rumos ditados pela cidade-padrão. Não tivemos, no século XIX, compositores de importância.

183 FREITAS E CASTRO, Ênio de. A música no século XIX. *In:* BECKER, Klaus (org.). *Enciclopédia Rio-Grandense: Volume 2 (Rio Grande antigo).* 2. ed. Canoas: Editora La Salle, 1968a, p. 168.

184 No caso, Saint-Hilaire, que visitou a Cidade entre 1820 e 1821, e Arsene Isabele, que visitou Porto Alegre em 1833 e 1834. A partir das considerações desses viajantes, Freitas e Castro pontua o crescimento dos locais de atividade cultural que surgiram entre a visita deles, visto que, no primeiro período, não havia clubes e, no segundo, já se localizavam na cidade dois teatros acabados e um em construção.

> Mas alcançamos um notável desenvolvimento em relação ao acanhado de partida que foi o início do século.[185]

Portanto, ao analisar as experiências artísticas do século XIX, Ênio de Freitas e Castro enfatiza que a relação de espelhamento com a cidade--padrão, o Rio de Janeiro, foi mais preponderante do que a contribuição da "forte colonização estrangeira", especialmente por meio de suas associações musicais amadoras. O Maestro Mendanha, para o autor, ocupa um lugar de destaque nesse período, proporcionando avanços artísticos progressivos ao longo da segunda metade da centúria. Ao abordar sua importância, Freitas e Castro realiza uma comparação semelhante, alinhando a atuação de Mendanha com a do Maestro Francisco Manoel da Silva no Rio de Janeiro. Segundo Freitas e Castro, o período "Francisco Manoel" no Rio de Janeiro está representado, no Rio Grande do Sul, pelo que poderia ser chamado de "período José Joaquim Mendanha", visto que Mendanha teve uma ampla atuação na vida artística local e foi um maestro "faz-tudo": professor, compositor, diretor de banda, diretor de orquestra, mestre de música religiosa, sendo um nome que "se impõe à nossa admiração".[186] Embora Freitas e Castro tenha pontuado algumas contribuições do Maestro Mendanha que já haviam sido mencionadas por Athos Damasceno Ferreira, como a formação da Sociedade Musical Porto Alegrense e sua participação na inauguração do Theatro São Pedro, observamos um alargamento de sua atuação. Mencionando um artigo de *O Independente*, jornal publicado no início do século XX, Freitas e Castro destaca que, após o término do conflito farroupilha, o Maestro Mendanha mudou-se para Porto Alegre e formou um grupo de discípulos, organizando uma orquestra e uma banda musical. A informação mais relevante, no entanto, é a afirmação de que Mendanha "[...] era protetor da gente pobre, tendo feito com ensino gratuito muitos músicos, que eram o arrimo da

---

185 *Ibidem*, p. 182.

186 Conforme Freitas e Castro "Mendanha não teve, evidentemente, um papel tão importante, aqui, como o de Francisco Manoel no Rio de Janeiro, nem era um músico de recursos técnicos e intelectuais à altura deste. A diferença de nível cultural entre as duas cidades não permitiria igualmente que o fenômeno se reproduzisse. Mas, quantas semelhanças! Lá e Francisco Manoel 'o insigne professor de música'. Aqui é Mendanha o professor de música, acatado, de várias gerações. Lá é Francisco Manoel, desde 1842, mestre da Capela Imperial. Aqui é Mendanha diretor de coros da Catedral (segundo Dante de Laytano) ou compositor de música sacra para o coro da igreja N. Sra das Dores ('famosos septenários', segundo Paulo Guedes). Lá é Francisco Manoel fundando associações musicais (já referidas acima), aqui é Mendanha fundando a 'Sociedade Musical Porto--Alegrense' (em 1855), a 'União Musical Brasileira', a 'Musical Rio-Grandense' e a 'Musical 7 de Setembro'". FREITAS E CASTRO, Ênio de. A música no século XIX. *In:* BECKER, Klaus (org.). *Enciclopédia Rio-Grandense:* Volume 2 (Rio Grande antigo). 2. ed. Canoas: Editora La Salle, 1968a, p. 173.

família".[187] Esta consideração pode alinhar-se com os próprios grupos de Ternos de Reis, que, conforme Damasceno, contavam com alguns ensaiados por discípulos do Maestro Mendanha e que também "africanizaram" as comemorações dos Reis Magos.

Por outro lado, ao analisarmos a música no Rio Grande do Sul na primeira metade do século XX[188], Ênio de Freitas e Castro caracteriza esse período como um momento de intenso amadorismo. Este amadorismo se manifestou principalmente por meio das atividades artísticas promovidas por sociedades dramáticas e musicais que se multiplicaram na virada do século XIX para o XX, além da ausência de orquestras qualificadas em Porto Alegre. Contudo, Freitas e Castro compreende que o principal acontecimento relacionado à música foi a instalação das primeiras escolas superiores no Estado, com destaque para o Conservatório de Música do Instituto de Belas Artes, fundado em Porto Alegre em 1908. Nitidamente avesso ao amadorismo — "[...] que recuou muito, é verdade, mas continua a confundir valores entre nós" —, Freitas e Castro louva a instalação do Conservatório. Este estabelecimento não apenas organizou o ensino da música, mas também teve reflexos evidentes em todos os setores das atividades musicais, concentrando os melhores alunos e formando a maior parte do magistério musical atuante na metade do século XX.[189]

Embora realize breves menções à música popular e às inovações técnicas relacionadas à música, como o aparecimento dos gramofones, Ênio de Freitas e Castro procura demarcar a presença da música erudita, destacando a trajetória de alguns musicistas locais de destaque, como Murilo Furtado, José de Araújo Vianna e Amália Iracema, que realizaram estudos na Europa e apresentações em importantes cidades. Em sua argumentação, a música erudita, especialmente a ópera, correspondia à grande aceitação da população. Segundo ele, "em casa se cultivava a música erudita, a música de salão e a música popularesca, como seria o caso da modinha cantada ao violão. Mas em público, a grande música popularizadora das atenções gerais, era como ainda o foi até pouco tempo, a ópera".[190] No entanto, o próprio autor fornece uma série de indícios que nos levam a questionar se tais considerações são mais uma expressão de sua vontade

187 FREITAS E CASTRO, 1968a, p. 172-173.

188 FREITAS E CASTRO, Ênio de. A música no RGS na primeira metade do século XX. *In:* BECKER, Klaus (org.). *Enciclopédia Rio-Grandense:* volume 4 (Rio Grande atual). 2. ed. Canoas: Editora La Salle, 1968b.

189 Quando escreveu esses artigos, Ênio de Freitas e Castro era professor catedrático no Instituto de Belas Artes, antigo Conservatório de Música de Porto Alegre.

190 FREITAS E CASTRO, 1968, p. 345.

do que da realidade. Em relação à ópera, Freitas e Castro menciona que certas temporadas foram fracas, que a ópera era apreciada, mas não havia um público suficiente para manter uma temporada, apesar das grandes variações nos valores dos ingressos nos teatros. Ele também aponta que empresários criaram estratégias para garantir lucro, juntando à ópera o gênero mais acessível e barato da opereta. Além disso, relata que José de Araújo Viana programou três concertos artísticos, mas conseguiu realizar apenas um devido à falta de público, entre outras dificuldades. Se a ópera fosse realmente "a grande música popularizadora das atenções gerais", como desejava Freitas e Castro, por que haveria tantas dificuldades para apresentá-la ao público? Ou seria o público que não era tão afeiçoado à ópera quanto o autor afirmava?

De todo modo, Ênio de Freitas e Castro apresenta uma visão bastante heterogênea da presença da música desde o século XIX, destacando músicas religiosas, bandas militares e associações musicais compostas por imigrantes europeus. Embora ele ressalte a forte influência do Rio de Janeiro na experiência musical do século XIX, também destaca a presença do Maestro Mendanha como um grande nome da música desse período, entre outros pontos. No século XX, o autor tende a enfatizar o protagonismo da música erudita, vendo no Conservatório de Música o principal espaço para sua consolidação. Em contrapartida, ele também está atento às inovações técnicas e à presença da música popular, embora a demarque de forma tangencial.

Grande parte das considerações levantadas por Ênio de Freitas e Castro foram apropriadas no importante trabalho de Antônio Corte Real. No entanto, apesar de apresentar pontos em comum, Corte Real formula uma interpretação peculiar sobre a tradição musical do Rio Grande do Sul, fundamental para os problemas abordados neste capítulo.[191] Ao escrever o prefácio da primeira edição de seu clássico livro *Subsídios Para a História da Música no Rio Grande do Sul*, publicado em 1975[192], Antônio Corte Real enfatiza que não lhe pareceu sensato tomar como paradigma processos análogos aos que ocorreram com outros povos ou estados do Brasil, devido aos fatores locais "peculiares ao meio ambiente" em que vive e "evolui"

[191] A ênfase dedicada ao trabalho de Antônio Corte Real reside na importância que sua própria obra apresenta na compreensão da música praticada no Rio Grande do Sul, assim como de sua suposta tradição musical. Sua obra tornou-se referência em diversos dicionários e compilações sobre a música brasileira, provavelmente, por ser o único livro de maior fôlego que procura sistematizar essas questões.

[192] CORTE REAL, Antônio. *Subsídios para a história da música no Rio Grande do Sul.* 2 ed. rev. Porto Alegre: Movimento, 1984.

o povo gaúcho.[193] Segundo sua argumentação, esses fatores demarcaram especificidades locais que, do ponto de vista histórico-social e estético, necessitam ser destacadas para que "[...] não se falseie o relato do ambiente em que envolveu a música em terras gaúchas". Entre esses fatores, o autor destaca: a situação geográfica, que isolou o Estado das demais unidades da Federação; a beligerância, que retardou o desenvolvimento da música local; e, principalmente, as "[...] circunstâncias peculiares de seu povoamento, particularmente no que diz respeito ao fluxo migratório de origem alemã e italiana".[194] Essas caracterizações são as mesmas elencadas por Ênio de Freitas e Castro poucos anos antes, mas Corte Real acrescenta e destaca a presença dos imigrantes europeus como os principais agentes dessa cultura musical.

Em relação à colonização alemã e italiana, nós observamos que Antônio Corte Real reafirma o reconhecimento atribuído especialmente aos descendentes desses imigrantes pela "meritória atividade exercida em prol da divulgação da música culta no Rio Grande do Sul".[195] No entanto, Corte Real considera que essa contribuição trouxe especificidades à tradição musical local, que, por sua vez, não se conciliou completamente com o interesse nacional. Para justificar essa especificidade, o autor destaca dois pontos principais: o primeiro refere-se ao "benéfico efeito" que, por meio dos imigrantes, proporcionou o contato com a música erudita de seus respectivos países — fato que, segundo sua interpretação, os incentivou a perpetuar o sentimento patriótico de seus ascendentes e retardou a assimilação de seus descendentes em terras gaúchas; o segundo ponto refere-se ao "alheamento" das tradições autóctones, que, "[...] ao tentar desabrochar, eram sufocadas pelas condições de refinamento da arte musical de seus avoengos, produto de tradições milenares".[196] Ou seja, aquilo que se pode designar como folclórico ou popular dessa cultura europeia não encontrou assento no Rio Grande do Sul, visto que essas manifestações estavam sendo "refinadas".

[193] *Ibidem*, p. 13-14. Logo na abertura de sua análise, é possível perceber sua inclinação em demarcar a particularidade da população gaúcha frente aos demais estados brasileiros.

[194] *Ibidem*, p. 13.

[195] O autor justifica o emprego do termo "música culta" em vez da "música erudita" por analogia ao que ocorre com a linguagem, em que se admite o uso de uma língua popular e outra culta. O próprio termo utilizado por Corte Real é sintomático dos seus objetivos de opor a cultura erudita frente à popular.

[196] CORTE REAL, 1984, p. 14.

Se, na interpretação desenvolvida por Corte Real, a cultura popular dos europeus não encontrou guarida, o que dizer, então, da cultura popular praticada por outros grupos sociais? Não se faz necessário afirmar que essa praticamente não figura em seu trabalho. A única menção à cultura popular ocorre quando o autor expressa sua desolação ao constatar que, entre as "belas-artes", a música era a que apresentava um aspecto e fisionomia menos definida, devido à falta de uma sequência gradativa normal, inclusive para a sua "música culta". Para Corte Real:

> A música culta, como a própria música popular ou popularesca, como alguns pretendem batizar, com o intuito de a diferençar da música folclórica, que, no caso, passaria a denominar-se popular, não encontrou no Rio Grande do Sul as condições propícias que precederam a afirmação da música propriamente dita brasileira.[197]

É nítido que sua abordagem é um tanto ambígua por privilegiar exclusivamente a presença da "música culta" e, ao mesmo tempo, lamentar a falta de condições para sua afirmação. De todo modo, é significativa a menção que o autor realiza à música "popularesca"[198]: por um lado, ela também não encontrou condições para afirmar-se como brasileira; por outro, é mencionado o esforço de "alguns" (imagina-se que sejam outros estudiosos, no caso, folcloristas) para diferenciá-la da música folclórica. Ora, se a música "popularesca" não tivesse alguma afirmação, não seria necessário "alguns" se esforçarem para diferenciá-la de uma suposta música folclórica.[199] De qualquer modo, queremos pontuar que as configurações sociais e populacionais mencionadas permitiram afirmar, na interpretação de Corte Real, que não se desenvolveu no Rio Grande do

[197] *Ibidem*, p. 15.

[198] O termo "popularesco", nesse contexto, ainda revela algumas curiosidades gramaticais que muito dialogam com as práticas sociais. O emprego do sufixo "-esco" tem a função de transformar um substantivo em adjetivo. Já um adjetivo tem a função de, geralmente, indicar qualidade ou condição a algo, no caso, à música popular. Ou seja, a música "popularesca" é a música própria dos populares, que, por sua vez, não é a música popular (no substantivo designando algo). Por outro lado, compreender a música folclórica como popular revela o objetivo de naturalizar sua aceitação e a relação desse tipo de música como algo característico da população, excluindo as camadas populares desse processo.

[199] Relembramos que Corte Real escreveu na década de 1970. O momento de maior afirmação do folclorismo foi durante as décadas de 1940 e 1950, quando pretendia constituir-se enquanto disciplina autônoma. Quando Corte Real elaborou seu livro, a história estava constituída enquanto disciplina autônoma, permitindo que o autor se refira ao folclorismo como algo de menor importância. Para aprofundar essa discussão, ver: RODRIGUES, Mara Cristina de Matos. *A institucionalização da formação superior em história:* o curso de Geografia e História da UPA/URGS — 1943 a 1950. 2002. Dissertação (Mestrado em História) – Programa de Pós-Graduação em História, Universidade Federal do Rio Grande do Sul, Porto Alegre, 2002; e NEDDEL, 1999.

Sul uma música propriamente brasileira, mas, sim, uma particularmente gaúcha, ou, dito veladamente por meio de seu raciocínio, uma música "gaúcha-europeia-erudita".

Podemos observar, no trabalho de Antônio Corte Real, uma versão alternativa àquela apresentada por Freitas e Castro sobre a formação de uma cultura musical no século XIX. A música religiosa, as bandas militares, a presença de teatros desde a primeira metade do século, além de uma breve menção ao canto popular, foram pontos omitidos por Corte Real, embora o diálogo entre os autores seja evidente. Esses mesmos espaços e formas musicais não contribuem para sustentar a ideia de que a música no Estado estaria estritamente ligada ao erudito e aos imigrantes europeus, notadamente alemães e italianos, não os colocando como protagonistas dessa cultura musical. A própria influência musical de Porto Alegre no século XIX também aponta caminhos opostos nessas interpretações: Ênio de Freitas e Castro destaca a relação de espelhamento com o Rio de Janeiro, já Antônio Corte Real atribui tal papel aos imigrantes europeus.

Para efetuar sua análise, Corte Real delineou o perfil das instituições que mais "[...] significativos serviços prestaram à coletividade sul-rio-grandense", além dos eventos de "ordem musical de maior vulto",[200] sempre relacionados à prática da música erudita. Esses incluem a fundação e atuação de diversas associações musicais surgidas a partir do final do século XIX (as mesmas destacadas nos trabalhos anteriores); a presença de orquestras de concertos e outras instituições vinculadas à difusão da música erudita, como a Banda Municipal e o Centro Musical Porto Alegrense; o ensino da música institucionalizado por meio de conservatórios; o teatro lírico praticado por amadores; e o bailado culto, além de um capítulo dedicado ao hino do Estado sulino (estes dois últimos capítulos foram agregados na segunda edição do livro). Estes são os locais da música que Corte Real utilizou para interpretar a cultura musical local. Embora o trabalho de Corte Real procure abordar a história da música no Rio Grande do Sul, sua análise está basicamente centrada na primeira metade do século XX, em instituições localizadas em Porto Alegre.[201] Em relação ao século XIX, há poucas informações, exceto pelas associações musicais surgidas em suas décadas finais, compostas de imigrantes europeus e vinculadas ao repertório erudito, e as considerações em torno do

[200] CORTE REAL, 1984, p. 15.

[201] Outras cidades gaúchas (Pelotas, Bagé e Rio Grande) são abordadas, quando aprofunda o ensino da música no Rio Grande do Sul, realizada por meio de Conservatórios e Institutos de Belas Artes.

Hino Oficial do Rio Grande do Sul, composto pelo Maestro Joaquim José Mendanha durante a Guerra dos Farrapos. Sobre este maestro, ainda precisamos tecer alguns comentários.

Para Antônio Corte Real, o Maestro Joaquim José Mendanha como o mentor da vida musical de Porto Alegre, destacando que ele cultivou e conquistou numerosas amizades na sociedade porto-alegrense. Segundo o autor, Mendanha era dotado de um coração bem-formado e demonstrava elegância nas suas relações sociais.[202] Corte Real sublinha que, durante as quatro décadas em que viveu no Rio Grande do Sul, o Maestro Mendanha "[...] exerceu a música como regente de pequenos conjuntos orquestrais, quer em festividades da igreja católica, quer em ocasiões festivas de caráter laical". Acrescenta ainda que o maestro foi Mestre de Capela da Catedral Metropolitana, fundou a Sociedade de Música de Porto Alegre em 1855, foi professor de música do Arsenal de Guerra e, em 1877, foi agraciado com a Comenda Imperial da Ordem da Rosa, "[...] honraria que lhe causou júbilo"[203].

A partir das considerações desses autores, o Maestro Mendanha parece ter sido uma figura de grande circulação. Athos Damasceno Ferreira destaca sua presença tanto entre a elite provincial quanto entre os imigrantes alemães, além de pontuar a participação de seus discípulos nos grupos de Ternos de Reis, que demonstravam uma forte identificação com a população negra. Retomando o grupo de discípulos desse maestro, Ênio de Freitas e Castro acrescenta que o maestro Mendanha, comparado em importância a Francisco Manoel da Silva, era um protetor da gente pobre e oferecia ensino gratuito. No entanto, para Corte Real, apesar do alargamento da atuação do Maestro Mendanha[204] ter ocorrido antes da publicação de seu livro em 1975, o autor se omite sobre seu envolvimento com os grupos populares. Afinal, como poderia o "mentor da vida musical de Porto Alegre" estabelecer relações e se tornar referência para esses grupos populares (como destacado por intelectuais negros no caso denominado "Jacobinismo Musical") em um estado que, segundo Corte Real, apresentava uma cultura musical predominantemente erudita e fortemente influenciada pelas contribuições dos imigrantes e seus descendentes, notadamente alemães e italianos? A compreensão do Maestro

[202] CORTE REAL, 1984, p. 312.

[203] *Ibidem*, p. 310-312.

[204] Relembramos que Ênio de Freitas e Castro pontuou a relação do Maestro Mendanha com a população pobre e que Athos Damasceno Ferreira vinculou sua participação em festejos populares, como os Ternos de Reis, que contavam com a participação da população negra.

Mendanha ("mentor da vida musical" de Porto Alegre no século XIX) como protetor "da gente pobre" não iria conflitar com as interpretações construídas por Corte Real sobre essa cultura musical?

Em suma, na principal obra de referência sobre a música do Rio Grande do Sul, publicada em 1975, são destacadas suas particularidades em relação ao Brasil, uma suposta ausência de música popular ligada aos grupos populares e a noção de que a maior contribuição à cultura musical local decorre das mesmas características da Banda Municipal de Porto Alegre, criada meio século antes. Ou seja, protagonizada por estrangeiros, brancos, tocando música erudita e destinada à "difusão da verdadeira cultura musical", que recebeu a denominação de música culta por Corte Real. Devemos enfatizar também que as considerações tecidas por Antônio Corte Real em 1975 sobre a tradição musical local remetem, de várias formas, às considerações de Jorge Salis Goulart em 1927. Embora quase meio século tenha decorrido e o contexto político e social tenha se modificado, as análises de ambos autores revelam uma continuidade nas percepções sobre a formação histórica e populacional do Rio Grande do Sul. Para Salis Goulart, que operava com pressupostos do racismo científico, é nítida e anunciada uma hierarquia racial que privilegia os descendentes dos imigrantes europeus (principalmente os "arianos"), enquanto as "raças ditas inferiores" são vistas como um entrave a ser superado. De maneira similar, embora Corte Real tenha filtrado o vocabulário racista, sua obra segue, em muitos aspectos, os passos de Goulart. A contribuição musical é atribuída predominantemente aos imigrantes europeus, com pouca ou nenhuma menção à música praticada por negros e indígenas. Além de realizar uma diferenciação baseada na origem étnica, Corte Real também demarca uma relação de classe ao privilegiar a música erudita associada aos grupos dominantes. Ambos os autores destacam particularidades do Rio Grande do Sul em relação ao Brasil, elegendo a participação e o protagonismo de determinados grupos étnicos de origem europeia em detrimento das populações de origem africana e indígena. Isso demonstra a disseminação e a permanência de uma identidade conservadora gaúcha construída desde o início do século.

Em um texto publicado logo após o de Antônio Corte Real, a historiadora e musicóloga Maria Elizabeth Lucas[205] questiona as interpretações sobre a cultura musical local, oferecendo contribuições significativas

205 LUCAS, Maria Elizabeth. Classe dominante e cultura musical no RS: do amadorismo à profissionalização. *In:* GONZAGA, Sergius; DACANAL, José Hildebrando (org.). *Rio Grande do Sul:* cultura e ideologia. Porto Alegre: Mercado Aberto, 1980.

para os objetivos deste trabalho. Em seu artigo de 1980, a autora analisa as associações musicais amadoras compostas de imigrantes europeus e o processo de profissionalização da música, com ênfase especial nos conservatórios de música, para problematizar a formação da cultura musical local.[206] Operando com os pressupostos do materialismo histórico e atentas às variáveis de cor e classe, a autora identifica que a prática e o consumo de música erudita estavam fortemente relacionados à cultura musical da classe dominante e de outros grupos associados a ela. Enfatizando as relações de dependência entre o centro e a periferia, destaca que a vinculação do Rio Grande do Sul, como área subordinada e dependente dos interesses econômicos do centro dinâmico, reflete também nas manifestações artísticas e intelectuais, resultando na importação e defesa de padrões culturais alheios à sua própria realidade. Nesse processo, a classe dominante atua como o elo de importação desses padrões e de sua difusão perante o restante da sociedade, uma vez que esse grupo, bem como outros que lhe são dependentes, detém os mecanismos de controle político-ideológico, efetivando sua afirmação. Para Maria Elizabeth Lucas, "[...] a relação classe dominante/música erudita não deve ser tomada como particularidade gaúcha, mas entendida dentro desta perspectiva de subordinação ao centro dinâmico da formação social brasileira (mas com situações específicas ao contexto sulino)".[207] Portanto, diferentemente de Corte Real, que fundamenta uma identidade regional marcada por particularismos em relação ao Brasil, tributária da imigração europeia, observamos que a cultura musical local apenas acompanha uma tendência encontrada no Centro do País no mesmo período.

A autora também demarca a presença e o protagonismo da música erudita em Porto Alegre, especialmente na virada do século XX, porém sob outra perspectiva. Maria Elizabeth Lucas evidencia que a introdução da erudição europeia no Rio Grande do Sul acompanhou um processo de ressignificação social da música e de seus músicos que visou desvincular a música de sua relação com grupos sociais populares e a população negra. Tomando como base o exercício amador e profissional da música erudita ao longo do século XIX e início do século XX, a autora identificou três períodos desse processo. Lucas alerta que esses momentos não devem ser tomados como etapas isoladas, mas sim como partes integrantes de um processo complexo, cujas características interpenetravam-se e relacionavam-se entre si. Os momentos identificados são:

206 Será aprofundada a argumentação de Maria Elizabeth Lucas no decorrer deste trabalho.

207 LUCAS, 1980, p. 150.

> O primeiro momento (da primeira metade do século XIX ao final da década de 1870) compreende uma fase na qual a música inexistia como atividade independente (estava associada ao culto religioso ou ao teatro), sendo profissão ligada às camadas inferiores da população. O que distingue nesta fase o profissional do amador é o fato de pertencerem a diferentes classes sociais. O segundo momento (décadas de 1880-1890) corresponde à expansão do amadorismo sob a forma de sociedades de concerto organizadas por e para elementos de classe dominante e setores médios urbanos, enquanto que os profissionais da fase anterior estão sendo substituídos por estrangeiros. O último (do final do século XIX ao início do século XX) refere-se à reavaliação que sofre a música como profissão a partir do contato com padrões importados, passando a ser exercida pela classe dominante-setores médios e incorporando, das etapas antecedentes, aspectos do amadorismo que possam distanciá-la de qualquer associação com o trabalho das camadas sociais inferiores.[208]

As interpretações de Maria Elizabeth Lucas são elucidativas sobre a introdução da música erudita no Rio Grande do Sul, e sua periodização nos permite visualizar esse processo por meio das variáveis de cor e classe. Sobre o primeiro período, destaca que o vasto calendário religioso da Igreja, com suas novenas, procissões e missas festivas, foi um dos espaços em que a música se fez indispensável para seu desenvolvimento. Lucas pontua que, durante o período colonial, escravizados e mulatos livres constituíam a maior parte dos conjuntos instrumentais nas atividades teatrais, religiosas e festivas em geral. Embora essa característica tendesse a diminuir ao longo do século XIX, o "mulatismo" na profissão não desapareceu, mantendo uma forte participação de músicos negros e mestiços, sejam escravizados ou livres. Por sua vez, no topo da pirâmide social, o músico amador, ou "diletante", dedicava-se ao estudo da música com o objetivo de exibir uma educação refinada, não passando de mero adorno o fato de praticá-la.[209]

---

208 LUCAS, 1980, p. 151.

209 "Quanto ao músico amador, fosse ele instrumentista, cantor ou compositor, invariavelmente pertencia a famílias de grandes comerciantes, estancieiros, profissionais liberais, funcionários burocráticos graduados, ou seja, era egresso da classe dominante ou de setores médios urbanos, sendo o amadorismo a forma de se dedicarem à música como 'enobrecimento do espírito', difundida pela classe dominante local (apesar de não ser criação sua e sim importação do romantismo europeu), agia no sentido de distinguir a sua atuação frente ao músico profissional e de atribuir *status* aos seus cultivadores. Isto, porém, não quer dizer que o amadorismo seja condenável do ponto de vista musical, mas a sua associação à determinada classe é que desvirtua o seu significado ao reduzir a música a mero ornamento". Ver: LUCAS, 1980, p. 155.

Sobre o segundo período, Maria Elizabeth Lucas compreende que a intensificação da prática musical amadorística está associada à "ampliação dos grupos sociais capazes de sustentar materialmente este tipo de atividade e deve ser entendida como resultante da diferenciação econômico-social que o Rio Grande do Sul sofre a partir da segunda metade do século XIX".[210] Em relação às atividades artísticas, a autora destaca que "do ponto de vista musical, esta situação visualiza-se na persistência da concepção da música como atividade 'diletante' e/ou nas soluções encontradas para 'dignificar' a profissão e livrá-la de qualquer associação com trabalhador servil".[211] Conforme a autora:

> Face ao acima apontado, deve-se notar que a música praticada por profissionais como elemento de sustentação do culto religioso ou de funções teatrais vai cedendo lugar aos concertos organizados por amadores, destinados a um público interessado em consumir música de maneira mais independente, ainda que o objetivo principal fosse muito mais o 'acontecimento social' que significava um concerto, do que o repertorio a ser executado. Junto a esta mudança, constata-se também que os antigos profissionais negros e mulatos estão desaparecendo, despontando em seu lugar elementos vindo de fora, que será o esteio de todo o movimento amadorístico na capital e interior (conforme mostrará mais adiante, os italianos atuam como professores e instrumentistas profissionais; os alemães dedicam-se mais ao amadorismo).[212]

Para Maria Elizabeth Lucas, a criação de escolas formais de música, por meio dos conservatórios e instituições similares, retirou do amadorismo sua concepção "ornamental" em relação à música e assegurou, por meio do diploma, a legitimação social da profissão.[213] Esse processo concluiu a redefinição social da música, desvinculando-a de setores das

[210] LUCAS, 1980, p. 156. Entre os pontos que propiciaram esse desenvolvimento material, a autora destaca a dinamização da Cidade de Porto Alegre nas décadas de 1960 e 1970, como entreposto comercial responsável pelo escoamento da produção agrícola dos excedentes da região colonial, acentuando seu comércio (exportação e importação), o desenvolvimento de setores médios, bem como a ampliação do setor de serviços, das funções burocráticas, dos profissionais liberais, dos bancos. Aliado a esse processo, inseriu-se o aumento populacional por meio das migrações e dos imigrantes europeus, em que, nesse momento, passaram a figurar os italianos. Também, diante destas transformações, ocorre uma renovação da classe dominante imbuída de um cunho modernizador que culminam com o fortalecimento do republicanismo, o questionamento da escravidão, a constituição de novos partidos políticos, entre outros fatores.

[211] LUCAS, 1980, p. 157.

[212] *Ibidem*, p. 158.

[213] *Ibidem*, p. 167.

camadas pobres e da população negra. Na interpretação de Lucas, as instituições que promoveram esse deslocamento — como as sociedades de concerto amadoras e o Conservatório de Música — são justamente as mesmas destacadas nas obras de referência que avaliam a cultura musical local como predominantemente erudita. Essas instituições ressaltavam o protagonismo dos imigrantes europeus, ao passo que invisibilizavam ou folclorizavam a participação da comunidade negra nesse cenário cultural.

Resultante da ressignificação social pela qual passou a música na virada do século XX, esse processo de exclusão perpetuado no calor das discussões sobre a abolição da escravatura foi também mantido durante a Primeira República. Uma amostra dessa perspectiva está localizada na própria Banda Municipal de Porto Alegre, analisada anteriormente. Sua criação mostra um processo semelhante ao descrito por Lucas: o protagonismo de músicos estrangeiros e a preocupação com a definição da erudição europeia como verdadeira cultura musical, contando com o incentivo do poder público e de grupos privilegiados. Junto à efetivação dessa iniciativa, e também como consequência, foi denunciado uma política de exclusão dos músicos "de cor", que foram afastados e impedidos de pertencer à referida banda, revelando a seleção étnica dos instrumentistas que participaram desse pretenso processo civilizacional, privilegiando os músicos estrangeiros.

* * *

Neste capítulo, buscamos problematizar algumas das discussões e disputas em torno do cenário musical de Porto Alegre nas primeiras décadas do século XX, evidenciando a racialização dessa perspectiva cultural da música. A criação da Banda Municipal de Porto Alegre (1925) serve como nossa porta de entrada para compreender um projeto político, liderado pelo poder público, que visava estabelecer uma identidade social e cultural branca e europeia. Isso se reflete nas justificativas, nos objetivos e nas características internas da banda — predominantemente composta de músicos italianos e dedicada à difusão da música erudita. Essa iniciativa está intimamente ligada à construção e consolidação de uma identidade regional branca e europeia, baseada em teorias raciais consideradas científicas na época, que naturalizavam a hierarquização e a desigualdade social. Em outras palavras, esta Banda Municipal de 1925 era digna de portar o nome da cidade com toda pompa e incentivo da "elite intelectual". A (re)criação da Banda Municipal de Porto Alegre também visava invisibilizar a participação da população negra e suas tradições no cenário cultural local. Concebida e executada como uma iniciativa de utilidade pública, a recriação da Banda Municipal substituiu o conjunto musical vinculado à Escola Hilário Ribeiro, composto majoritariamente por crianças pobres e com fortes laços com diversas instituições negras. Paralelamente, músicos negros foram afastados e impedidos de integrar a Banda de 1925, que se pretendia branca e europeia. Essa política de exclusão, evidentemente, não ocorreu sem conflitos. A reação de lideranças negras, expressa por meio do jornal *O Exemplo*, frente ao processo denominado como Jacobinismo Musical, revela uma atuação política significativa nas discussões sobre a identidade social e cultural local.

Diante de muitas histórias da Banda Municipal naquele período, ficou claro que as disputas em torno da cultura musical local estavam profundamente entrelaçadas com a questão étnico-racial. Emergiu uma divisão entre uma cultura erudita ou civilizada associada aos brancos e uma cultura popular ou rústica vinculada aos negros. Essa perspectiva refletia uma faceta do projeto ideológico de branqueamento social e cultural. Em outras palavras, o retrato oferecido pela Banda Municipal de 1925, amplamente disseminado pela bibliografia tradicional, não corresponde à realidade. Trata-se de uma construção social resultante de um processo político historicamente definido, que busca legitimação pelos poderes públicos e pela elite intelectual, enquanto é contestada por representantes da comunidade negra por meio de seus veículos de comunicação e interlocução. A música via-se inserida em grande campo de disputas.

Embora as obras de referência sobre a cultura musical de Porto Alegre e do Rio Grande do Sul, de forma geral, tendam a reafirmar os objetivos da criação da Banda Municipal, que destacam uma identidade social e cultural branca, erudita e europeia, Maria Elizabeth Lucas revelou que essa herança cultural corresponde a uma redefinição social da música em curso desde o final do século XIX. A inserção da erudição, legitimada pela formalização do ensino e o processo de profissionalização, resultou na exclusão de músicos negros. Por outro lado, os próprios acontecimentos relacionados à Banda Municipal na década de 1920, como as escusas motivações de sua criação com tanto investimento público e a presença de músicos negros nos seus quadros (uns afastados e outros impedidos de entrar), permite avaliar que a população negra não foi marcadamente excluída deste cenário musical. Ao mesmo tempo, indica que sua participação era um tanto heterogênea, não reservada apenas aos espaços e formas culturais identificadas como populares. Pois bem, se esta música branca, europeia e erudita com pretensão civilizatória é uma construção social em curso desde o final do século XIX e reafirmada na década de 1920 enquanto política pública, sobre quais elementos políticos e culturais ela repousa e procura suplantar?

2

CULTURA MUSICAL E ASSOCIATIVISMO NEGRO

No primeiro capítulo, procuramos compreender como a cultura musical local estava sendo disputada na década de 1920 a partir da Banda Municipal de Porto Alegre, envolvendo sua criação (1912), recriação (1925) e o afastamento de músicos negros de seus quadros no caso denominado "Jacobinismo Musical" (1928). As concepções que fundamentaram a (re) criação dessa Banda, opondo uma "verdadeira cultura musical" (erudita, civilizada, sofisticada e europeia) a uma "falsa cultura" (popular, rústica e negra), atenderam a uma construção social orientada por um processo político historicamente definido. Vinculado a uma concepção de raça calcada em teorias "científicas", que naturalizavam a hierarquização e as desigualdades sociais, o campo musical revelou-se um terreno fértil para a demarcação da distinção por meio de uma racialização da cultura. Afinal, havia uma "verdadeira cultura musical", e ela era civilizada, sofisticada e europeia. Nesses termos, a Banda Municipal de 1925, que se propunha a praticá-la, precisava ser formada, em grande parte, por músicos europeus, ao passo que era vetada a participação de músicos negros. A (re) criação desse conjunto correspondeu a um esforço ideológico voltado ao branqueamento social e cultural, deslegitimando outras formas musicais que não fossem essas.

Este projeto político e ideológico no campo musical não estava em curso por acaso. A Banda Municipal de 1925 visava atuar em um cenário social e cultural multifacetado, ocupando, simbólica e materialmente, um lugar de destaque. Os investimentos exorbitantes que permearam sua criação e, consequentemente, as dificuldades para sua manutenção revelam a necessidade do poder público e da elite letrada de intervir incisivamente nessa cena musical, tentando ordená-la. Em contrapartida, no momento da recriação da Banda Municipal, temos uma cultura e tradição musical negra que fornece a base tanto para que os organizadores do conjunto de 1925 fundamentassem as justificativas de sua criação (no caso, oposta a uma cultura civilizada, sofisticada e europeia, que pretendiam levar a cabo), quanto para os redatores do jornal *O Exemplo*, que, ao denunciarem a exclusão de músicos negros e questionarem o estrangeirismo presente na referida Banda Municipal, reivindicavam uma tradição musical assentada localmente, a partir de suas experiências sociais.

Para contrapor o cenário cultural construído pelo poder público e pela elite letrada, representado materialmente pela Banda Municipal de 1925, é necessário que compreendamos o que era essa cultura musical negra no período em questão. Afinal, qual era o lugar social dessa cultura musical? Qual era sua importância na relação entre o erudito e o popular, entre brancos e negros, inclusão e exclusão? Que usos eram feitos da música e quais eram suas implicações políticas? De que maneira as experiências sociais e culturais da população negra dialogavam com as disputas em torno da Banda Municipal de Porto Alegre? Diante desse objetivo, o presente capítulo busca historicizar e repensar esse quadro com maior detalhamento, partindo da própria experiência da comunidade negra. Analisar sua presença e atuação nos permite tanto problematizar as justificativas que motivaram a criação da Banda Municipal quanto acompanhar a cultura musical negra associada às discussões sobre direitos de cidadania, estratégias de mobilidade social e formas de combate ao preconceito e à discriminação étnico-racial. Para isso, é necessário analisarmos essa atuação social a partir de alguns locais específicos de elaboração e manifestação dessa cultura musical negra.

A relação da comunidade negra com a atividade musical ganha maior visibilidade na bibliografia local a partir de estudos que analisam a década de 1930, focados em regiões urbanas caracterizadas por uma composição majoritariamente negra, como os territórios negros. Nesses locais, destaca-se a vinculação com gêneros populares, principalmente por meio do Carnaval de rua, com seus blocos e cordões, e também pela presença do compositor popular de maior renome em Porto Alegre, o sambista Lupicínio Rodrigues, que nasceu em um desses espaços urbanos, a Ilhota. Ao mesmo tempo, a bibliografia também aponta para a participação de africanos e seus descendentes ao longo do século XIX em festejos populares, por meio de festas religiosas, entrudos, Carnavais e Ternos de Reis. Embora o período da Primeira República ainda não tenha recebido a devida atenção pela historiografia local, podemos, sem muito esforço, visualizar nessa tradição cultural negra uma conexão entre as formas populares do século XIX e as identificadas a partir da década de 1930. Em outras palavras, essa cultura musical apresenta uma continuidade em suas formas de expressão e visibilização na cidade, sendo os festejos a principal forma de manifestação dessa música e cultura. Contudo, os festejos populares representam apenas uma parte da cultura musical da comunidade negra, sendo a mais conhecida e visível, mas não sua totalidade. Esses festejos têm momentos específicos de manifestação, então o que ocorre durante o restante do ano? Que outras experiências compõem essa cultura musical e quais são suas implicações políticas?

Em Porto Alegre, no período da Primeira República, a noção de música erudita e popular transitava por um terreno movediço, apresentando disputas e tentativas variadas de legitimação. Por um lado, acompanhar esses festejos populares protagonizados pela comunidade negra poderia reforçar a caracterização que justificou a criação da Banda Municipal de 1925, visto que a rua era, por definição, o espaço privilegiado de uma música de cunho mais popular. Por outro lado, as disputas em torno da Banda Municipal de Porto Alegre nos mostram que, na Primeira República, a oposição ao popular estava mais relacionada ao pertencimento étnico do que às formas musicais. Afinal, músicos negros eram afastados e impedidos de ingressar na Banda de 1925, que se pretendia erudita e italiana. Essa própria Banda Municipal justificou sua existência em oposição à sua versão anterior, que também ensinava e difundia temas de música erudita, mas era formada por setores populares, incluindo diversos músicos negros. Além dos projetos políticos e das interpretações da "elite letrada", havia práticas sociais heterogêneas protagonizadas por indivíduos e grupos sociais que tensionavam a racialização dessa perspectiva cultural, como bem fizeram os redatores do jornal *O Exemplo* no caso do "Jacobinismo Musical".

Os próprios festejos populares, como os Ternos de Reis e o Carnaval, fornecem elementos para que possamos propor outra perspectiva para analisar essa cultura musical negra. Seus foliões podiam ser anônimos (ainda mais se estivessem mascarados), mas os protagonistas desses festejos, ou seja, aqueles que os organizavam e os desempenhavam, não o eram. Praticamente todos os cordões e blocos carnavalescos, assim como os grupos de Ternos de Reis, eram efetivados por clubes sociais com uma organização civil. Nesse cenário cultural, os clubes sociais desempenham um papel singular, promovendo a maior parte dos eventos que ocorriam tanto em suas sedes quanto no espaço público, já que muitos desses clubes incluíam em sua agenda social a participação nos festejos populares. Outros clubes eram dedicados exclusivamente a essas exibições públicas, mas seus músicos e demais integrantes também participavam de outras instituições civis. Essa dupla atuação indica que essas atividades musicais estavam vinculadas a grupos específicos (associados e convidados dessas entidades sociais) e, ao mesmo tempo, promoviam uma interação ampliada com a cidade quando se manifestavam nas ruas, principalmente por meio dos folguedos populares, promovendo a interseção entre música e a população de forma mais ampla.

Esses músicos estavam inseridos em uma ampla rede de associações civis da comunidade negra, atuando ao longo de todo o ano. Isso nos permite acompanhar essa cultura musical para além dos meses de realização dos folguedos tradicionais e, ao mesmo tempo, a partir da experiência dessa comunidade negra por meio de suas instituições. Embora a bibliografia local analise a cultura musical da população negra principalmente em termos dos festejos populares, nossa porta de entrada para essa análise será a partir de algumas associações civis. Qual era o significado de trabalhar com esse grande número de associações negras? Foram elas uma resposta a uma sociedade segregada pela cor e pela experiência da escravidão, ou uma forma de resistência? De que maneira elas nos ajudam a perceber a politização dessa vida cultural?

Diversos estudos têm mostrado como esses espaços foram utilizados como formas alternativas de congregação da população negra e como se relacionaram com as demandas sociais e políticas decorrentes das transformações nas relações de trabalho e do advento da República.[214] Uma das principais fontes documentais para acompanhar essa vida social, política e cultural nas associações civis da comunidade negra são os jornais da deno-

[214] Sobre os clubes negros ver: MÜLLER, Liane Susan. *As contas do meu rosário são balas de artilharia:* Irmandade, jornal e associações negras em Porto Alegre. 1889 – 1920. Dissertação (Mestrado em História) –PUCRS, Porto Alegre, 1999. SILVA, Fernanda. Oliveira. *Os negros, a constituição de espaços para os seus e o entrelaçamento desses espaços:* associações e identidades negras em Pelotas (1820-1943). 2011. Dissertação (Mestrado em História) – Faculdade de Filosofia e Ciências Humanas, Pontifícia Universidade Católica do Rio Grande do Sul, Porto Alegre, 2011. LONER, Beatriz. *Construção de classe:* operários de Pelotas e Rio Grande (1888-1930). Pelotas: EdUFPEL, 2001. LONER, Beatriz. Negros: organização e luta em Pelotas. *História em Revista,* v. 5, dezembro 1999. ESCOBAR, Giane Vargas. *Clubes Sociais Negros:* lugares de memória, resistência negra, patrimônio e potencial. Dissertação (Mestrado em Patrimônio Cultural) – Universidade Federal de Santa Maria, Santa Maria, 2010. GOMES, Arilson dos Santos. *A formação de oásis*: dos movimentos frente negrinos ao I Congresso Nacional do Negro em Porto Alegre – RS (1931-1958). 2008. Dissertação (Mestrado em História) – Pontifícia Universidade Católica do Rio Grande do Sul, Porto Alegre, 2008. DOMINGUES, Petrônio. *Uma história não contada. Negro, racismo e branqueamento em São Paulo no pós abolição.* São Paulo: Senac, 2004.

minada imprensa negra.[215] A análise desses jornais por cientistas sociais e historiadores não é recente. Alguns intelectuais vinculados à Escola Paulista de Sociologia, nas décadas de 1950, utilizaram esses jornais para contrapor a ideologia da democracia racial elaborada na década de 1930[216] e denunciar o preconceito, a discriminação racial e a exclusão dos negros da sociedade de classes. O estudo mais conhecido é o de Roger Bastide, que analisou os jornais negros de São Paulo.[217] Também inserido nesse projeto, o trabalho de Fernando Henrique Cardoso sobre as relações raciais no Rio Grande do Sul[218] consultou o jornal *O Exemplo* para entender as formas de inserção dos ex-escravizados na sociedade de classes, acompanhando as interpretações desenvolvidas por Bastide. Esses dois estudos criaram uma interpretação ainda vigente sobre as formas de mobilidade social dos negros no período pós-abolição, que, consequentemente, repercute nas interpretações sobre as construções de identidades étnicas. Fernando Henrique Cardoso destacou que era possível distinguir "dois tipos básicos e polares de ajustamento dos negros à nova ordem de classes". No primeiro caso, havia a aceitação do "ideal de branqueamento" como forma de mobilidade social, pautada na assimilação de práticas e valores da sociedade branca e burguesa, o que gerava um afastamento e uma hierarquização com os setores mais pobres da comunidade negra. Já a segunda alternativa era uma reação crítica à alienação e espoliação social, que Cardoso denominou como uma tentativa de formação de uma "ideologia da negritude".[219]

Essa interpretação repercutiu significativamente sobre os significados atribuídos às diferentes formas organizativas da comunidade negra, principalmente os clubes e jornais, no período pós-abolição. Parece haver duas formas opostas de mobilidade social e de luta contra o preconceito. Por um lado, alcançava-se relativa mobilidade social ao incorporar valores

---

215 Sobre os jornais da imprensa negra, ver: MÜLLER, 1999. SANTOS, José Antônio dos. *Raiou A Alvorada*: intelectuais negros e imprensa, Pelotas (1907-1957). Pelotas: Ed. Universitária, 2003. SANTOS, José Antônio dos. *Prisioneiros da História. Trajetórias intelectuais na imprensa negra meridional.* 2011. Tese (Doutorado em História) – Pontifícia Universidade Católica do Rio Grande do Sul, Porto Alegre, 2011. XAVIER, Regina Célia Lima. Raça, classe e cor: debates em torno da construção de identidades no Rio Grande do Sul no pos-abolicão. *In:* XAVIER, Regina Célia Lima (org.). *Cruzando Fronteiras*: novos olhares sobre a história do trabalho. São Paulo: Fundação Perseu Abramo, 2013. PINTO, Ana Flávia Magalhães. *Imprensa negra no Brasil do século XIX.* São Paulo: Selo Negro, 2010. GOMES, Flávio. *Negros e política (1888-1937).* Rio de Janeiro: Jorge Zahar, 2005.

216 Para retomar estas discussões, ver *Introdução.*

217 BASTIDE, Roger. A imprensa negra do estado de São Paulo. *Boletim de Sociologia,* São Paulo, v. CXXI, n. 2, p. 50-78, 1951.

218 CARDOSO, Fernando Henrique. *Capitalismo e Escravidão no Brasil Meridional*: O Negro na Sociedade Escravocrata do Rio Grande do Sul. 4. ed. São Paulo: Ed. Paz e Terra, 1997.

219 *Ibidem*, p. 278, 279.

e condutas da sociedade burguesa e branca, o que implicava a desconstrução de uma identidade étnica. Por outro, era possível lutar contra a discriminação e o preconceito opondo-se à sociedade branca, reforçando uma identidade étnica, mas sem grandes avanços na mobilidade social.

Nossos dados nos permitem dialogar com essas suposições. Para isso, voltamos nossa atenção às bandas de música e clubes sociais da comunidade negra que estabeleceram relações de proximidade com a Banda Municipal de Porto Alegre, criada em 1912, compondo parte da atuação social e da vivência do antigo conjunto musical que levava o nome da cidade. Lembramos que essa banda, sob a regência dos maestros Honorato Rosa e André Avelino Rodrigues, associou-se aos festivais artísticos promovidos pela Sociedade Floresta Aurora, participou de eventos ao lado da banda Lyra Oriental (que, por sua vez, também se apresentou na comemoração do terceiro aniversário da Escola Hilário Ribeiro) e, todas elas, estiveram presentes nas cerimônias fúnebres em homenagem ao seu contramestre André Avelino. Assim, identificamos duas bandas musicais da comunidade negra atuantes no cenário cultural de Porto Alegre, entre o final do século XIX e as primeiras décadas do século XX, que estabeleceram relações de proximidade com a antiga Banda Municipal. Ao acompanhar esses dois conjuntos, não apenas nos aproximamos de uma parte da atuação da antiga banda que levava o nome de Porto Alegre, mas, principalmente, de alguns espaços e discussões que permeavam essa cultura musical protagonizada pela comunidade negra.

2.1 Entre bandas de música e grupos de teatro

A Sociedade Floresta Aurora, conforme Liane Muller, foi formada por um grupo de indivíduos que pertenciam à Irmandade do Rosário e que, ao longo do tempo, constituíram formas organizativas de caráter civil que eram autônomas à própria Irmandade.[220] Essa associação foi o primeiro clube civil formado por negros em Porto Alegre, surgida em 1872 como Sociedade Musical. Ao longo dos anos, a Floresta Aurora expandiu-se em diversas ramificações para atender a múltiplas finalidades: tornou-se uma sociedade dançante e beneficente, agregou um centro dramático, um centro de "moças" e criou o Recreio Floresta Aurora, destinado a atividades de lazer. Além disso, em 1898, fundou a Sociedade Musical

[220] MULLER, 1999.

Lyra Florestina, sua segunda banda de música.[221] Para nossos objetivos, é importante destacar alguns pontos: a Sociedade Floresta Aurora nasceu como uma entidade musical; a Irmandade do Rosário teve influência em sua fundação, uma vez que seus fundadores eram membros dessa instituição religiosa; apesar das diversas ramificações, o núcleo principal manteve o nome Floresta Aurora, e, ao longo de sua história, a sociedade apresentou mais de uma banda, sendo a principal conhecida como Banda da Floresta Aurora, e a outra, a Lyra Florestina. Por outro lado, a Sociedade Musical Lyra Oriental, fundada em 1907, foi outra banda formada por músicos negros. Segundo noticiado pelo jornal *A Federação*[222], ela era composta por operários do Arsenal de Guerra e tinha sua sede no Areal da Baronesa.[223] Diferentemente da Floresta Aurora, a Lyra Oriental manteve suas atividades concentradas exclusivamente em sua banda de música, sem desenvolver outras ramificações, embora outros clubes tenham-se formado para homenageá-la.

Apesar de ambas as bandas serem compostas de negros, suas origens institucionais não estavam necessariamente vinculadas a critérios étnicos. A Banda da Floresta Aurora tem suas raízes na Irmandade do Rosário, e a Lyra Oriental surgiu no Arsenal de Guerra. No caso da Irmandade do Rosário de Porto Alegre, diferentemente de outras partes do Brasil, ela não apresentava a denominação "Irmandade do Rosário dos Homens Pretos" e, embora congregasse grande número de africanos e seus descendentes no século XIX, sua composição era mista.[224] Já o Arsenal de Guerra era uma escola de formação militar e profissional, composta em sua maioria dos setores mais pobres da população.[225] Sobre os locais de surgimento dessas duas bandas destacamos que eram de composição mista. Por outro lado, a partir desses mesmos espaços se originaram associações civis negra que adotavam um critério de agregação a partir de suas experiências raciais.

[221] A Sociedade Musical Lyra Florestina desenvolvia diversas atividades para os associados e convidados da Floresta Aurora efetivados em sua sede social. Sabemos que, durante a primeira década do século XX, essa ramificação realizava encontros mensais, que se alternavam entre bailes, saraus dançantes, concursos de danças e bailes de gala para datas comemorativas. Por vezes, essa ramificação era descrita no jornal *O Exemplo* como "sociedade recreativa". Ver: *O Exemplo,* Porto Alegre, 5 set. 1909, p. 2; *O Exemplo,* Porto Alegre, 30 jul. 1916, p. 3.

[222] *A Federação,* Porto Alegre, 11 set. 1907, p. 2.

[223] Lembramos que, nessa mesma região urbana, estava localizado o Orfanatrófio Pão dos Pobres, público para o qual estavam destinadas as aulas da Escola de Música Octávio Rocha, vinculada ao projeto da Banda Municipal de 1925.

[224] Ver: MULLER, 1999.

[225] A Irmandade do Rosário e o Arsenal de Guerra serão analisados mais profundamente no Capítulo 3.

Imagem 7 – Banda Lyra Oriental

O popular conjunto musical "Lyra Oriental", de Porto Alegre, que abrilhantou a festa de anniversario do "Correio do Povo", dessa cidade.

Fonte: *O Malho,* Rio de Janeiro, 21 nov. 1935, p. 8

Essas sociedades musicais, além disso, dispunham de suas próprias sedes sociais. A Lyra Oriental, como mencionado, situava-se no Areal da Baronesa. A Floresta Aurora teve diferentes endereços entre o final do século XIX e o início do XX[226], e algumas de suas ramificações, como a Lyra Florestina, também possuíam sedes próprias.[227] Essas entidades também tinham em comum uma organização interna regulada por estatutos, com diretorias eleitas anualmente e que apresentavam poucas alterações. Para melhor visualização, expomos, na Tabela 1, a composição das diretorias eleitas da Banda da Floresta Aurora[228] e da

[226] Liane Muller informa que, no final do século XIX, essa sociedade teve sua sede social localizada próximo ao atual bairro Bom Fim, na esquina entre a rua Floresta (atual, Cristovam Colombo) e rua Aurora (atual, Barros Cassal). Ao longo de nossa amostragem, principalmente nas primeiras década do século XX, a sede da Floresta Aurora situava-se na rua Lima e Silva, localizada na Cidade Baixa, região contínua ao Centro da cidade e paralela ao Areal da Baronesa. Ver: *O Exemplo,* Porto Alegre, 3 fev. 1918, p. 2; *O Exemplo,* Porto Alegre, 31 ago. 1924, p. 3.

[227] Sua sede localizava-se no morro do Menino Deus. *O Exemplo,* Porto Alegre, 5 fev. 1911, p. 2.

[228] *O Exemplo,* Porto Alegre, 7 ago. 1910, p. 2.

Sociedade Musical Lyra Oriental[229] em 1910 e a da Sociedade Musical Lyra Florestina em 1917[230].

Tabela 1 – Número de componentes das diretorias da Banda da Floresta Aurora, da Sociedade Musical Lyra Oriental e da Sociedade Musical Lyra Florentina

CARGOS	BANDA FLORESTA AURORA (1910)	SOC. MUSICAL LYRA FLORESTINA (1910)	SOC. MUSICAL LYRA ORIENTAL (1917)
Presidente (Diretor)	1	1	1
Vice-Presidente (Vice-Diretor)	1	1	1
1º Secretário	1	1	1
2º Secretário	-	1	1
Tesoureiro	1	1	1
Procurador	1	1	1
Fiscais	6	-	3
Porta-Estandarte	-	1	-
Porta-Estandarte Honorário	-	1	-
Orador	-	-	1
Diretor da Banda	-	-	1
Vice-Diretor da Banda	-	-	1
Arquivista	-	-	1
TOTAL DE INTEGRANTES	11	8	13

Fonte: *O Exemplo,* Porto Alegre, 7 ago. 1910, p. 2; 18 set. 1910, p. 2; 29 abr. 1917, p. 2

A presença desses cargos, sujeitos a mudanças anuais, revela uma organização um pouco diferente do que costumamos observar em bandas de música. Essas entidades musicais demonstram uma estrutura interna cuidadosa, típica das associações civis, evidenciando uma preocupação com a continuidade de suas atividades. Esses cargos administrativos e musicais garantiam o funcionamento adequado, e o fato de as diretorias

[229] *O Exemplo,* Porto Alegre, 18 set. 1910, p. 2.

[230] *O Exemplo,* Porto Alegre, 29 abr. 1917, p. 2.

serem eleitas anualmente reflete o compromisso com a perenidade da entidade musical. Ao estabelecer regras e atribuições claras para a ocupação e o exercício dos cargos, o objetivo era garantir que a banda seguisse funcionando, independentemente de quem estivesse à frente. O foco dessas organizações não era apenas nos indivíduos, mas na sobrevivência da própria banda. Mesmo que algum músico saísse ou formasse outro grupo, essas bandas continuariam atuando, independentemente de quem ocupasse a Diretoria. Entre as diferenças de cargos, destacamos a presença do porta-estandarte na Sociedade Musical Lyra Florestina, sinalizando uma preocupação com a elaboração e a visibilização dos símbolos de sua institucionalidade; uma criteriosa Comissão de Fiscalização na Banda da Floresta Aurora (com seis integrantes); e, na Lyra Oriental, uma organização musical com diretor, vice-diretor e arquivista, além do cargo de orador, que reforça o posicionamento oficial da banda.

Essas bandas musicais desenvolviam várias atividades em conjunto e estabeleciam fortes laços de proximidade, sendo conhecidas na época como bandas coirmãs. Essas relações incluíam tanto os locais de origem das bandas quanto diversos eventos promovidos, especialmente nas comemorações de seus aniversários, que frequentemente envolviam participação conjunta.[231] No entanto, o principal meio de aproximação entre as bandas era a circulação de seus integrantes entre elas. A estrutura interna dessas entidades, organizada com cargos eleitos, facilitava a movimentação de músicos entre as diferentes bandas.[232] Não há dúvidas de que, nos eventos sociais realizados em suas sedes, essas bandas atraíam um público considerável que apreciava suas apresentações musicais. O jornal *O Exemplo* inclusive noticiou a formação de outros clubes sociais

---

[231] Por exemplo, na comemoração do aniversário da Lyra Oriental de 1910, a Lyra Florestina se fez presente nas homenagens. (*O Exemplo,* Porto Alegre, 18 set. 1910, p. 2). No ano seguinte, na comemoração do 13º aniversário da Lyra Florestina, a banda Lyra Oriental esteve presente, tocando o hino da sociedade aniversariante (*O Exemplo,* Porto Alegre, 5 fev., 1911, p. 2).

[232] Por exemplo, o Músico João José Dias foi Tesoureiro da Lyra Oriental em 1910 (*O Exemplo,* Porto Alegre, 18 set. 1910, p. 2) e ocupou a mesma função na Lyra Florestina, em 1917 (*O Exemplo,* Porto Alegre, 4 fev. 1917, p. 2). Já o Maestro José André Gonçalves, que foi o Diretor da banda de música da Lyra Oriental nos anos de 1909 e 1910 (*O Exemplo,* Porto Alegre, 5 set. 1909, p. 2; *O Exemplo,* Porto Alegre, 18 set. 1910, p. 2), regendo em todas as atividades localizadas ao longo dos anos de 1910 e 1920, também era o Presidente Honorário da Sociedade Musical Lyra Florestina em 1917 (*O Exemplo,* Porto Alegre, 7 jan. 1917, p. 2). Por sua vez, o Músico Leopoldino Ribeiro Álvares era o orador da Lyra Oriental em 1910 (*O Exemplo,* Porto Alegre, 18 set. 1910, p. 2) e foi Vice-Presidente da Lyra Florestina em 1917 (*O Exemplo,* Porto Alegre, 4 fev. 1917, p. 2), visto que ele era muito próximo de José André Gonçalves, uma vez que era o padrinho de sua filha (*O Exemplo,* Porto Alegre, 11 fev. 1917, p. 3).

que prestavam homenagens a essas bandas.[233] Esses conjuntos musicais tinham como público principal os participantes desses clubes sociais, que, por sua vez, proporcionavam visibilidade às bandas dentro da comunidade negra. A importância disso se dá porque, ao participar de eventos que reuniam parte dessa comunidade, as bandas ajudavam a estreitar os laços de proximidade e a reforçar o sentimento de pertencimento, ao mesmo tempo que destacavam sua presença na vida social local.

As bandas de música da Floresta Aurora e da Lyra Oriental também participaram das atividades promovidas por outros clubes sociais negros. Nessa circulação, mantinham uma relação de reciprocidade: enquanto as bandas eram relativamente populares e acrescentavam prestígio aos clubes onde se apresentavam, esses clubes facilitavam o trânsito das bandas, ajudando a expandir suas atividades e aumentar sua visibilidade na comunidade negra.

Por exemplo, a Banda da Floresta Aurora participou de eventos organizados pelo Grêmio 7 de Dezembro[234], que promovia atividades culturais, como espetáculos teatrais. Em 1909, o Grêmio apresentou um "comovente drama" intitulado "A Filha do Estaleiro", e a Banda da Floresta Aurora iniciou as atividades com diversas peças de seu repertório.[235] Já em 1910, a Banda da Floresta Aurora esteve presente em um festival promovido pelo Grêmio Dramático José do Patrocínio, grupo teatral, na sede da Sociedade Floresta Aurora, apresentando números musicais entre as récitas.[236] Da mesma forma, a banda Lyra Oriental participou de um "suntuoso baile" em comemoração ao aniversário da Sociedade Floresta Aurora, realizado em 1919, que na época era descrito como recreativo e instrutivo.[237] Já em 1921, a Lyra Oriental participou de uma festa organizada novamente na sede da Sociedade Floresta Aurora, desta vez pelo Centro Cívico José do Patrocínio.[238] O fato de essas bandas atuarem em conjunto com outros

[233] Em 1910, diversas senhoritas fundaram uma sociedade dançante, denominada Recreio Lyra Oriental, em homenagem à entidade musical. (*O Exemplo,* Porto Alegre, 08 abr. 1910, p. 2; *O Exemplo,* Porto Alegre, 1º maio 1910, p. 2). Já em 1917, "senhorinhas que frequentam as apreciadas diversões" da Sociedade Musical Lyra Florestina fundaram o Centro Lyra Florestina, por vezes, descrita também como Legião Florestinense. Para sua festa inaugural, foi realizado um baile de gala nos salões da Sociedade Floresta Aurora (*O Exemplo,* Porto Alegre, 12 ago. 1917, p. 2).

[234] O Grêmio 7 de Dezembro foi outro clube social negro presente nas páginas do jornal *O Exemplo.* Ele também apresentava outra ramificação, cuja diretoria era composta por mulheres, denominada Central 7 de Dezembro. Ver: *O Exemplo,* Porto Alegre, 11 jul. 1909, p. 2 e 25 jul. 1909, p. 1.

[235] *O Exemplo,* Porto Alegre, 11 jul. 1909, p. 2.

[236] *O Exemplo,* Porto Alegre, 24 abr. 1910, p. 2.

[237] *O Exemplo,* Porto Alegre, 9 nov. 1919, p. 3.

[238] *O Exemplo,* Porto Alegre, 20 nov. 1921, p. 2.

clubes sociais aumentou e ampliou sua visibilidade dentro da comunidade negra, criando um público específico formado por frequentadores desses clubes. Podemos afirmar que, ao participar dessas entidades musicais, os músicos estabeleceram uma relação contínua de proximidade, circulando como integrantes ou participando de atividades em diversos clubes negros. Essa circulação, observada entre as bandas mencionadas, também se estendeu a outros grupos e clubes negros, com os quais mantinham relações de proximidade. Além disso, diversos outros músicos também estavam inseridos nessa rede de associações negras.

O Grêmio Dramático José do Patrocínio nos oferece uma visão sobre o desenvolvimento dessas redes sociais. Fundado em novembro de 1908, seu objetivo, conforme registrado no jornal *O Exemplo*, era "[...] proporcionar ao nosso meio social as suas apreciadas récitas dramáticas".[239] As apresentações geralmente incluíam comédias, dramas, recitações de poesias e monólogos. No seu primeiro ano, os espetáculos teatrais do Grêmio José do Patrocínio eram realizados mensalmente no salão da Sociedade Floresta Aurora. Fica evidente o esforço para fomentar relações de proximidade entre diferentes clubes sociais, como demonstrado por apresentações como a de agosto de 1909, em que o espetáculo foi "[...] oferecido aos moradores do distrito representado nas Sociedades União Universal, Recreio da Infância, Flor das Campinas, Recreio Jovial, Sentinella do Sul e Irmãs Unidas".[240] Além disso, as ações de auxílio mútuo entre as associações também são notáveis. Por exemplo, a Sociedade União Universal solicitou um espetáculo com renda destinada a adquirir um estandarte,[241] e em 1910, um festival foi organizado para beneficiar os cofres da Floresta Aurora, que, por sua vez, cedia seus salões para apresentações artísticas.[242]

Assim como as bandas musicais, os grupos teatrais também tinham uma organização interna baseada em diretorias eleitas anualmente. Essa estrutura facilitava a circulação de seus integrantes entre diferentes instituições culturais. Em 1910, o Grêmio José do Patrocínio possuía uma diretoria composta dos seguintes cargos: presidente, vice-presidente, 1º secretário, 2º secretário, tesoureiro, orador, bibliotecário, procurador, diretor de cena, fiscal e comissão de contas.[243] Dentro dessa diretoria,

---

239 *O Exemplo,* Porto Alegre, 17 nov. 1908, p. 1.

240 *O Exemplo,* Porto Alegre, 22 ago. 1909, p. 2.

241 *O Exemplo,* Porto Alegre, 28 set. 1909, p. 2.

242 *O Exemplo,* Porto Alegre, 17 abr. 1910, p. 2.

243 *O Exemplo,* Porto Alegre, 22 maio 1910, p. 2.

Leopoldino Ribeiro Alvares atuava como orador e, naquele ano, também ocupava o mesmo cargo na diretoria da Lyra Oriental. Mais tarde, ele se tornaria vice-presidente da Lyra Florestina. Ao lado dele, no Grêmio José do Patrocínio, estavam outros indivíduos que haviam atuado ou viriam a atuar em grupos teatrais e/ou atividades musicais da comunidade negra, como Arnaldo Dutra.

Arnaldo Dutra teve um papel significativo nesse cenário cultural, transitando por grupos teatrais, blocos de carnaval e conjuntos musicais. No teatro, foi um dos fundadores do Grêmio José do Patrocínio em 1909 e foi eleito Primeiro Secretário no ano seguinte.[244] Como instrumentista, destacava-se no cavaquinho e fazia parte do importante conjunto musical Terror dos Facões, liderado por seu irmão, o renomado Maestro Octávio Dutra.[245] No Carnaval, Arnaldo foi Presidente do Cordão Carnavalesco Os Batutas várias vezes, com seu irmão Octávio ocupando o cargo de Diretor Musical.[246] Os Batutas se destacaram em Porto Alegre na década de 1920, ganhando vários concursos e promovendo festivais artísticos. Arnaldo Dutra também foi responsável pela fundação do Grêmio Dramático Arthur Rocha, em 1916, com o objetivo de "cultivar a arte dramática em nosso meio social", conforme registrado no jornal *O Exemplo*, sendo o primeiro presidente desse grupo.[247] Seus espetáculos também contavam com atos de variedades, sendo apresentados diversos números musicais. Este corpo cênico também apresentava uma diretoria eleita anualmente dividida nos seguintes cargos: presidente, vice-presidente, ensaiador, tesoureiro e bibliotecário. Assim, a circulação entre diferentes instituições culturais era evidente, como exemplificado pela participação da amadora (como eram descritos na época as atrizes e os atores) Maria José de Oliveira, que integrou as diretorias desses dois grupos teatrais.

---

244 *O Exemplo,* Porto Alegre, 22 maio 1910, p. 2.

245 Márcio de Souza destaca que o compositor Octavio Dutra atuou como professor de música e formou alguns conjuntos instrumentais. Compôs músicas para o teatro de revista e para o carnaval. Gravou discos, regeu e realizou arranjos para orquestra de rádio. Entre os conjuntos formados por Octavio Dutra, Souza destaca: o Bando do Octávio, formado no período 1900-1909; o famoso grupo Terror dos Facões, formado na década de 1910; o cordão carnavalesco Os Batutas, formado na década de 1920; e a Orquestra da Guarda Velha, formado entre o final da década de 1920 e década de 1930. Para Souza, o Maestro Octavio Dutra foi um dos primeiros cultores, na Cidade Porto Alegre, do choro, gênero musical surgido, principalmente, por meio da atuação do seu conjunto Terror dos Facões, no qual Arnaldo Dutra tocava cavaquinho. Ver: SOUZA, Marcio de. *Mágoas de violão:* mediações culturais na música de Octávio Dutra. 2010. Tese (Doutorado em História) – PUC-RS, Porto Alegre, 2010.

246 *O Exemplo,* Porto Alegre, 06 fev. 1921, p. 2. *O Exemplo,* Porto Alegre, 05 fev. 1928, p. 2.

247 *O Exemplo,* Porto Alegre, 02 mar. 1916, p. 1.

O desenrolar dessas circulações e redes de proximidade pode tornar-se uma atividade interminável. Para evitar exemplificações excessivas, vamos destacar apenas mais um grupo teatral. Fundada em 1917, a Sociedade Dramática Euterpe Club reunia diversos artistas para seus festivais lítero-musicais. Assim como o Grêmio José do Patrocínio fez no início de suas atividades, a Euterpe estabeleceu uma espécie de convênio com a Sociedade Floresta Aurora, que cedia seu salão social para a realização dos festivais. Em troca, a Floresta Aurora recebia algumas apresentações em que a renda era revertida para seus próprios cofres.[248] As apresentações do Euterpe Club combinavam encenações cênicas e números musicais, e sua composição era bastante diversificada. Incluía o Grêmio Dramático Carlos Gomes, dedicado às apresentações teatrais, e diversos outros artistas para a apresentação de peças musicais e monólogos. Entre os integrantes, destacamos Flavio de Campos, que também fez parte da diretoria do Grêmio Dramático Arthur Rocha, e Januário de Souza, que atuou como cançonetista nas apresentações.

Imagem 8 – Arnaldo Dutra

[248] *O Exemplo*, Porto Alegre, 25 nov. 1917, p. 1.

Imagem 9 – Januário José de Souza

Januario José de Sousa, do Grupo Mantenedor

Fontes: *O Exemplo,* Porto Alegre, 27 de mai. 1929, p. 1; *O Exemplo*, Porto Alegre, 6 de jan. 1921, p. 3

Esses músicos, assim como outros integrantes dos diversos clubes sociais vinculados a atividades culturais, também participavam de várias outras agremiações concomitantemente, sejam elas beneficentes, recreativas, instrutivas ou profissionais. Assim como Arnaldo Dutra, Januário José de Souza teve uma grande participação em diversos clubes sociais negros ao longo desse período. Em 1910, foi um dos fundadores e o primeiro presidente da Sociedade Dançante Smart Club Porto-Alegrense.[249] Em 1918, ao lado de amigos da Sociedade Dramática Euterpe Club, fundou o Grupo dos Cinco, uma associação esportiva e recreativa com o principal objetivo de realizar excursões pelo interior do Estado.[250] Também era membro do Club Instructivo e Recreativo Sete de Dezembro

249 *O Exemplo,* Porto Alegre, 8 abr. 1910, p. 2.

250 *O Exemplo,* Porto Alegre, 31 mar. 1918, p. 2.

em 1919[251] (o mesmo clube onde atuou como ator dramático em 1909) e integrou diretorias da veterana Sociedade Floresta Aurora (em 1921, fazia parte da diretoria na Comissão de Contas e, no ano seguinte, atuava como Diretor da entidade).[252] Além disso, Januário José de Souza também era associado ao jornal *O Exemplo*, assim como Arnaldo Dutra, exercendo o cargo de Secretário em 1923.[253] Em 1918, participou da criação de uma sociedade anônima, o Grupo Mantenedor, para garantir a continuidade da publicação e circulação do jornal.[254] Tanto o Grêmio José do Patrocínio quanto o Euterpe Club contaram com diversos articulistas e colaboradores do jornal *O Exemplo* entre seus integrantes. Inclusive, esses corpos cênicos tiveram sua sede provisória localizada na própria redação do referido periódico.[255]

As atividades privadas desses numerosos clubes da comunidade negra, por sua vez, não se restringiam exclusivamente às bandas de música ou aos grupos teatrais mencionados. Vários músicos participaram dos eventos promovidos por diferentes clubes sociais, como saraus, piqueniques, bailes e diversas comemorações, entre outras atividades que eram frequentemente destacadas no jornal *O Exemplo*. Observamos que, à medida que os músicos circulavam entre esses clubes sociais, havia uma ampliação do público interno que consumia o conteúdo musical levado a cabo por esses músicos, bandas musicais e grupos teatrais nos incontáveis bailes, festivais e comemorações organizados pelos mais diversos clubes sociais negros.

Ao observar a Banda da Floresta Aurora e a Lyra Oriental, percebemos uma rede conectada de associações civis dentro da comunidade negra e o desenvolvimento de uma sociabilidade institucionalizada, promovida por clubes sociais. Nestes espaços privados, que tinham um recorte racial em sua composição, a música era acessível a um grupo específico de sócios e convidados, por meio das atividades sociais realizadas nas sedes dessas entidades. Localizadas no espaço urbano, essas sedes eram locais onde essa cultura musical era compartilhada entre os membros da comunidade negra. A costura que essas bandas promoviam a partir dessa extensa rede

---

251 *O Exemplo,* Porto Alegre, 23 nov. 1919, p. 2.

252 *O Exemplo,* Porto Alegre, 27 fev. 1921, p. 3; *O Exemplo,* Porto Alegre, 2 jan. 1922, p. 5.

253 *O Exemplo,* Porto Alegre, 18 mar. 1923, p. 3.

254 *O Exemplo,* Porto Alegre, 17 mar. 1918, p. 1.

255 *O Exemplo,* Porto Alegre, 16 dez. 1917, p. 2.

de sociabilidade era possível não apenas por se apresentarem nos mesmos espaços e por dividirem os mesmos públicos, mas, principalmente, por terem uma organização interna — diretoria e associados — que permitia essa mesma conexão e aproximava as associações. Essa articulação nos permite acompanhar a vida cultural e musical em diferentes contextos e situações, protagonizada pelo mesmo grupo de músicos, incluindo não apenas os associados às bandas mencionadas, mas também outros próximos a eles, como os vinculados a grupos teatrais.

Mas, afinal, o que realmente significam esses diversos clubes sociais que interagem entre si e estão sempre se transformando? Será que as atividades musicais que realizam se resumem apenas ao entretenimento e à sociabilidade? Ou elas desempenham um papel mais profundo na construção de identidades sociais e na luta contra o preconceito?

2.2 Entre o baile e a instrução

A vida cultural desenvolvida dentro desses clubes negros era diversa e dinâmica. A música e o lazer atendiam a diferentes pautas políticas que eram praticadas, debatidas e disputadas internamente. Inserida nessa ampla rede de associações, a música estava vinculada a diversas atividades de lazer. Ora atuava como complemento a eventos, como bailes e comemorações festivas, em que músicos e bandas, atrelados ou não às entidades musicais analisadas, se apresentavam; ora era a principal atração, como nas apresentações musicais e teatrais que também envolviam música. Os músicos que atuavam em bandas e grupos de teatro desempenhavam um papel central na sociabilidade da comunidade negra, especialmente aqueles que participavam de diferentes clubes sociais. Essas atividades de lazer, nas quais a música era determinante — por meio de bailes, saraus, piqueniques, entre outros —, contribuíam para a consolidação de identidades coletivas. Elas fortaleciam o senso de pertencimento e o compartilhamento de signos e condutas diversos, em um espaço que tinha um recorte étnico bem delimitado. Flávio Gomes destaca que os salões alugados (no nosso caso, também as sedes próprias das associações) eram espaços de encontro privilegiados e valorizados pela "classe de cor", ao contrário da rua, que parecia ser associada ao ócio e à falta de referências sociais. Isso não significa, em nossa avaliação, que o espaço público deixasse de ser um local de visibilidade e interlocuções diversas. No entanto, era nos salões e bailes que, como Gomes sugere, valores como "civilidade" e "elegância" referenciavam, simultaneamente, questões raciais e culturais.[256]

A preocupação pedagógica com o comportamento da população negra, especialmente por meio das atividades de lazer promovidas pelos clubes, era uma constante nas páginas do jornal *O Exemplo* durante seus primeiros anos de circulação. Nessas edições, destacavam-se as seções "Mexericando" e "Alfinetadas", que exerciam uma espécie de vigilância moral sobre esse comportamento.[257] Não apenas se incentivavam códigos e formas de conduta baseados na educação, nos bons costumes e na cortesia, como também se combatiam práticas e estilos de vida associados à ociosidade e ao vício, chegando a citar nominalmente indivíduos com comportamentos considerados inadequados. Tais colocações também respondiam abordagens que estigmatizava os setores pobres da população, apresentando, seguidamente, delimitações raciais e classistas nas páginas dos jornais de grande circulação.[258] Por outro lado, é fácil imaginar que essa abordagem pedagógica, ao avaliar e discutir formas de comportamento publicamente, acabou gerando uma série de conflitos internos. Já nos primeiros meses de atuação, *O Exemplo* enfrentou reações da própria comunidade negra em relação às críticas comportamentais, especialmente na coluna "Mexericando". Em abril de 1893, os redatores do jornal lamentaram essas reações, justificando a intenção por trás da seção:

> Quando creamos a secção sob a epígraphe Mexericando, só tivemos em vista apontar pequenos desvios e transgressões originadas por mera irreflexão de quem os praticasse, mas nunca transformal-a em balcão e intrigas, escandalos e maledicencias. Nessa secção, em que — rindo — castiga-se os costumes e que alias nos merece um cuidado e desvelo apurados, propugnamos pela moralidade na conducta de pessoas, algumas, levianas; outras, irreflectidas; chamando-as á trilha do bom caminho.[259]

A justificativa respondeu à reação de parte de seus leitores que se opuseram a esse objetivo e chegaram a organizar um boicote contra o

---

[256] GOMES, Flávio. *Negros e política (1888-1937)*. Rio de Janeiro: Jorge Zahar, 2005, p. 39.

[257] Ver: *O Exemplo,* Porto Alegre, 11 dez. 1892, p. 2; *O Exemplo,* Porto Alegre, 30 abr. 1893, p. 1-2 e 4.

[258] Para aprofundar o debate sobre esta ideologia dominante e a estigmatização dos grupos populares, ver: MAUCH, Claudia. *Ordem Pública e moralidade*: imprensa e policiamento urbano em Porto Alegre na década de 1890. Santa Cruz do Sul: EDUNISC, 2004; PESAVENTO, Sandra Jatahy. *Os pobres da Cidade*: vida e trabalho (1880-1920). Porto Alegre: Ed. da Universidade-UFRGS, 1994; KERSTING, 1995.

[259] *O Exemplo,* Porto Alegre, 30 abr. 1893, p. 1.

próprio jornal. Na mesma edição, os redatores anunciaram a decisão de suprimir esta seção, que lhes custaram "a devolução de mais de 500 jornaes", lamentando que "[...] com a retirada do Mexericando das nossas columnas, alvorotou-se o exercito de namoradores, disposto-se a invadir a fronteira dos corações das jovens".[260]

Naturalmente, um dos principais espaços de "atuação" dos namoradores eram os bailes promovidos pelos clubes, sempre animados por música. Ao mesmo tempo, era nesses ambientes de dança e celebração que muitas relações conjugais tinham início, levando à formação de novas famílias. Nesse contexto, os redatores do jornal *O Exemplo* concentravam seus esforços em incentivar comportamentos específicos. Era essencial manter uma boa conduta, vestir-se adequadamente e evitar parceiros com vícios. Esses padrões de comportamento, longe de representarem uma contradição ou um mecanismo de diluição das identidades negras, reforçavam a distinção entre grupos sociais. Como aponta Flávio Gomes, a percepção da diferença entre esses grupos passava pela criação de determinados códigos de comportamento, que, simultaneamente, geravam tanto a distinção quanto a igualdade entre negros e brancos:

> No plano da diferença, percebe-se o evidente caráter reativo de tais ambientes [clubes sociais]. Mas o que sugeria apenas reação não estava isento de elementos de invenção de alternativas e estratégias de sobrevivência. Foi uma constante nos jornais a denúncia da existência de 'preconceito de cor' em determinados salões e bailes da cidade. Ainda assim, para que a almejada 'igualdade' entre negros e brancos fosse conquistada, a diferença muitas vezes teve de ser radicalizada. Ao instituírem-se territórios de lazer análogos aos dos brancos — quanto aos códigos de conduta e símbolos de status conquistado (no vestuário e na linguagem sobretudo) — contudo exclusivamente frequentados por negros, diminuiu-se o percurso em direção à 'igualdade'. Seria demasiado simplista supor, como fez Roger Bastide, que a imitação de tais hábitos culturais 'embranquecedores' representasse uma contradição ou um impedimento para a afirmação de uma 'consciência racial', ao se tornar 'um obstáculo para a ascensão social do negro'. [261]

---

260 *O Exemplo,* Porto Alegre, 30 abr. 1893, p. 4.

261 GOMES, 2005, p. 38, 39.

Portanto, essas posturas também eram reações à ideologia discriminatória, calcada no racismo científico, que desqualificava os descendentes de africanos quanto à sua capacidade de organização, de convivência social e de constituição familiar. Em contrapartida, os clubes negros eram locais potentes de combate ao preconceito e de fortalecimento de identidades sociais positivas.

Podemos observar um pouco dessa dimensão reivindicatória na defesa que os redatores do jornal *O Exemplo* faziam em prol dos clubes e dos bailes. Em 1902, por exemplo, o periódico iniciou uma campanha contra uma medida municipal que impôs impostos e exigiu autorizações para a realização de bailes em clubes e residências, restringindo, como denunciou o articulista, as possibilidades de confraternização e união da comunidade negra. Duas situações motivaram essa iniciativa. A primeira envolvia a Sociedade Floresta Aurora, "uma das mais antigas nesta capital, que por seu viver é digna de todo o conceito", que, mesmo com sua sede social voltada exclusivamente para suas próprias atividades recreativas e sem alugá-la para eventos externos, foi "forçada a pagar o imposto como se fora um salão de aluguel"[262]. A segunda situação se refere a bailes realizados em "casas de famílias dos nossos" no 2º distrito policial, que foram interrompidos por agentes municipais, que exigiam ou a certidão de casamento do dono da casa ou a licença do subintendente para a realização desses eventos. Diante dessas restrições à sua sociabilidade por meio de medidas administrativas, o redator do jornal conclui e sentencia:

> A Floresta Aurora paga tal impostos pelo mesmo motivo que os negros não podem dar bailes em sua casa sem exibirem a certidão de casamento ou licença do subintendente: porque ensinaram a ignorância enfatuada que os negros não tem família e não constituem sociedade. Por isso tudo não podemos crer que as victimas destes males não auxiliem a nossa obra quando vimos para dizer: O negro tem família! O negro constitue sociedade e é um dever respeital-as![263]

Ao avaliar a exigência de apresentação de certidão de casamento para realizar um baile na casa de uma família negra, o articulista argumenta que "os nossos não são homens animais, como muito os querem, contentando-se simplesmente com funcções meramente animaes, com

[262] *O Exemplo*, Porto Alegre, 30 abr. 1893, p. 4.

[263] *O Exemplo*, Porto Alegre, 25 nov. 1902, p. 2.

os prazeres materiaes da alimentação, da reprodução da espécie, etc."[264]. O articulista argumenta que estes "necessitam e buscam avidamente o pão intelectual, a par do gozo dos sentidos: são homens como os dictos superiores"[265]. Com esse discurso, os redatores estavam dialogando com a intelectualidade local, que, por meio de discursos supostamente "científicos", tentava justificar a inferioridade dos negros, compreendendo as diferenças étnicas e sociais por um determinismo biológico. Nesse ponto, a defesa dos clubes e dos bailes se tornava uma preocupação central, ainda que, em outros momentos, esses mesmos clubes fossem alvo de críticas pelos próprios redatores.

Nos primeiros anos de existência, o jornal *O Exemplo* dedicou grande atenção à moralização dos costumes e ao fortalecimento da vida associativa da comunidade negra, aspectos que estavam profundamente interligados. Embora a seção "Mexericando" tenha sido encerrada em 1893, o esforço pedagógico voltado para a conduta e o comportamento continuou, assim como os conflitos internos gerados por essas orientações. Esse descompasso entre os objetivos dos redatores e a recepção dos leitores contribuiu para o encerramento das atividades do jornal em 1897.[266] As funções pedagógicas promovidas pelo jornal não se limitavam à formação de núcleos familiares estáveis ou à condenação de vícios, mas faziam parte de um projeto político mais amplo. Fazendo jus ao título do jornal, seus redatores buscavam orientar a comunidade negra a assumir um papel de destaque na construção da jovem República, integrando-a de forma ativa nesse processo:

> Por Despedida
> Com o presente numero cessa sua existencia O Exemplo, do qual foi o mais humilde dos collaboradores. E assim também cessam os nossos esforços, empregados inutilmente durante o longo periodo de quatro annos, para que fossem respeitados os direitos de uma porção de individuos que não soube ou não quiz corresponder-nos.
> Ao retirarmo-nos da lida levamos o consolo de que soubemos cumprir o nosso dever. Na actualidade, dominador o homem republicano, que abre campo vasto para a realisação de todas as aspirações populares, nenhuma classe, por mais

264 *Idem.*

265 *Idem.*

266 Ver a edição de *O Exemplo* de 21 jan. 1897, onde são realizadas diversas considerações sobre o encerramento de suas atividades.

> mediocre que seja, deve ser estacionaria, por isso é que por meio da imprensa queriamos não só estimular aos nossos congeneres a instruirem-se, para assim terem a sua parcella de esforços na reconstrução da grande Patria Brasileira, como fez bem attestar aos nosso concidadãos que entre nós também ha quem tenha (talento) e saiba cultiva-lo. Este nosso tentamento foi, porém frustado devido á repulsa d'aquelles mesmos que deviam ampara-lo, d'aquelles mesmos que deviam ter pel'O Exemplo um culto fervoroso, porque as idéas por este pregadas deviam ser também as deles.[267]

Inseridos no objetivo de promover a participação política da comunidade negra, o jornal *O Exemplo* retomou suas atividades em 1902, com um foco renovado no incentivo à instrução e na defesa dos clubes sociais. Embora o comportamento ainda fosse uma pauta importante em suas páginas, o debate sobre a função social dos clubes tornou-se cada vez mais recorrente. Em 1904, os redatores realizaram um estudo sobre as associações da comunidade negra que foi publicado em várias edições do jornal.[268] Nesse estudo, criticava-se a ênfase excessiva das entidades civis nos divertimentos, especialmente nos bailes e festejos — incluindo as mais prestigiadas, como a Sociedade Floresta Aurora —, em detrimento das atividades instrutivas, que eram defendidas por eles como o principal caminho para a mobilidade social. Nesse contexto, os redatores propuseram a criação da "Liga das Associações dos Homens de Cor do Rio Grande do Sul", voltada para a defesa dos negros, com o objetivo de criar espaços de proteção e de instrução.[269] Essa medida pretendia unir os diferentes clubes sociais em uma grande coligação que garantiria a defesa dos interesses gerais da comunidade negra e proporcionaria os espaços instrutivos, sem que os clubes integrantes precisassem modificar seus estatutos e objetivos; Em outras palavras: buscava-se garantir meios de instrução sem interferir na realização de bailes e outros eventos recreativos.

Nessa tensão entre os bailes e as atividades instrutivas, a música ocupava um papel essencial e era vista de forma ambígua. Afinal, os sócios e os convidados que iam ao baile não poderiam dançar e se divertir sem música, e, consequentemente, esses eram animados por meio das bandas musicais. Por um lado, os redatores do jornal criticavam essas atividades de lazer, sobretudo no que dizia respeito aos festejos populares da primeira

---

267 *O Exemplo*, Porto Alegre, 21 jan. 1897, p. 2.

268 Esse estudo foi publicado em diversas edições (semanais), entre 29 de maio e 21 de agosto de 1904.

269 *O Exemplo*, Porto Alegre. 24 jul. 1904, p. 1.

década do século XX, embora defendessem que a vida social dos clubes era importante para manter a coesão entre os participantes. Conflitar com isso poderia gerar atritos internos. Por outro lado, esses mesmos articulistas utilizavam a música de maneira estratégica para promover sua principal pauta política: a instrução. Assim, a música, embora vista como um possível obstáculo, também era amplamente utilizada de forma estratégica por esses redatores e por diversas associações civis.

Podemos citar os grupos teatrais formados no interior das associações negras como exemplo de como as atividades artísticas foram estrategicamente utilizadas para incentivar a instrução. Formados, em grande parte, a partir da primeira década do século XX, esses grupos promoviam apresentações artísticas com propostas políticas bem definidas. Se a criação do Grêmio Dramático José do Patrocínio, em 1908, tinha o objetivo de propiciar a apreciação da arte dramática no "meio social", demonstrando uma grande articulação entre diferentes entidades de Porto Alegre — como a Sociedade Floresta Aurora, o jornal *O Exemplo* e os próprios grupos teatrais —, percebemos que as finalidades dessas atividades iam além do simples entretenimento, direcionando-se progressivamente para a criação de mecanismos de instrução para o público dessas apresentações. Em 1909, por exemplo, o Grêmio José do Patrocínio, após um ano de sua fundação, foi reorganizado, e uma comissão foi formada para elaborar novos estatutos e regulamentos para o corpo cênico, composta por Luiz Rodrigues de Souza, Henrique Augusto Martins e Arnaldo Dutra.[270] Após a reforma dos estatutos, o Grêmio passou a realizar conferências e palestras, seguidas de apresentações artísticas, que incluíam declamações de poesias e monólogos. As atividades eram gratuitas, e convites eram enviados a diferentes associações civis negras, evidenciando a preocupação em divulgar a importância da instrução.[271] Com a reorganização do grupo teatral, o foco das atividades passou a ser a instrução, deixando as apresentações artísticas como eventos complementares às palestras.

Essas atividades artísticas tinham como "pano de fundo" o objetivo de promover a instrução, tanto que o grupo começou como um

[270] *O Exemplo,* Porto Alegre, 28 set. 1909, p. 2. Antes localizada na redação do jornal *O Exemplo*, essa agremiação passou a se localizar na residência de Leopoldino Ribeiro Álvares, que, fora ser colaborador de *O Exemplo*, era orador desse corpo cênico, mesma ocupação que desempenhou nas bandas musicais Lyra Oriental e Lyra Florestina, conforme demonstramos anteriormente.

[271] *O Exemplo,* Porto Alegre, 13 fev. 1910, p. 2.

corpo cênico e, ao alterar seus estatutos, passou a realizar conferências e palestras. Por outro lado, os objetivos elencados pelo Grêmio José do Patrocínio visando aos mecanismos de instrução não eram desempenhados por seus integrantes somente por meio desta instituição. Em fevereiro de 1910, pouco depois de Leopoldino Ribeiro Álvares realizar uma conferência tendo como tema "A Mulher", um "grupo de senhoritas e senhoras constituídas numa grande commissão, dirigirão um apello a todas as nossas associações, no sentido de cada uma delas estabelecer aulas nocturnas e a creação de bibliothecas instruticas, paras as associadas e seus filhos".[272] Os trabalhos iniciais desta nova associação, realizados no salão da Sociedade Instrucção Familiar, contaram com a colaboração de diversos integrantes do Grêmio José do Patrocínio, que, por sua vez, também eram integrantes do jornal *O Exemplo*.

Assim, as atividades artísticas foram utilizadas como uma ferramenta para aproximar outros clubes negros, incentivando a instrução por meio da criação de formas alternativas de ensino, como conferências literárias, aulas e bibliotecas. Por meio da atuação do Grêmio José do Patrocínio, percebemos como diversos indivíduos vinculados ao jornal *O Exemplo* se apropriaram das atividades artísticas para criar mecanismos de instrução. Além disso, esses mesmos sujeitos estenderam sua campanha de incentivo à educação para outras associações, promovendo o ensino por meio de suas ações culturais e sociais. Em 1917, por exemplo, a Sociedade Floresta Aurora criou um sarau mensal, denominado "Hora Musical", que combinava atividades musicais com literárias, como conferências, recitações de monólogos e declamações. A iniciativa foi rapidamente elogiada e divulgada pelos redatores do jornal *O Exemplo*, que destacaram o aspecto instrutivo voltado para os integrantes dessa associação negra:

> A distinta sociedade Floresta Aurora, decana de suas congêneres, vae crear um sarau mensal intitulado Hora Musical, para instrucção e deleite de seus associados. [...] Essa feliz idéia da Floresta Aurora merece de nossa parte os mais francos elogios, dados os fins altamente instrutivos que ella veiu desempenhar no nosso meio social. É com verdadeiro prazer que noticiamos essa brilhante iniciativa e ao mesmo tempo felicitamos os seus promotores.[273]

---

[272] *Idem.*

[273] *O Exemplo*, Porto Alegre, 18 fev. 1917, p. 2.

Nesse mesmo ano, a Sociedade Musical Carlos Gomes[274] reorganizou-se e passou a oferecer aulas de música. O nome do espaço destinado ao ensino variava entre Instituto Popular de Música e Instituto Musical Carlos Gomes, mas ambos tinham o mesmo endereço para as aulas.[275] Essas iniciativas de ensino musical promovidas por associações civis levaram os redatores do jornal *O Exemplo* a abordarem extensivamente os usos e significados da atividade musical. A "Hora Musical" da Sociedade Floresta Aurora visava "[...] instruir da melhor maneira possível seus associados", enquanto o Grêmio Musical Carlos Gomes lançou cursos noturnos de música, facilitando o acesso para aqueles que trabalhavam durante o dia. O jornal destacou essas ações como importantes para a instrução dos indivíduos, afirmando que a "iniciativa dessas duas sociedades visando a instrucção daquelles que ainda dormem nas trevas da ignorância, vem preencher lacunas de máxima necessidade na educação rudimentar do povo".[276] Para os redatores, a educação musical era vista como um estímulo importante para o avanço na instrução primária e até mesmo secundária. Eles acreditavam que a música "[...] desperta no alumno o interesse de desvendar a maravilha dos seus mystérios".[277] No início, as considerações enfatizavam que não se pode dedicar ao estudo da música sem ter um conhecimento básico da leitura, argumentando que apenas "[...] sabendo-se o ABC se pode estudar música"[278]. Contudo, segundo o articulista, a música cria a necessidade de que o indivíduo aperfeiçoe esse conhecimento básico (ABC) até atingir a capacidade de ler qualquer trecho literário com fluência:

> Si revelar engenho de compositor e quizer se aprofundar nos estudos mais difficeis, surgira com elles a necessidade de manusear a litteratura de cada phase musical e estudar os usos e costumes de cada epocha que actuou na concepção desta ou daquella composição. A musica tem como a litteratura phases, estylos; é sentimentalmente objetiva porque na variação, maneira de se manifestar, é que encerra a magia de agradar a todos.[279]

---

[274] Abordaremos essa sociedade musical no Capítulo 3.

[275] Em *O Exemplo*, Porto Alegre, 12 ago. 1917, p. 2, encontramos o anúncio: "Instituto Musical Carlos Gomes (Popular) – Direcção: maestros Martins e Poggetti. Curso de piano: 10$000; de violino e demais instrumentos de cordas e metal 8$000, dando direito a 2 aulas theoricas e 2 praticas por semana, ou sejam ao mez 16 licções, Das 19 as 21 ½ horas funcionam os cursos nocturnos. Sede provisória: rua Gel. João Manoel (Clara) 61-B".

[276] *O Exemplo*, Porto Alegre, 4 mar. 1917, p. 1.

[277] *Ibidem*.

[278] *Ibidem*.

[279] *Idem*.

Ao longo dessas considerações, o articulista destaca como a música necessita de instrução e é sua motivadora: a partir das "sensibilidades" geradas pela música, por seus compositores, pela curiosidade em saber a história dos instrumentos, pela necessidade de se conhecerem compositores notáveis das escolas italiana, alemã e francesa e até compositores como "o inesquecivel [Carlos] Gomes em nossa Patria". Após exporem sua interpretação sobre como o ensino da música articula-se com incentivo a uma instrução mais ampla, a partir dessas iniciativas levadas a cabo por instituições civis, concluem os redatores: "Na convicção de que a musica incentivara a instrucção dos associados do Carlos Gomes e Floresta Aurora, conforme nossa maneira acima exposta de estudar a musica, esperamos muito breve vel-as, sob o disfarce do agradavel, ministrar instrucção a quantos a desejarem."[280]

As atividades promovidas por outras associações também influenciaram a abordagem de *O Exemplo* sobre o tema, que via a música como um caminho "agradável" para a instrução. Os redatores do jornal, ao lado de bandas e clubes negros que analisamos, buscavam formas de incentivar a instrução. Isso se manifestava tanto nas conferências realizadas pelo Grêmio José do Patrocínio, que eram acompanhadas de apresentações teatrais e musicais, quanto na criação de aulas musicais. Esse debate, que frequentemente opunha as diversões — em que a música desempenha um papel fundamental — à instrução, revela diversas iniciativas que procuravam associar atividades musicais com estratégias de ensino.[281] Tais iniciativas eram promovidas tanto pelos redatores do jornal *O Exemplo* (por meio de suas publicações ou na participação em grupos teatrais e musicais) quanto pelas associações civis negras, recebendo apoio e divulgação desses redatores.

2.3 Entre comemorações e mobilizações

Inserida nesse amplo rol de atividades sociais promovidas por diversas associações negras, a música também acompanhava ações que desempenhavam um papel importante na construção de identidades. Para tanto, entrecruzavam-se vários significados relacionados à valorização de acontecimentos políticos importantes para a conquista da liberdade,

---

280 *O Exemplo,* Porto Alegre, 4 mar. 1917, p. 1.

281 Para aprofundar as estratégias de ensino capitaneada por associações negras em Porto Alegre, ver: PEREIRA, Lúcia Regina Brito Pereira. *Cultura e Afro-descendência:* Organizações Negras e suas estratégias educacionais em Porto Alegre (1872-2002). 2008. Tese (Doutorado em História) – Programa de Pós-Graduação em História, PUCRS, Porto Alegre, 2008.

fornecendo não só referências vinculadas ao devir da comunidade negra, mas também demarcando sua participação em pautas políticas mais abrangentes. Priorizaremos as comemorações de datas cívicas, pois elas acionam valores e significados relacionados à construção do caráter nacional e à noção de cidadania, que correspondem aos projetos cívicos promovidos por esses clubes sociais.

Entre as datas comemorativas celebradas pela comunidade negra, destacam-se aquelas ligadas à emancipação da escravatura, especialmente a Lei do Ventre Livre, assinada em 28 de setembro de 1871, e a Lei Áurea, assinada em 13 de maio de 1888. Enquanto a primeira propôs a liberdade aos descendentes de escravizados, a segunda extinguiu a escravidão no Brasil. Outras datas cívicas, como a Independência do Brasil, comemorada em 7 de setembro, também eram festejadas por diversas associações negras. Maria Angélica Zubaran, ao investigar as comemorações da liberdade em Porto Alegre — 28 de Setembro (Lei do Ventre Livre) e 13 de Maio (Lei Áurea) — por meio do jornal *O Exemplo*, destaca que os redatores realizaram diferentes apropriações das datas abolicionistas para reescrever e reinventar a história negra, acionando significados às memórias comuns da escravidão e da abolição.[282]

Para os redatores d'*O Exemplo*, essas datas eram momentos oportunos para discutir os direitos sociais à princípio garantidos pela liberdade e pela República. Suas páginas estavam repletas de notícias sobre a vida social da comunidade negra e ofereciam um espaço alternativo à estigmatização propagada pela ideologia dominante. Realizavam denúncias de preconceito e discriminação racial, divulgavam iniciativas voltadas para a instrução e relatavam as difíceis condições de vida, trabalho e moradia dos grupos populares. Essas datas cívicas eram momentos cruciais para a comemoração e o questionamento dos direitos de cidadania, como será demonstrado nos trechos a seguir:

> 28 de Setembro
> Dia 28 do corrente passa-se o 46º anniversario da data da promulgação da áurea lei, chamada do "ventre livre", que assegurou aos descendentes dos escravos o direito sacrosanto da liberdade e que foi, sem duvida, a percussora da lei de 13 de Maio que, extinguiu, de vez a negreganda escravatura no território brazileiro. Foi paladino abnegado

[282] ZUBARAN, Maria Angélica. Comemorações da liberdade: lugares de memórias negras diaspóricas. *Anos 90:* Revista de Programa de Pós-Graduação em História/UFRGS/IFCH/Programa de Pós-Graduação em História (PPGH), Porto Alegre, v. 15, n. 27, jul. 2008.

> e inconteste dessa cruzada santa o inolvidável Visconde do Rio Branco. Próximo numero escreveremos algo sobre a grandiosa data e publicaremos vários artigos de collaboração referentes á mesma, o que ora não fazemos, por nos terem chagado as mãos tardiamente.[283]
>
> Ás vezes
> O passar dos tempos nos traz o esquecimento as datas que o calendário nos indica, como as conductoras dos feitos que há alguns annos gravaram, nas paginas de nossa historia, o marco assignalador do nosso futuros desenvolvimento espiritual. Assim, por exemplo, o grande 13 de maio, que houtem vimos passar, como o 21 de abril e outros grandes dias, constou, unicamente, de uma ou outra commemoração, por parte dáquelles que, como eu, concorrem com o seu obulo intelectual, em prol da igualdade dos cidadãos.[284]

Se os redatores do jornal *O Exemplo* expressavam, em suas páginas, diversas considerações sobre essas datas emancipatórias — ora festejando o fim da escravidão, ora reivindicando melhores condições de vida, mobilidade social e o combate ao preconceito e à discriminação racial —, eles também utilizavam as atividades artísticas para destacar a importância dos dias 13 de maio e 28 de setembro. Por exemplo, em 1916, o Grêmio Dramático Arthur Rocha realizou um festival em comemoração à data de 28 de setembro na sede da Sociedade Floresta Aurora.[285] Arnaldo Dutra, que na época era o Presidente desse grêmio, além de Diretor do jornal *O Imparcial*, fez um discurso sobre a data festejada, seguido por diversas apresentações artísticas, incluindo encenações teatrais e musicais.[286]

Embora vários articulistas e redatores ligados ao jornal *O Exemplo*, e que atuavam principalmente em grupos teatrais, tenham sido protagonistas de campanhas e iniciativas sociais vinculadas às datas emancipatórias, outros grupos também participaram ativamente, criando mecanismos de auxílio ao próximo. A proposta para a construção do "Asilo 13 de Maio"

---

283 *O Exemplo*, Porto Alegre, 23 set. 1917, p. 1.

284 *O Exemplo*, Porto Alegre, 25 maio 1919, p. 2.

285 Esse grupo teatral era formado por diversos integrantes que já haviam participado do Grêmio José do Patrocínio, portanto, contando com diversos articulistas do jornal *O Exemplo*. Sua presença nesse periódico foi curta e figura apenas no ano de 1916. Tal atuação permite que se suspeite que o grupo foi formado especificamente para demarcar a visibilidade desse teatrólogo negro e das datas comemorativas relacionadas ao processo de emancipação escrava, principalmente a partir de outros espaços que não eram os dos clubes negros. Sua primeira apresentação foi realizada no Theatro São Pedro, justamente para comemorar o dia 13 de maio. Ver: *O Exemplo*, Porto Alegre, 2 abr. 1916, p. 1.

286 *O Exemplo*, Porto Alegre, 8 out. 1916, p. 3.

em 1910 ilustra tanto a participação de diferentes indivíduos nessas lutas quanto a importância da música para a realização dessas iniciativas. Essa instituição tinha como Diretor Honório Porto, Maestro da Banda da Floresta Aurora, e como Tesoureiro Leopoldino Ribeiro Álvares, que também atuava como orador nas bandas de música da Lyra Florestina e da Lyra Oriental. Para apoiar a construção do asilo, foi organizada, em 1910, uma "festa musical" nos salões da Sociedade Floresta Aurora, em benefício do fundo de reserva da instituição.[287] O evento foi realizado no dia 13 de maio, "em homenagem à áurea lei que libertou os brasileiros escravizados", mesma data em que foi lançada a pedra fundamental do Asilo 13 de Maio.[288] A iniciativa também mobilizou outros clubes sociais para arrecadar fundos e viabilizar a construção dessa importante instituição. Em julho de 1910, foi fundada, com um baile, a Sociedade Camponesas Morenas, que realizou uma coleta de doações destinadas ao asilo durante a festa.[289] Além disso, foi promovida uma campanha chamada "Ação de Caridade", organizada por Honório Porto e divulgada em diversos jornais de Porto Alegre, com o objetivo de arrecadar fundos para a construção do prédio por meio de um sorteio.[290]

Essas datas cívicas não representaram apenas o processo de emancipação da escravidão, realizado de maneira protelatória pelas elites, mas também marcaram momentos significativos de organização da comunidade negra no final do século XIX e nas primeiras décadas do século XX. Muitas dessas associações se articularam justamente em torno dessas datas ou as reservaram para iniciativas de destaque. Por exemplo, o cordão dos Demônios Carnavalescos decidiu, no dia 13 de maio de 1917, fundar a Sociedade União Recreio das Rosas, com o objetivo de estreitar as relações de amizade entre seus associados. A fundação do clube ocorreu em 17 de junho, embora tenha sido planejada para o dia 13 de maio.[291] Já a Sociedade Beneficente Estrella Porto Alegrense organizou um grupo dramático em 1925, que realizou sua estreia no dia 13 de maio com a peça "A Liberdade", de autoria de um de seus sócios.[292]

---

287 *O Exemplo,* Porto Alegre, 16 jan. 1910, p. 2.

288 *O Exemplo,* Porto Alegre, 13 maio 1910, p. 2.

289 *O Exemplo,* Porto Alegre, 3 jul 1910, p. 2.

290 *O Exemplo,* Porto Alegre, 11 set. 1910, p. 1.

291 *O Exemplo,* Porto Alegre, 20 maio 1917, p. 2.

292 *O Exemplo,* Porto Alegre, 15 fev. 1925, p. 3.

A Sociedade Beneficente Aliança Democrata foi fundada no dia 28 de setembro de 1925 e costumava comemorar duplamente essa data, celebrando tanto seu aniversário quanto a Lei do Ventre Livre.[293] Outra associação negra atuante em Porto Alegre nas primeiras décadas do século XX foi o Grupo Ariopa, localizado na região conhecida como Ilhota, onde nasceu Lupicínio Rodrigues. Esse grupo fundou uma escola de música chamada 28 de Setembro.[294] Também no dia 28 de setembro, Porto Alegre assistiu à fundação de um novo jornal da imprensa negra, o "*Cruzeiro do Sul* — órgão de defesa dos interesses sociais". Esse jornal iniciou sua primeira edição com um retrato do Visconde do Rio Branco e publicou diversos artigos alusivos à data, sendo prontamente bem recebido pelos redatores de *O Exemplo*:

> Cruzeiro do Sul vem cerrar fileira ao lado daquelles que, como nós, combatemos o preconceito de raças, disso sendo prova este tópico do seu artigo programma: Teremos por mira, o combate ao preconceito de raças, essa cizania que ainda permanece no espirito de muita gente, como uma fogueira ainda não de todo extincta; e a diffusão do ensino que se faz sentir do sul ao norte da nossa cara patria, concitando a mocidade a volver as vistas ás escolas, onde se educa e se apprende a amar a patria, a familia, a sociedade e a si mesmo.[295]

Em suma, os dias 13 de maio, 28 de setembro e 7 de setembro eram amplamente comemorados por diversas associações negras, sejam elas beneficentes, instrutivas, recreativas, religiosas, teatrais ou jornais. Algumas dessas associações até incorporavam essas datas em seus nomes, como a Sociedade Instructiva 7 de Setembro, que realizava uma dupla comemoração em 7 de setembro — tanto para celebrar a entidade quanto a Independência do Brasil.[296] A Sociedade Musical Lyra Oriental, por exemplo, tornou-se oficial no dia seguinte à Independência do Brasil, comemorando seu aniversário junto com a data nacional. Da mesma forma, a Sociedade Instructiva 7 de Setembro e a Lyra Oriental celebravam seus aniversários em conjunto com o 7 de setembro. A Sociedade 13 de Maio, como era de se esperar, também comemorava essa data com eventos suntuosos, como bailes e sessões solenes, como as realizadas

---

[293] *O Exemplo,* Porto Alegre, 25 set. 1927, p. 3.

[294] *O Exemplo,* Porto Alegre, 27 jul. 1924, p. 2.

[295] *O Exemplo,* Porto Alegre, 3 dez. 1926, p. 2.

[296] *O Exemplo,* Porto Alegre, 11 set. 1910, p. 2.

no salão da Sociedade Beneficente Brasileira União em 1910.[297] Por sua vez, a Sociedade Religiosa e Beneficente Africana organizou um festival comemorativo para o 13 de maio em 1926, com uma programação que se estendia por três dias. A celebração incluía chá e quermesse beneficente, a presença de uma orquestra, uma sessão cívica e um grande baile, a cargo da Jazz-Band Cruzeiro.[298]

Não há dúvidas de que essas datas desempenhavam um papel crucial na articulação das associações negras, sejam elas voltadas para o fortalecimento das relações entre seus membros, para a formulação de reivindicações políticas e denúncias de preconceito, ou para a utilização das atividades artísticas na conscientização e na reflexão sobre essas datas, como exemplificado pela peça "A Liberdade". Vale ressaltar que, em uma dessas datas — o 28 de setembro — encontramos a antiga Banda Municipal participando das comemorações organizadas pela Sociedade Floresta Aurora em 1920. Essas comemorações seguiam um formato bastante semelhante, com apresentações musicais e teatrais, conferências e discursos sobre os significados da data, além de um baile festivo.

Atreladas a essas datas cívicas, encontramos referências a diversas personalidades políticas. Muitos clubes sociais negros, com finalidades variadas, prestaram homenagens em suas denominações a políticos associados às leis emancipatórias, assim como "homens de cor" que tiveram destacada atuação política e social. Maria Angélica Zubaran, ao investigar as comemorações da liberdade em Porto Alegre por meio do jornal *O Exemplo*, aponta que a construção de um panteão de ilustres afro-brasileiros foi uma forma de consolidar uma identidade coletiva negra no período pós-abolição. Esse panteão ofereceu modelos com os quais a comunidade negra poderia se identificar. Durante as celebrações da liberdade, nomes como José do Patrocínio, Luiz Gama, André Rebouças, Marcílio Dias, João da Cruz e Souza, Henrique Dias e João Cândido, entre outros, foram frequentemente mencionados pelas lideranças negras nessas atividades sociais.[299]

Os redatores do jornal *O Exemplo* frequentemente retomavam os significados associados a ilustres "homens de cor", que foram protagonistas da vida política brasileira, em resposta aos diversos casos de preconceito e discriminação racial. Um exemplo notável é o episódio do "Jacobinismo

[297] *O Exemplo*, Porto Alegre, 22 maio 1910, p. 2.

[298] *O Exemplo*, Porto Alegre, 13 maio 1926, p. 5.

[299] ZUBARAN, 2008, p. 172.

Musical" ocorrido em 1928, quando uma série de "homens de cor" foi destacada para evidenciar o protagonismo dos negros nas conquistas civilizatórias do Brasil. As denúncias de discriminação racial feitas pelo jornal não se limitavam apenas à cidade em que seus redatores residiam, mas abrangiam acontecimentos em várias regiões do país, com destaque para o Rio de Janeiro, demonstrando uma ampla articulação dessas lideranças negras.[300] Por exemplo, em 1910, *O Exemplo* publicou uma notícia denunciando a recusa de dois menores de cor preta em ingressar na Marinha Nacional no Rio de Janeiro. Após expressar indignação e revolta diante dessa decisão e condenar tal forma de seleção — que, segundo o articulista, não prosperaria entre nós —, o jornal ressaltou a importância de alguns ilustres "homens de cor" em relação ao caso discriminatório em questão:

> Talvez por não acreditarmos, que a burguezia hypocrita [...] de tudo imitar aos norte--americanos procure querer transplantar para aqui, o mesmo ódio de raça lá em evidencia. Não sabe essa enfatuada burguezia que o Brasil já produziu um Rebolças, um Marcilio Dias, um Cruz e Souza, um José do Patrocínio, e muitos outros, e que não são desconhecidos, os que pela cor de sua epiderme não ficavam a dever a esses dois jovens ora recusados?"[301]

Não restam dúvidas de que, à medida que as situações de discriminação racial se intensificavam, as denúncias desses atos ganhavam destaque nas páginas dos periódicos voltados para a defesa da comunidade negra. Essas publicações eram acompanhadas por outras iniciativas destinadas a promover uma interpretação positiva da presença negra no Brasil.

A menção a personalidades ilustres estava frequentemente vinculada às atividades artísticas. Por exemplo, os nomes dos corpos cênicos, como o Grêmio José do Patrocínio e o Grêmio Arthur da Rocha, foram escolhidos para homenagear tanto personalidades negras quanto datas importantes para a reconstrução de um passado histórico compartilhado. Da mesma forma, peças teatrais escritas por dramaturgos negros, como no caso de Arthur Rocha[302], eram amplamente divulgadas e consumidas.

---

[300] Para aprofundar as relações dos redatores e articulistas do jornal *O Exemplo* com outros intelectuais negros no Brasil, ver: SANTOS, José Antônio. *Prisioneiros da História:* trajetórias intelectuais na imprensa negra meridional. 2011. Tese (Doutorado em História) – PUC-RS, Porto Alegre, 2011.

[301] *O Exemplo,* Porto Alegre, 1º jan. 1910, p. 1.

[302] Para aprofundar a trajetória e a produção artística deste teatrólogo, ver: SANTOS, Isabel Silveira. *Abram-se as Cortinas:* Representações Étnico-Raciais de Negros (as) e Pedagogias Abolicionistas no Teatro de Arthur Rocha. 2009. Dissertação (Mestrado em Educação) – Universidade Luterana do Brasil (Ulbra), Canoas, 2009.

Esse processo ajudava a reafirmar identidades sociais e culturais, oferecendo referências positivas em contraposição ao ideário estigmatizante propagado pela bibliografia racial e pela grande imprensa local.

Tendo em vista o objetivo deste subcapítulo de explorar a presença da música em algumas atividades políticas e seu papel na afirmação de pertencimento étnico, social e político, inclusive com abrangência nacional, focaremos mais detalhadamente em algumas situações ilustrativas envolvendo o Deputado Monteiro Lopes e o Jornalista José do Patrocínio. Essas destacados lideranças negras foram homenageadas, por exemplo, com composições musicais do maestro José André Gonçalves, que, em 1910, era Diretor da Sociedade Musical Lyra Oriental e, em 1917, ocupava o cargo de Presidente Honorário da Sociedade Musical Lyra Florestina. Em 1909, ele compôs um "belíssimo dobrado" em homenagem ao "saudoso nome do grande mestre José do Patrocínio".[303] Além da homenagem prestada pelo Maestro José André Gonçalves a antigas personalidades representativas das lutas da comunidade negra, também foi dedicada uma composição ao Deputado Monteiro Lopes, outro político relevante e atuante naquele momento. Essas duas peças musicais, criadas por José André Gonçalves, foram executadas pela Sociedade Musical Lyra Oriental durante as atividades comemorativas da visita do Deputado Monteiro Lopes ao Rio Grande do Sul.[304]

Em 1911, a visita do Deputado Federal Monteiro Lopes, "ilustre representante da nação", mobilizou diversos setores da comunidade negra de Porto Alegre. Uma comissão foi rapidamente formada para recebê-lo,

303 *O Exemplo*, Porto Alegre, 11 jul. 1909, p. 2.

304 A Historiadora Carolina Dantas analisou a trajetória desse deputado e problematizou sua vida política. O Deputado Monteiro Lopes nasceu em Recife, no ano de 1867, e faleceu no Rio de Janeiro, aos 43 anos de idade, em 1910. Em 1903, foi eleito e reconhecido como membro do Conselho Municipal do Distrito Federal, destacando-se pela defesa de benefícios para operários. Em 1905, foi eleito deputado federal pela Distrito Federal, porém não foi reconhecido e diplomado, por não estar associado a partidos políticos. Por sua vez, em 1909, candidatou-se novamente para o cargo de deputado federal vinculado ao Partido Republicano Democrata. A sua campanha política, conforme Dantas, foi marcada por forte oposição de diversas revistas e jornais da Capital Federal contrárias à candidatura de Monteiro Lopes. Sendo eleito, teve sua posse ameaçada por tratar-se de um "homem de cor" representando a nação. Em contrapartida, foram organizadas manifestações de apoio, pressionando os chefes políticos locais e nacionais em prol da diplomação de Monteiro Lopes, principalmente por meio da imprensa e de comícios organizados por associações e lideranças negras do Rio de Janeiro, Pelotas, Santa Maria, Bagé, Porto Alegre, Campinas, São Paulo, Recife, Fortaleza e Salvador. Após ter efetivado sua diplomação como deputado federal, Monteiro Lopes percorreu alguns estados brasileiros em que haviam ocorrido mobilizações a favor de sua posse, chegando a Porto Alegre em julho de 1909, pouco mais de dois meses após empossado. Ver: DANTAS, Carolina Vianna. Manuel da Motta Monteiro Lopes, um deputado negro na I República. *Afro-Ásia*, Salvador, n. 41, p. 167-209, 2010. Para aprofundar as repercussões da visita de Monteiro Lopes ao Rio Grande do Sul, ver: XAVIER, Regina Célia Lima. Raça, classe e cor: Debates em torno da construção de identidades no Rio Grande do Sul no pós-abolição. *In:* Alexandre Fortes *et al.* (org.). **Cruzando** *fronteiras:* novos olhares sobre a história do trabalho. São Paulo: Editora Fundação Perseu. Abramo, 2013.

organizada pela redação do jornal *O Exemplo*, pela Sociedade Dramática José do Patrocínio, pelo eminente Coronel Aurélio de Bittencourt (um dos responsáveis pela fundação do jornal *O Exemplo*) e por outros "amigos e associações".[305] Foi durante esta festividade de recepção ao Deputado Monteiro Lopes que as composições do Maestro José André Gonçalves foram executadas pela Banda Lyra Oriental. Conforme destacado pelos redatores d'*O Exemplo*: "[...] dois bonitos dobrados de sua lavra, aos quaes deu os nomes de José do Patrocínio e Monteiro Lopes, associando-se dessa forma patriotica às homenagens que o povo de Porto Alegre levará a effeito na próxima chegada do dr. Monteiro Lopes".[306] A presença da música nessas atividades cumpria uma dupla função: celebrar a presença de um político negro no alto escalão político do País, com todo o significado que tinha para as lutas cotidianas contra a discriminação e o preconceito étnico-racial por todo o processo acarretado com sua candidatura, eleição, recusa de reconhecimento de sua eleição, mobilizações de apoio à posse e, finalmente, efetivação de Monteiro Lopes como deputado. Ao mesmo tempo, essas homenagens demarcavam para a sociedade porto-alegrense essa realização com suas bandas de música e suas demandas políticas.

São numerosos os exemplos que demonstram a articulação de diversos setores da comunidade negra em torno da valorização e preservação da memória de lideranças negras.

Em 1916, foi noticiado que amigos do "inesquecível jornalista" José do Patrocínio assumiram a responsabilidade de erigir uma herma em sua homenagem na Cidade do Rio de Janeiro.[307] No ano seguinte, diversos setores da comunidade negra de Porto Alegre se mobilizaram para apoiar a ereção da herma do "grande patrício" José do Patrocínio, capitaneados pelos redatores do jornal *O Exemplo*. Um grupo de "senhorinhas" de variados clubes sociais foi designado para visitar residências e angariar contribuições. Além disso, foi organizado um festival artístico para arrecadar fundos, realizado nos amplos salões da Sociedade

---

305 *O Exemplo,* Porto Alegre, 25 jul. 1909, p. 2. Entre a comissão diretora das festas, destacamos a presença de Leopoldino Ribeiro Álvares, que, posteriormente, manteve relações com as bandas Lyra Oriental e Lyra Florestina, além de alguns grêmios dramáticos em que atuaram diversos colabores do jornal *O Exemplo*, como o próprio Grêmio José do Patrocínio.

306 *O Exemplo,* Porto Alegre, 25 jul. 1909, p. 2.

307 *O Exemplo,* Porto Alegre, 26 nov. 1916, p. 2.

Floresta Aurora, que foram "gentilmente cedidos para esse fim pela sua illustrada directoria".[308]

O festival começou com uma conferência literária proferida por Alcides das Chagas Carvalho, ex-Diretor de *O Exemplo*. Seguiu-se a representação da comédia "Atraz do Genro", encenada pelos amadores do Grêmio Dramático Carlos Gomes, e um extenso ato de variedades. Observa-se a participação de diversos redatores do jornal que organizaram o evento, muitos dos quais integravam o corpo cênico[309], além de músicos vinculados às bandas de música mencionadas anteriormente e de outros clubes negros que mantinham relações de proximidade.[310] A orquestra que abriu as diversas partes do festival artístico era regida pelo Maestro Manoel Bandeira Dias, integrante da Banda da Floresta Aurora. Entre os músicos desse conjunto, destacam-se o Maestro Honório Porto, também membro da Banda da Floresta Aurora, a "senhorinha Eugenia Bandeira Dias, eximia pianista e bandolinista", filha do regente da orquestra, e o violinista Diógenes Baptista, integrante do jornal *O Exemplo*. Destinado a angariar fundos para a construção da herma em homenagem a José do Patrocínio na distante Cidade do Rio de Janeiro e reunindo um grande número de associações negras, o festival artístico e literário exemplifica como a atividade musical se entrelaçava com as demandas políticas e as discussões sobre os direitos civis da comunidade negra no período pós-abolição.

As comemorações dessas datas, repletas de discursos, bailes, danças e músicas, são particularmente interessantes por ritualizarem o processo formal de encerramento da escravidão, sendo apropriada com os mais diversos significados. Ora celebradas, ora questionadas, essas datas representavam tanto o fim da instituição escravista quanto a expectativa de melhores condições de vida para a população negra. Além de marcar o encerramento da escravidão, eram momentos de reavaliação dos significados dessa liberdade e das condições de vida da população negra no novo contexto histórico. Essas datas, ao mesmo tempo, também serviram para fortalecer as relações de solidariedade entre entidades sociais, muitas

---

308 *O Exemplo,* Porto Alegre, 29 jul. 1917, p. 1.

309 Entre os participantes do corpo cênico que também integravam ou integraram o jornal *O Exemplo*, destacam-se Júlio da Silveira, Antonio Ribeiro da Silva, João Baptista de Figueiredo, W. Baeta e Januário José de Souza. Também se observa a participação de alguns desses sujeitos nos outros grupos teatrais que já foram mencionados neste trabalho, como o Grêmio José do Patrocínio, o Grêmio Arthur Rocha e o Euterpe Club, segundo *O Exemplo,* Porto Alegre, 12 ago. 1917, p. 2; *O Exemplo,* Porto Alegre, 19 ago. 1917, p. 2.

310 *O Exemplo,* Porto Alegre, 19 ago. 1917, p. 1.

das quais foram fundadas e planejadas nesses dias. Durante as atividades comemorativas ou instrutivas, que incluíam conferências e palestras, as atividades artísticas — tanto a música quanto o teatro — desempenharam um papel fundamental em sua realização.

2.4 Para além dos clubes

Não há dúvidas de que os clubes sociais da comunidade negra correspondiam a um local fundamental de formação identitária, política e cultural. No entanto, a música protagonizada dentro desses clubes sociais não estava, necessariamente, em oposição à sua participação no espaço público. Muitas dessas atividades exibiam uma relação de complementaridade entre os espaços "privados" e "públicos". Essas manifestações culturais estavam sendo construídas e articuladas de maneira relacional com sua inserção na cidade. A presença dessa cultura e música negra no espaço urbano não ocorreu de forma anônima, especialmente para aqueles que a promoviam. Junto aos seus ritmos, melodias e harmonias, estavam as marcas de uma institucionalidade constituída a partir de experiências compartilhadas. Em alguns casos, essa música se manifestou em festejos amplamente reconhecidos como populares e identificados com a comunidade negra, como o Carnaval e os Ternos de Reis. Em outros momentos, ela circulou e marcou sua presença na cidade durante festividades cívicas, cerimônias religiosas vinculadas à Igreja Católica, eventos políticos variados e outras oportunidades que uniam públicos e instituições diferentes daquelas dos clubes negros. Além disso, a música também se estendeu dos eventos privados dos clubes para o espaço público, como observado na recepção ao Deputado Monteiro Lopes em Porto Alegre e nas atividades em prol da construção do Asilo 13 de Maio.

As mesmas bandas de música que guiaram nosso percurso no interior dos clubes negros mostram também que desempenhavam um papel significativo no espaço urbano. A Sociedade Musical Lyra Oriental e a Banda da Floresta Aurora, como evidenciado anteriormente, eram instituições civis organizadas com associados, diretorias eleitas, estatutos que as regulavam e sedes sociais. Essas entidades musicais não eram fechadas em si próprias. Além de se relacionarem entre si e com outras associações da comunidade negra, elas interagiam com um público mais amplo. Suas atuações nas ruas da cidade ampliavam sua visibilidade e estabeleciam conexões com instituições que não eram especificamente voltadas para um recorte racial, evidenciando sua inserção e influência no cenário urbano mais abrangente.

Em algumas comemorações de aniversários da Banda da Floresta Aurora, observamos uma circulação entre a sede social e a rua, com a exposição de diversos símbolos institucionais, além da execução de seu repertório no espaço público. Em 1904, por exemplo, as festividades começaram logo pela manhã, com a banda se dirigindo à Capela do Bom Fim para a cerimônia de bênção de seus novos estandartes — tanto o da banda quanto o da sociedade. Esses estandartes foram adornados com uma coroa de louros e um ramalhete de flores naturais, simbolizando sua relevância institucional.[311] Já em 1909, o articulista do jornal *O Exemplo* destacou que foi realizada uma "festa íntima" no salão da sede social, com a banda aniversariante executando uma "bella overture", seguida por um animado sarau dançante "[...] que findou-se por entre saudades e pezar das gentis senhoritas, mas suavisadas pelo doce aroma da madrugada".[312] Porém, a festividade teve início no turno da tarde, com a Banda da Floresta Aurora realizando uma retreta, embora não tenha sido mencionado o local desta apresentação pública. Para o aniversário do ano seguinte, as comemorações foram semelhantes: também ocorreram retreta à tarde e um sarau dançante à noite. A diferença estava no turno da manhã, quando a banda, com seu estandarte, assistiu a uma missa na Igreja do Senhor do Bom Fim, de onde partiu para sua sede social[313], novamente demonstrando a articulação entre o espaço público e privado.

As comemorações públicas de aniversário da Sociedade Musical Lyra Oriental também evidenciam o desejo de seus membros de afirmar sua presença institucional no espaço urbano. No segundo aniversário da sociedade, em 1909, o jornal *O Exemplo* destacava as preparações para as festividades "tanto internas como externas" que a "disctincta sociedade musical" preparava prometiam estar à altura dos esforços de seus organizadores.[314] Durante as comemorações, a banda executou, com "correção e galhardia", peças de seu repertório em um coreto no Areal da Baro-

---

[311] *O Exemplo,* Porto Alegre, 7 ago. 1904, p. 2.

[312] *O Exemplo,* Porto Alegre, 1º ago. 1909, p. 2.

[313] *O Exemplo,* Porto Alegre, 7 ago. 1910, p. 2.

[314] Na programação, estava previsto o toque da alvorada pela banda em frente à sua sede social, situada na rua Miguel Teixeira, na região conhecida como Areal da Baronesa. Na sequência, a banda assistiria a uma missa na "Capela de Santo Antonio do Areal". À tarde, foi eleita a nova diretoria e realizada a entrega de títulos honoríficos para alguns associados. À noite, em horas alternadas, foram soltos balões gentilmente cedidos por um de seus sócios e, às 10 horas da noite, foram queimados "lindo fogos de artifício", igualmente oferecidos por outro sócio.

nesa.[315] No ano seguinte, em 1910, as festividades seguiram um formato semelhante, com o toque da alvorada em frente à sede social, seguido de visitação à Capela de Santo Antônio, onde mandou rezar uma missa. Após a cerimônia religiosa, a banda conduziu uma passeata por diversas ruas do "Arraial da Baroneza", consolidando sua presença nas ruas da cidade. À tarde, os sócios e convidados participaram de um banquete, e a banda voltou a tocar em um coreto montado na região, com as festividades se estendendo até a noite no espaço público. O jornal *O Exemplo* observou o grande número de pessoas que assistiram às celebrações de 1910, com o articulista comentando: "A concorrência pública foi enorme, parecendo tratar-se até de uma festa popular. E assim pensamos nós, deve ser considerada, em virtude do sucesso que nesses trez annos de existência tem alcançado esta sympatica sociedade".[316]

Esses exemplos mostram que, ao celebrar seus aniversários, essas bandas de música de Porto Alegre não apenas festejavam internamente, mas também buscavam demarcar sua presença no espaço público. Ao realizar suas comemorações, as bandas mostravam à população que estavam ativamente inseridas na vida social e cultural da cidade. Para isso, entoavam seus hinos, expunham seus estandartes, fardavam seus uniformes e marcavam sua presença, como se estivessem dizendo: "Nós, integrantes de uma associação negra, estamos aqui, comemorando mais um ano de atividades". Essas comemorações eram visíveis para além da comunidade negra e suas associações. A cobertura dos eventos não se restringia apenas ao jornal *O Exemplo* — veículo da imprensa negra —, mas também encontrava espaço em meios de comunicação mais amplos. Um exemplo disso é o jornal *A Federação*, órgão oficial do Partido Republicano, que, em 1903, noticiou o passeio da "antiga sociedade musical Floresta Aurora" pela cidade, destacando o novo fardamento e o estandarte exibido pela banda. Essas ações reforçavam a visibilidade e o papel das associações negras nas dinâmicas culturais e sociais de Porto Alegre.[317]

No espaço público, as associações musicais negras se abriram para uma interação mais ampla com a população de Porto Alegre. Parte do público se dirigia diretamente aos locais de apresentação, como no caso dos coretos armados pela Lyra Oriental no Areal da Baronesa. Outros acompanhavam as bandas desfilando pelas ruas, como a Banda da Flo-

[315] *O Exemplo,* Porto Alegre, 5 set. 1909, p. 2.

[316] *O Exemplo,* Porto Alegre, 18 set. 1910, p. 2.

[317] *O Exemplo,* Porto Alegre, 27 jun. 1903, p. 2.

resta Aurora no bairro Bom Fim, enquanto alguns apenas observavam a banda passar. No entanto, é importante destacar que o espaço público, à época, possuía fronteiras determinadas por negociações étnicas e sociais em sua composição e distribuição na Cidade. Regiões urbanas como o Areal da Baronesa e a Colônia Africana, associadas à população negra, eram frequentemente alvo de descrições depreciativas nos jornais, que reforçavam estigmas sobre seus moradores. Apesar disso, essas áreas não eram homogêneas, pois abrigavam também brancos pobres e imigrantes, configurando uma diversidade social. Além disso, o espaço central de Porto Alegre, com significativa presença da população negra, refletia igualmente essa pluralidade de convivência entre diferentes grupos étnicos e sociais, não estando fora da negociação racializada do espaço urbano de forma abrangente.

Seguindo a análise das relações estabelecidas pelas bandas de música para além do recorte racial, um destaque importante é o vínculo com a Igreja Católica. As bandas da Floresta Aurora e da Lyra Oriental frequentemente inseriam atividades religiosas em suas comemorações de aniversário, demonstrando uma interação significativa com o poder eclesiástico. Esse envolvimento pode ter sido motivado por convicções religiosas pessoais dos integrantes, ou pode ter sido uma estratégia para ampliar sua atuação e visibilidade pública. Independentemente da motivação, o fato é que essas bandas participaram ativamente de cerimônias e festividades religiosas, como missas e procissões, reforçando sua presença em eventos promovidos pela Igreja. Essas ocasiões não apenas ampliavam a circulação das bandas pelos espaços urbanos, como também integravam suas atividades musicais a rituais de caráter público e institucional, reforçando as interações entre as associações musicais negras e os setores mais amplos da sociedade porto-alegrense.

No jornal *A Federação*, é possível encontrar uma ampla divulgação das festividades católicas, e a Banda da Floresta Aurora foi frequentemente mencionada como participante dessas celebrações. Na década de 1890, essa banda esteve envolvida em diversas festas religiosas, destacando-se sua presença em eventos que mobilizavam diferentes camadas sociais da cidade. Por exemplo, em 1895, a banda participou das festas de Nossa Senhora dos Navegantes, que se estenderam por dois dias.[318] Essas festividades percorriam amplas regiões de Porto Alegre, envolvendo uma

[318] *A Federação*, Porto Alegre, 29 jan. 1895, p. 3.

logística significativa, com o uso de trem, embarcações pelo rio Guaíba e procissões pelas ruas. O evento também foi marcado por um pedido aos marítimos, que acompanhassem a navegação, e aos moradores para que decorassem as embarcações e as ruas com ornamentação e embandeiramento, "[...] dando, assim, maior brilhantismo á festividade". Nessas ocasiões, a Banda da Floresta Aurora atuava ao lado de autoridades civis, militares e religiosas, como o Bispo Diocesano. A participação em festas religiosas, promovidas pela Igreja Católica, não se limitava a Porto Alegre. Em 1891, a banda marcou presença na festa de Nossa Senhora da Conceição, realizada em Pedras Brancas (atual Guaíba),[319] e em 1895, participou das comemorações do Divino Espírito Santo na cidade de São Jerônimo.[320] Esses eventos demonstram que a atuação da banda transcendia os limites da capital, levando sua música e influência a outras localidades do Rio Grande do Sul.

As divulgações das festas religiosas católicas, mencionadas no jornal *O Exemplo*, reforçam a continuidade da participação das bandas musicais negras nas primeiras décadas do século XX.[321] Essas bandas se integravam aos festejos e procissões promovidos pela Igreja Católica, como demonstrado pela presença da Banda da Floresta Aurora nos louvores a São Pedro, em 1904,[322] e da Lyra Oriental na Festa de Nossa Senhora do Rosário, em 1919, ao lado de outros conjuntos musicais.[323] Essas celebrações, ocorrendo em espaços públicos mais amplos e promovidos pela Igreja, ofereciam uma forma distinta de legitimação das instituições musicais negras. Diferentemente das festividades internas e mais autônomas, como os aniversários das bandas, essas festas religiosas frequentemente contavam com a organização e o controle da Igreja e do Estado. A presença de autoridades civis e eclesiásticas, somada à participação de diversos setores sociais, conferia às bandas uma visibilidade diferenciada. Ao se inserirem nesses eventos públicos e legitimados por forças institucionais, as bandas

---

319 *A Federação*, Porto Alegre, 6 dez. 1891, p. 1.

320 *A Federação*, Porto Alegre, 30 nov. 1895, p. 2.

321 Como ilustração, trazemos a festa da Nossa Senhora da Glória em 1902, que contou com nove bandas de música (*O Exemplo*, Porto Alegre, 25 nov. 1902, p. 2.), a festa do Divino Espírito Santo em 1919, na qual, durante cinco dias, tocaram três bandas de música nos coretos (*O Exemplo*, Porto Alegre, 1º jun. 1919, p. 3.), e a festa da Nossa Senhora da Boa Viagem em 1919, demandada pela Igreja do Rosário, que saiu em procissão pelas ruas da Cidade e contou com a participação de duas bandas de música da Brigada Militar (*O Exemplo*, Porto Alegre, 23 nov. 1919, p. 2.).

322 *O Exemplo*, Porto Alegre, 3 jul. 1904, p. 2.

323 *O Exemplo*, Porto Alegre, 12 out. 1919, p. 2.

de música ampliavam sua visibilidade e estabeleciam novas formas de reconhecimento em meio à sociedade porto-alegrense.

Fora essa articulação com um público mais abrangente, não restrito a recortes raciais, essas bandas musicais conectaram-se com outras instituições evidenciando, novamente, a construção de redes a partir de diferentes espaços de atuação. Por exemplo, em 1890, a Banda da Floresta Aurora esteve presente nas comemorações à Nossa Senhora dos Navegantes, atuando ao lado de outra banda musical, a União Brasileira.[324] Cinco anos mais tarde, participou das mesmas comemorações, só que, dessa vez, atuando ao lado de outra sociedade musical denominada 26 de Outubro e contando com a presença de diversas autoridades eclesiásticas, civis e militares.[325] Por sua vez, na festa em consagração à N. S. do Rosário em 1919 estiveram presentes uma banda da Brigada Militar, a do 10º Regimento, a do Instituto Profissional, regida por Abel de Barros, a Banda da Intendência Municipal, regida por Honorato Rosa, e a própria Lyra Oriental, sob a regência de José André Gonçalves.[326] Ou seja, ao lado da banda formada por músicos negros, estavam algumas militares (Brigada Militar e 10º Regimento) e outras vinculadas a instituições públicas de ensino, como o Instituto Profissional e da Intendência Municipal (no caso, a antiga Banda Municipal), que apresentavam critérios de composição diferente daqueles dos clubes negros. Essas interações não apenas fortaleceram as redes de sociabilidade entre diferentes setores da sociedade, como também reafirmaram a presença e a relevância das bandas negras em eventos de grande visibilidade e importância pública.

As relações de proximidade que as bandas da Floresta Aurora e Lyra Oriental mantinham com outros conjuntos musicais, com critérios de composição distintos, iam além das festividades religiosas. Elas também se estendiam a eventos promovidos pelas próprias associações negras. Um exemplo disso é o aniversário da Banda da Floresta Aurora em 1904, conforme relatado no jornal *O Exemplo*. A celebração contou com a participação de sua banda "co-irmã dos operários do Arsenal de Guerra, que vinha com seu concurso abrilhantar a festa da Floresta". As duas bandas, em conjunto, tocaram "bellos dobrados" e retornaram à sede social da

324 *A Federação*, Porto Alegre, 29 jan. 1890, p. 3.

325 *A Federação*, Porto Alegre, 29 jan. 1895, p. 2. Sobre estes conjuntos musicais com que a Banda da Floresta Aurora atuou ao lado nas festas religiosas do final do século XIX não localizamos mais informações.

326 *O Exemplo*, Porto Alegre, 12 out. 1919, p. 2.

Floresta Aurora, continuando as comemorações com a banda do Arsenal de Guerra, sob a regência do Maestro Lourenço Cunha, que executou "bellissimos trechos de seu escolhidissimo repertório", encerrando-se com um baile animado que durou até a madrugada.[327]

Se, no aniversário da Banda da Floresta Aurora, esteve presente a banda do Arsenal de Guerra, na comemoração do aniversário da Lyra Oriental em 1910 houve uma maior presença de outras instituições que se fizeram representar por meio de comissões. Além da participação da banda coirmã Lyra Florestina e da redação do jornal *O Exemplo*, que já eram presenças recorrentes e importantes nas festividades da comunidade negra, outras instituições se fizeram representar. A União dos Pedreiros e a Banda do Primeiro Batalhão da Brigada Militar também participaram do evento. A presença da Banda da Brigada Militar, em particular, foi destacada como "incontestavelmente a nota da festa" pelo articulista.[328] Esses exemplos revelam que as associações negras não apenas fortaleciam suas próprias redes internas, mas também estendiam suas conexões para além de um recorte racial, estabelecendo vínculos com grupos profissionais e militares. Essas interações demonstram como essas bandas de música, como a Lyra Oriental, costuram uma extensa rede de sociabilidade, onde relações baseadas em afinidades profissionais e institucionais contribuíam para sua legitimação e visibilidade na Cidade.

Esses exemplos ilustram apenas uma parcela do intenso contato entre bandas musicais formadas por negros e instituições públicas que mantinham conjuntos musicais, como as bandas militares e as ligadas a instituições de ensino voltadas para crianças pobres. Esse intercâmbio se revelava na circulação das associações negras por diferentes espaços de atuação, fortalecendo laços de solidariedade com bandas vinculadas ao poder público, como a antiga Banda Municipal, associada à Escola Hilário Ribeiro. O estreitamento dessas relações possibilitava que bandas públicas participassem de eventos sociais no interior de instituições negras, fortalecendo suas redes e apoiando suas demandas políticas. Um exemplo disso pôde ser observado no início deste trabalho quando a antiga Banda Municipal participou das comemorações de 28 de setembro na Sociedade

---

[327] *O Exemplo,* Porto Alegre, 7 ago. 1904, p. 2.

[328] A questão da composição étnica dessa banda de música será analisa com afinco em outro ponto do texto. No momento, interessa apenas destacar que o referido batalhão se situava na rua Baronesa do Gravataí, distante apenas duas quadras da sede da Lyra Oriental. Para aprofundar as relações de proximidade entre os moradores do Areal da Baronesa e o Batalhão da Brigada Militar assentado na mesma região, ver: MATTOS, 2000.

Floresta Aurora, reforçando os laços de colaboração e visibilidade entre os grupos étnicos e as instituições públicas.

Nessa interface pública, as associações civis não só divulgavam, mas ampliavam suas pautas políticas, atuando diretamente nas discussões locais. Essas associações, especialmente as negras, estabeleciam alianças e tomavam partido em eleições, buscando legitimidade para suas demandas, inclusive em relação às questões da população negra. As comemorações de datas cívicas, que muitas vezes incluíam bailes e festivais artísticos, não se limitavam ao interior das associações, mas também se realizavam em espaços públicos mais amplos. Como marcos importantes, elas refletiam os projetos políticos de reorganização social, disciplinamento e hierarquização que estavam em debate no início do período republicano, num contexto ainda marcado pelo fim recente da escravidão e do império. A participação ativa da população negra nessas celebrações, por meio de suas manifestações artísticas, era uma forma de engajamento público e político. Portanto, além de proporcionar momentos de comemoração, reflexão e reivindicação, protagonizar as celebrações dessas datas publicamente também era uma forma de demarcar suas pautas políticas na construção nacional.

A Banda da Floresta Aurora participou ativamente da festa pública da Abolição da Escravidão, realizada em Porto Alegre, e sua presença foi destaque entre as várias instituições que se incorporaram ao evento. O jornal *A Federação*, em sua edição de 17 de maio de 1888, relatou uma ampla cobertura dos festejos que marcaram a abolição. Estavam presentes diversas autoridades políticas e religiosas, como o Presidente da Província e o Bispo Diocesano, além de representantes da imprensa e militares. No entanto, o ponto central da celebração foi o passeio cívico, realizado à noite pela Escola Militar, que contou com a participação de vários colégios, o Centro Abolicionista, e bandas de música de diferentes instituições, como o Arsenal de Guerra, o 13º Batalhão de Infantaria e diversas sociedades civis e militares. Entre as instituições presentes estavam clubes republicanos, associações comerciais, sociedades italianas, como Miguel Angelo e Victor Emmanuel, e entidades como o Clube Militar, a União Militar, e a Sociedade de Beneficência Portuguesa. Essas instituições trouxeram suas bandas de música e estandartes, compondo o préstito que também incluiu a Sociedade Musical Floresta Aurora, a Sociedade Musical Minerva, a Musical Universal e a Sociedade Carnavalesca Esmeraldas, todas representadas com suas bandeiras. A participação da Floresta Aurora nesse evento exemplifica sua inserção nas grandes celebrações públicas e a importância que essas associações tinham na vida social e cultural de Porto Alegre, especialmente em eventos de significado político e cívico tão profundo como a Abolição.[329]

As comemorações de datas relacionadas à emancipação da escravatura também se destacavam em locais distintos dos clubes negros e do espaço público geral, como evidenciado pelo jornal *O Exemplo*. Em 1916, foi noticiado que a fundação do Grêmio Dramático Arthur da Rocha celebraria a data de 13 de maio "com toda pompa" no Theatro São Pedro. A abertura do espetáculo contou com uma conferência sobre a importância da data, ministrada por Flávio Tullio Campos, seguida por vários oradores e pela representação do drama José, "do inolvidavel escriptor Arthur Rocha" e encenado por "conhecidos elementos de nosso meio social".[330] Além disso, o Grêmio José do Patrocínio, após um período de inatividade, reestruturou suas atividades em março de 1917. O retorno do grupo também estava programado para o Theatro São Pedro, com uma apresentação de gala marcada para o dia 13 de maio daquele ano.[331]

Desde sua fundação, o Theatro São Pedro correspondeu à principal (e, posteriormente, a mais tradicional) casa de apresentações de Porto Alegre. As apresentações nesse espaço representavam mais do que uma simples celebração. Eram uma maneira estratégica de inserir e legitimar as discussões sobre a liberdade e os direitos de cidadania na esfera cultural local. Ao ocupar um palco tão prestigiado, esses grupos não só comemoravam datas importantes, mas também fortaleciam sua presença e influência na sociedade, oferecendo uma visão alternativa e positiva de suas contribuições e referências. Ao mesmo tempo, ao demarcarem suas pautas políticas, tais apresentações também serviam para apresentar à sociedade em geral repertório artístico próprio, como eram com as peças teatrais do dramaturgo negro Arthur da Rocha. O Theatro São Pedro, portanto, não era apenas um local de prestígio, mas um espaço fundamental para a afirmação e visibilidade das pautas e conquistas da comunidade negra em Porto Alegre.

---

329 *A Federação*, Porto Alegre, 17 maio 1888, p. 2.

330 *O Exemplo*, Porto Alegre, 2 abr. 1916, p. 1; *O Exemplo*, Porto Alegre, 30 abr. 1916, p. 2.

331 *O Exemplo*, Porto Alegre, 18 mar. 1917, p. 2.

Além de levarem essas datas relacionadas à emancipação escrava para além de suas sedes sociais, outras celebrações cívicas, como as relacionadas à Independência do Brasil, também mostraram o protagonismo das bandas musicais negras em se inserir e destacar na vida pública de Porto Alegre. Esta data, em 1889, foi comemorada pela Banda da Floresta Aurora em praça pública, que executou várias peças, inclusive o Hino da Independência.[332] Por sua vez, o regente da Lyra Oriental, Maestro José André Gonçalves, participou, em 1916, do festival em comemoração ao aniversário de Independência do Brasil realizado pela coirmã Lyra Florestina no Theatro São Pedro.[333] A Sociedade Musical Lyra Oriental também costumava comparecer às comemorações de aniversário do jornal *A Federação*, órgão oficial do Partido Republicano Rio-Grandense, como ocorreu em 1909[334] e 1911, quando foi destacada ainda a excelência de seu repertório.[335] Em contrapartida, convidava-os para comparecer nas suas próprias comemorações de aniversário, como ocorreu em 1909, quando os redatores atenderam ao pedido e noticiaram, no órgão oficial do Governo, a cobertura de sua festa.[336]Republicana a Banda da Lyra Oriental participou em 1913 da denominada "Festa da Republica", organizada pelo Centro Republicano Júlio de Castilho, atuando ao lado de diversas bandas, em coretos situados no centro da Cidade.[337] Nessas participações, adquiria ainda grande visibilidade perante as autoridades civis. Em 1918, participou da festa da Independência do Brasil, que correspondeu a um grande evento, contando com a presença do Governador do Estado Borges de Medeiros.[338] Essa mesma banda, em 1922, participou dos festejos do centenário da Independência do Brasil, tocando no coreto localizado junto à Intendência Municipal, durante os três dias de comemorações.[339]

Essas participações contribuíam não apenas para a visibilidade das bandas e suas associações, mas também para a afirmação de sua relevância e influência nas discussões cívicas e culturais da época, demonstrando uma integração ativa e significativa com a sociedade porto-alegrense em um período de transformações políticas e sociais. Em outras palavras, essas

---

332 *A Federação*, Porto Alegre, 9 set. 1889, p. 2.

333 *O Exemplo*, Porto Alegre, 20 ago. 1916, p. 3.

334 *A Federação*, Porto Alegre, 2 jan. 1909, p. 1.

335 *A Federação*, Porto Alegre, 2 jan. 1911, p. 1.

336 *A Federação*, Porto Alegre, 6 ago. 1909, p. 4.

337 *A Federação*, Porto Alegre, 11 nov. 1913, p. 1.

338 *A Federação*, Porto Alegre, 7 set. 1918, p. 1.

339 *O Exemplo*, Porto Alegre, 7 set. 1922, p. 5.

associações negras, com suas bandas de música e bailes comemorativos, foram participantes ativas na construção desse amplo projeto de nacionalidade, atentando para demandas que lhes são peculiares. Mas não só.

Diante de pautas políticas variadas, também se destaca o vínculo dessas bandas musicais da comunidade negra com o operariado, estendendo sua rede de sociabilidade, que, nesse momento, apresentava um recorte profissional. Em 1911, por exemplo, a Banda da Floresta Aurora e a Lyra Oriental participaram da passeata cívica em comemoração à "victoria das 8 horas de trabalho". Reunindo "proletários de todas as profissões, formando aproximadamente 5.000 pessoas, unidas aos pedreiros e carpinteiros",[340] essa passeata partiu da sede da Federação Operária e foi puxada por essas bandas de música formadas por negros, cumprimentando, em seu trajeto, diversos jornais e lideranças operárias. Diversos integrantes das associações civis negras analisadas também exerciam diferentes ofícios ao lado da música e buscavam uma maior possibilidade de mobilidade social e econômica como profissionais em entidades mutuais ou na organização operária. Por exemplo, o Diretor da Lyra Oriental e Presidente Honorário da Lyra Florestina, o Maestro José André Gonçalves, foi referendado no jornal *O Exemplo*, ao noticiar o seu aniversário como "conceituado constructor", que, em 1902, ocupava o cargo de contramestre das obras de reforma da Igreja das Dores, "edificação de maior responsabilidade artística das que se tem feito actualmente".[341] Por sua vez, o Músico João Gonçalves Cruz foi fundador da banda Lyra Oriental e ocupou o cargo de Presidente na diretoria eleita em 1910. Quando esse faleceu, em 1926, o jornal *O Exemplo* publicou um registro lutuoso sobre esse "malogrado musico" que, além de morrer por uma "synconpe", era Presidente Honorário da Lyra Oriental e também era associado à Sociedade Filhos do Trabalho.[342] Já o Músico João Baptista dos Santos, eleito arquivista da Lyra Oriental em 1910, foi Presidente da Sociedade Protectora dos Artistas em 1910.[343] Ainda tem-se mais um exemplo. O Músico Leopoldino Ribeiro Álvares, que foi Vice-Presidente da Banda Lyra Florestina em 1917, foi presidente da sessão comemorativa ao primeiro aniversário da União dos Trabalhadores em Madeira, realizada em 1910, conforme indicação de Liane Muller. [344]

---

340 *O Exemplo,* Porto Alegre, 12 fev. 1911, p. 1.

341 *O Exemplo,* Porto Alegre, 13 nov. 1902, p. 2.

342 *O Exemplo,* Porto Alegre, 21 nov. 1926, p. 2.

343 *O Exemplo,* Porto Alegre, 1º jan. 1910, p. 3.

344 MULLER, 1999 (Anexo 4).

As articulações e a circulação da música motivadas por recortes profissionais e/ou interétnicos eram práticas estabelecidas há longo tempo. Um exemplo disso é a participação da Banda da Floresta Aurora na festa em comemoração ao 25º aniversário da Unificação da Itália, realizada pela colônia italiana residente em Porto Alegre em 1895. Na descrição publicada nas páginas de *A Federação*, consta: "As 10 horas da manha seguiram para ali [Prado da Independência] as corporações com suas bandeiras desfraldas e ao som de dobrados de musicas italianas que a Floresta Aurora e Progresso Industrial executavam".[345] Nessa situação, uma banda da comunidade negra participou das comemorações de datas referentes à população de origem italiana e executou, ao lado de outro conjunto musical, aparentemente formado por recorte profissional, músicas italianas, mostrando a capacidade da Banda da Floresta Aurora de se adaptar a diferentes contextos musicais e culturais. Além disso, essas interações com recortes profissionais e interétnicos também estavam presentes no interior das associações étnicas. Um exemplo disso ocorreu em 1916, quando a Sociedade Brilhantismo da Mocidade, outro clube negro frequentemente mencionado nas páginas do jornal *O Exemplo*, organizou um passeio campestre.[346] A festividade foi destacada por contar com a participação da "bem afinada banda musical Lyra Operária", mostrando a integração das bandas negras com associações de diferentes perfis profissionais e sociais. Esse operariado, composto de indivíduos de diferentes origens étnicas, uniu-se em torno de pautas políticas comuns.

Em suma, essas bandas não apenas fortaleciam suas redes dentro da comunidade negra, mas também se integravam a contextos mais amplos e variados, refletindo a complexidade e a amplitude de sua atuação na sociedade. As variadas apropriações da música e as redes de proximidade formadas pela comunidade negra não surgiram de maneira espontânea, mas foram resultado de uma construção ativa e estratégica. As bandas de música e os grupos teatrais da comunidade negra não se limitaram às suas sedes sociais; eles tocavam nas ruas e em coretos situados em praças públicas. Frequentemente, associavam-se a clubes negros que promoviam bailes e festivais artísticos em espaços mais abertos, como teatros. Essas atividades possibilitaram que diversas pautas políticas discutidas e praticadas pelas associações negras se manifestassem de forma mais ampla nas ruas e nos palcos da cidade. A constante circulação

345 *A Federação*, Porto Alegre, 29 set. 1895, p. 2.

346 *O Exemplo*, Porto Alegre, 20 fev. 1916, p. 3.

e visibilidade dessas manifestações musicais e teatrais revelam como elas estavam integradas a estratégias mais amplas de mobilidade social e como refletiam as perspectivas políticas do período.

2.5 Entre o "erudito" e o "popular"

Essa cultura musical que observamos a partir da vida associativa da comunidade negra apresenta características que tencionam as noções de música popular e de música erudita, tanto naquele período específico como nas interpretações posteriores. Na bibliografia local, conforme demonstramos, a presença negra nesse campo cultural está centrada em sua atuação no espaço público a partir dos festejos populares. Em relação à primeira década do século XX, são abordados principalmente os grupos de Ternos de Reis, ao passo que, entre as décadas de 1930 e 1940, são destacados os blocos e cordões carnavalescos. Em geral, esta participação cultural fica atrelada a formas musicais compreendidas como populares. Esta cultura popular, como pontuamos na introdução deste trabalho, serve de base para a construção e consolidação de uma identidade nacional agenciada a partir da década de 1930 pelo governo de Getúlio Vargas enquanto política de Estado. Neste momento, cabe-se perguntar: no interior desses clubes sociais, foram reproduzidos unicamente os gêneros identificados como populares? Como era a música consumida, discutida e executada nas primeiras décadas do século XX?

Por outro lado, demonstramos que, na década de 1920, esta noção de popular não tinha o mesmo significado que lhe foi atribuído no decorrer da década de 1930. A partir da criação da Banda Municipal de 1925, percebemos que esta "falsa" música, no caso oposta à "verdadeira" ou erudita, estava mais atrelada a critérios sociais e raciais do que nos parâmetros artísticos. Obviamente, para esta música "verdadeira" se legitimar não poderia estar baseada somente em compositores clássicos, tais como Verdi, Chopin, Beethoven, entre outros. Afinal, a antiga Banda Municipal, formada basicamente por crianças pobres e nacionais, também tocavam temas de peças clássicas, mas mesmo assim eram consideradas populares e insuficientes para propagar a "verdadeira cultura musical". A distinção se daria, por um lado, a partir da performance musical baseada nas bandas de grandes centros mundiais (basicamente europeus e norte-americano). Para a efetivação desta música de concerto, que não poderia ser tocada por bandas musicais itinerantes, era necessário completar a instrumentação, principalmente com os instrumentos de cordas. Por outro lado, a origem dos músicos que desempenhariam essa "verdadeira cultura musical" foi outro elemento fundamental nas justificativas de recriação do conjunto que portava o nome da cidade. Basta lembrar que, para montar a "nova" Banda Municipal, foram contratados músicos estrangeiros, ao passo que músicos nacionais e negros foram afastados e impedidos de entrar na Banda em 1928. Em outras palavras, a música "verdadeira" precisava ficar mais erudita, seletiva e europeia.

Estes pormenores, explicitados no projeto de criação da Banda Municipal de 1925, não são por acaso e estão marcando os termos das disputas políticas em torno do campo cultural naquele período. Havia a necessidade de diferenciar uma música erudita, que se propunha a ser a exacerbação da "verdadeira cultura musical", de uma outra música erudita que estava vinculada a grupos populares. A recorrência da música identificada como erudita não era uma eventualidade em setores da comunidade negra. Pelo contrário, ela era interpretada por músicos negros, consumida nas sedes de diversos clubes sociais e seguidamente discutida nas páginas do jornal *O Exemplo*. Mas o que significa a presença da música erudita nesses espaços? Seriam formas de branqueamento agenciadas por músicos e instituições negras em que estariam "copiando o universo cultural do branco"? Ao mesmo tempo, sua abordagem nas páginas d'*O Exemplo* seria um incentivo a esse processo? Essas lideranças negras estariam virando as costas para a comunidade negra a qual se propunha a defender e mudando seus objetivos? Não podemos analisar de forma rápida questões tão complexas. Parece haver diferentes usos políticos e sociais deste tipo de música, assim como é possível perceber diversas leituras sobre o significado da música erudita realizadas pelos redatores do jornal *O Exemplo*, bem como sua presença no interior dos clubes sociais.

O primeiro ponto a destacar é que não havia oposição entre formas musicais identificadas posteriormente como eruditas ou populares. Músicos, clubes e intelectuais negros desempenhavam um repertório musical um tanto plural. Ao mesmo tempo, essa articulação de diferentes formas de expressão artística dialogava com pautas políticas mais amplas ligadas às reivindicações da comunidade negra. Em outras palavras: a presença desse tipo de música está vinculada a diferentes eventos que, em grande parte, estavam fomentando referências étnicas positivas, contribuindo para a construção de discursos e práticas contra reativas à discriminação racial e à propagação de imagens estigmatizantes em torno da comunidade negra.

Como mostramos anteriormente, a comemoração das datas emancipatórias auxiliava a articulação dessas associações ao fomentar as relações de proximidade de seus sócios e a reafirmar as pautas políticas particulares à comunidade negra. Algumas dessas cerimônias eram constituídas por diversas apresentações artísticas com uma grande variedade de gêneros musicais, inclusive a tal música erudita. Por exemplo, na comemoração do dia 28 de Setembro realizada em 1916 pelo Grêmio Dramático Arthur da Rocha, o festival artístico contou com a orquestra regida pelo Maestro João Penna de Oliveira, que executou a sinfônica de "Aida", seguida por extenso ato de variedades com diversos números musicais, composto por cançonetas e "romanzas".[347] Já a Sociedade Floresta Aurora também celebrou diversas vezes essa data com bailes de gala. Em 1917, na comemoração do "[...] grande dia que relembra a entrada do Brasil no concerto das nações livres", a festividade contou novamente com a participação do Maestro João Penna de Oliveira, regendo a orquestra que executou a "Ouverture da Cavalaria Rusticana", além do "Hino da Independência". O baile seguiu com as danças marcadas por uma "poloneise".[348] Em 1924, esse mesmo clube comemorou novamente a data com um grande baile de gala, no qual um grupo de "gentilissimas senhorinhas" cantaram o "Hino da Independencia", acompanhadas por grande orquestra.[349] Por sua vez, a Sociedade Instructiva 7 de Setembro realizou em 1910 a dupla comemoração (de seu aniversário e da Independência) com um baile de gala permeado de um extenso repertório musical, composto pela tradicional *polonaise*, valsas, *polkas*, *schottisch*, dentre outros. Ao final das festividades, o "Hino da Independencia" foi executado por afinada banda e coro "caprichosamente" ensaiados.[350]

Podemos também tomar como referência os festivais artísticos destinados a angariar fundos para a construção da herma em homenagem à José do Patrocínio em 1917, organizado pelos integrantes do jornal *O Exemplo*, com auxílio da Sociedade Floresta Aurora e do Gremio Dramatico Carlos Gomes. Também é de se destacar que, ao lado das manifestações artísticas que compunham o festival, figurava a realização de uma conferência literária que, provavelmente, deveria dissertar pelas motivações da realização da respectiva iniciativa. Nesse caso, o festival

347 *O Exemplo*, Porto Alegre, 8 out. 1916, p. 3.

348 *O Exemplo*, Porto Alegre, 9 set. 1917, p. 2.

349 *O Exemplo*, Porto Alegre, 7 set. 1924, p. 3.

350 *O Exemplo*, Porto Alegre, 11 set. 1910, p. 2.

realizado procurava angariar fundos para a demarcação de referenciais positivos da participação da comunidade negra na sociedade brasileira, rejeitando, portanto, as representações e interpretações preconceituosas que proliferavam nos jornais e nas práticas discriminatórias cotidianas. Ao lado dessa atividade política, na qual a música e o teatro eram os protagonistas, pode-se identificar uma variedade de gêneros musicais, que revela uma ampla apropriação das manifestações artísticas que estavam em curso nessas primeiras décadas do século XX. O programa da festividade permite essa apreciação:

> Festival artistico e litterario pró-herma Jose do Patrocinio no salão da S. B. D. Floresta Aurora. Hoje, 19 de agosto de 1917 as 20 ½ horas da noite em ponto.
>
> Programma
> I PARTE
> 1. Copella — overture pela orchestra
> 2. Conferencia literária pelo dr. Christiano Fettermann
>
> II PARTE
> 1. Overture pela orchestra
> 2. Torna sorriento — F. Campos
> 3. Graviela — monologo — W. Baeta
> 4. Manhas de Abril — schottisch — Srta A. das Neves
> 5. Leão Reconhecido — poesia — J. Silveira
> 6. Valsa dos que soffrem — J. de Souza
> 7. Olhos de Velludo, modinha ao violão — sra Violette
> 8. Os myosotis no Vaticano (poesia) — A. Ribeiro
>
> III PARTE
> Sera levada a scena pelos amadores do Gremio Dramatico Carlos Gomes a hilariante comedia em 1 acto intitulada ATRAZ DO GENRO
>
> DISTRIBUIÇÃO
> Dr. Lobo de Mattos, advogado, 60 annos — W. Baeta
> Emilia sua filha, 18 annos — sra M. J. de Oliveira
> Paulo capitalista, marido de Emilia, 25 annos — J. Figueiredo
> Lucas da Silva, amigo de Paulo, 45 annos — J. de Souza
> Virginia, sua mulher, 23 annos — sra Viollete
> Jose creado — J. Figueiredo
>
> IV PARTE
> 1. Overture pela orchestra
> 2. Monologo — J. Silveira
> 3. Lagrimas e riso, valsa — Srta A. das Neves

4. A moleirinha, canção — J. Figueiredo
5. Coração Chorando, valsa — F. Campos
6. O Beque, monologo — J. Figueiredo
7. Um lundu — sra Violette
8. No Ceo, na terra, em tudo, valsa — J. de Souza.[351]

No primeiro momento, destacamos a presença da orquestra, com seu piano e violinos, executando peças de seu repertório. Ao lado de monólogos, récitas de poesias e da hilariante comédia, figuraram também valsas, canções, modinhas, lundus e *schottisch* com os mais variados instrumentos. Conforme a notícia de divulgação do evento, um dos destaques da noite era a *Mademoiselle* Violette, que cantou, acompanhada de seu violão, diversas modinhas de Catulo da Paixão Cearense.[352] Ou seja, o repertório era um tanto variado, com gêneros musicais tradicionalmente identificados à população negra, como os lundus, como também formas musicais identificados como europeus, como as valsas e as *ouvertures* de peças clássicas. Esta apropriação plural da música contribui para a construção de variadas identidades sociais fornecendo, portanto, variadas respostas à exclusão e estigmatização da comunidade negra. Ao lado destas atividades com música erudita estão também assentadas propostas políticas visando ao pertencimento étnico desta comunidade negra, seja por meio dos próprios grupos teatrais com os autores e datas cívicas relacionadas à liberdade ou mesmo nas atividades para arrecadar fundos para a construção da herma do José do Patrocínio.

Não eram apenas as associações negras e seus músicos que interpretavam e divulgavam um repertório musical um tanto plural. Nas páginas do jornal *O Exemplo*, fica nítido que as formas musicais identificadas como populares e eruditas não eram apropriadas e divulgadas em oposição. Há diversas considerações, por exemplo, sobre a música erudita. Por vezes, essa divulgação era realizada em conjunto com inciativas promovidas por clubes sociais. Por exemplo, a partir das atividades promovidas pela Sociedade Floresta Aurora com a criação da "Hora Musical", ao lado das aulas noturnas oferecidas pelo Gremio Musical Carlos Gomes, que foram anunciadas em fevereiro de 1917, o jornal *O Exemplo* tomou parte no incentivo ao contato com a música erudita, divulgando, ao longo do ano, alguns textos sobre esse gênero musical e seus principais compositores. Por exemplo, em maio, foi publicado um texto versando sobre músicos eruditos, onde "a historia guarda o nome", que apresentaram

[351] *O Exemplo*, Porto Alegre, 19 ago. 1917, p. 2.

[352] *O Exemplo*, Porto Alegre, 12 ago. 1917, p. 2.

precocidade surpreendente no aprendizado, na execução e na composição de peças musicais, mencionando as trajetórias de Mozart, Beethoven, Mayrbeer e Schubert.[353]

Já em setembro, foi publicada, na data do desaparecimento "do scenario das manifestações lyricas", uma biografia do "fulgurante gênio musical que em vida se chamou Antonio Carlos Gomes"[354]. Para os redatores, "Carlos Gomes sabia conciliar o amor à pátria com os sentimentos em relação à arte, onde as obras o 'Guarany' e o 'Escravo' são affirmações incontestáveis da grande inspiração que as cousas pátrias produziam na sua alma vibrátil de consagrado artista".[355] Ao mesmo tempo que eram citados famosos compositores das escolas europeias, também era destacada a figura do Maestro Carlos Gomes, representando uma apropriação dessa tradição musical vinculada a uma formação nacional alternativa, integradora de sua população, visto que se mencionaram justamente as peças que realizam referência aos indígenas e aos africanos. O pertencimento realizado por estes redatores ao Maestro Carlos Gomes era pautado, principalmente, por este compositor também ser negro. Trata-se de demonstrar o protagonismo de músicos negros em diferentes espaços e formas musicais, demarcando sua presença e contribuição na construção desta cultura nacional.

A veiculação de textos versando sobre a música erudita não era novidade no jornal *O Exemplo* nem era tributário das iniciativas levada a cabo pelas aulas de música referidas há pouco. Em 1908, por exemplo, foram publicados, em suas páginas, excertos de uma revista literária alemã trazendo curiosidades sobre a vida de compositores clássicos, tais como Wagner, Schumann e Chopin.[356] Já em 1922, foi extraída de um jornal inglês uma reportagem que abordava a relação entre a música e a duração de vida dos compositores, retomando, novamente, uma série de compositores da escola clássica.[357]

A presenças de artista e considerações sobre a música identificada como erudita nas páginas de *O Exemplo* estão longe de significar um afastamento das formas musicais e artistas identificados como populares, principalmente quando são protagonizados por compositores e artistas negros. Quando o famoso samba "Pelo Telefone" foi gravado, em 1917, no

[353] *O Exemplo,* Porto Alegre, 26 maio 1917, p. 2.

[354] *O Exemplo,* Porto Alegre, 16 set. 1917, p. 1.

[355] *Idem.*

[356] *O Exemplo,* Porto Alegre, 20 dez. 1908, p. 1.

[357] *O Exemplo,* Porto Alegre, 26 nov. 1922, p. 3.

Rio de Janeiro (tradicionalmente compreendido como o primeiro registro fonográfico desse gênero musical), sua letra foi divulgada nas páginas do jornal *O Exemplo*. A preocupação em proporcionar ampla informação aos seus leitores evidencia-se logo na abertura dos versos de canção, assim exposto: "Estando esta trova muito em moda, a editamos para conhecimento dos nossos leitores, amantes das Cantigas populares [...]".[358]

Também figurava seguidamente nas páginas do jornal *O Exemplo* a divulgação de venda de partituras musicais também relacionadas a tais formas populares. Em 1917, por exemplo, foi anunciada a venda do "Tango Carnavalesco O Beijoqueiro", composto para o Carnaval de 1917 no Rio de Janeiro. Já em 1921, foram divulgadas diversas outras músicas também inseridas no universo do carnaval, entre as quais se destacam: "Marcha Triumphal Carnavalesca", "Gloria a Deus Momo" e "Samba Gaucho". Em 1924, figurava, por sua vez, a venda da partitura de um maxixe do compositor Vivaldino P. de Souza, denominada "Quem Não Dança Repara".[359] O anúncio da venda dessas músicas, e de muitas outras não mencionadas, não se restringiu apenas a um mecanismo de comercialização delas. Também foi uma maneira agenciada pelo jornal *O Exemplo* visando à divulgação e ao incentivo à prática dessas formas musicais. Outro aspecto importante na exposição de diversas músicas é sua própria circulação entre diferentes regiões. Em 1916, por exemplo, foi divulgado por seus redatores o recebimento de uma remessa da revista *Album Musical*, publicada no Rio de Janeiro, que foi enviada por seus editores ao jornal *O Exemplo*. Nessa ocasião, foram descritas as músicas presentes no referido exemplar, entre as quais se destacam os seguintes gêneros: "canção bohemia", fado, tango argentino, cançoneta, valsa, *polka* e *schottisch*.[360] Também não é difícil de imaginar a circulação desse exemplar entre diversos músicos negros que que estabeleciam relações de proximidade com o jornal *O Exemplo,* ou mesmo participavam diretamente desse periódico.

Ainda sobre a valorização de manifestações artísticas populares, não se faz necessário mencionar todo o acompanhamento que esse periódico realizava em torno de diversos festejos populares, tais como os Ternos de Reis e as comemorações carnavalescas. Os grupos locais promotores desses festejos, principalmente os que eram formados por negros, ou que estabeleciam relações de proximidade com essa comunidade, recebiam

358 *O Exemplo,* Porto Alegre, 11 nov. 1917, p. 3.

359 Ver respectivamente: *O Exemplo,* Porto Alegre, 4 mar. 1917, p. 2; *O Exemplo,* Porto Alegre, 10 abr. 1921, p. 2; *O Exemplo,* Porto Alegre, 27 abr. 1924, p. 2.

360 *O Exemplo,* Porto Alegre, 5 nov. 1916, p. 2.

farta atenção dos articulistas. Nessa cobertura, eram divulgadas as letras das músicas, os preparativos dos clubes que a efetivavam e as descrições sobre os passeios e os desfiles. Ao mesmo tempo, estes festejos populares, principalmente no caso dos blocos e dos cordões carnavalescos, não eram desempenhados somente por estilos musicais compreendidas como populares, tais como o choro e o samba.[361] Ao lado desses gêneros, diversos outros eram incluídos pelos grupos em seu repertório, como valsas, marchas, polcas, foxtrote e o famoso chorinho, transvestido de tango, revelando a miríade musical efetivada nesses festejos populares.[362]

De todo modo, o principal ponto que destacamos sobre a presença de músicas e músicos identificados como populares na páginas de *O Exemplo* está na própria cobertura de artistas negros de outras regiões do Brasil que realizaram apresentações em Porto Alegre. Muitos desses artistas alcançaram estrondoso sucesso não apenas no País, mas também realizaram turnês internacionais divulgando parte da cultura musical brasileira e tencionando as discussões sobre a construção do caráter nacional.[363] Esses artistas eram recebidos entusiasticamente por diversas associações negras e pelo jornal *O Exemplo*, que realizava ampla cobertura de suas visitas e destacavam a importância destes músicos e cantores no cenário cultural. Um desses artistas foi o famoso De Chocolat, cantor e teatrólogo negro que esteve presente em Porto Alegre, em diversas ocasiões. Em uma delas, mais especificamente em 1911, assistiu a uma das apresentações teatrais que eram recorrentes na vida cultural dessas instituições negras, conforme mostramos anteriormente. No caso, essa foi promovida pela Sociedade Floresta Aurora em homenagem ao famoso cançonetista:

---

361 Entre diversos grupos, mencionamos os seguintes: Cordão Carnavalesco Rei da Pandenga (*O Exemplo,* Porto Alegre, 11 fev. 1923, p. 2); Cordão Carnavalesco Alliados da Ilhota (*O Exemplo,* Porto Alegre, 26 fev. 1922, p. 2; *O Exemplo,* Porto Alegre, 11 fev. 1923, p. 2); Cordão Improvisados Carnavalescos (*O Exemplo,* Porto Alegre, 13 fev. 1921, p. 3); Grupo Carnavalesco Promptidão (*O Exemplo,* Porto Alegre, 14 jan. 1929, p. 2); Grupo Ariopa (*O Exemplo,* Porto Alegre, 22 out. 1922, p. 3); Cordão Chora na Esquina (*O Exemplo,* Porto Alegre, 26 fev. 1922, p. 2); Cordão Carnavalesco Os Fidalgos (*O Exemplo,* Porto Alegre, 11 fev. 1929, p. 1); Bloco dos Tigres (*O Exemplo,* Porto Alegre, 11 fev. 1923, p. 2).

362 Dentre outros, citamos os grupos seguintes: Cordão Carnavalesco Choro na Rabada (*O Exemplo,* Porto Alegre, 5 mar. 1916, p. 2); Bloco dos Atravessados (*O Exemplo,* Porto Alegre, 7 fev. 1926, p. 2); Cordão Carnavalesco Predilectos (*O Exemplo,* Porto Alegre, 10 jul. 1927, p. 3); C. C. Alliados da Ilhota (*O Exemplo,* Porto Alegre, 26 fev. 1922, p. 2); Grupo Carnavalesco Promptidão (*O Exemplo,* Porto Alegre, 14 jan. 1929, p. 2).

363 Ver: GOMES, Tiago de Melo. Negros contando (e fazendo) sua história: alguns significados da trajetória da Companhia Negra de Revistas (1926). *Estudos Afro-Asiáticos*, Rio de Janeiro, ano 23, n. 1, p. 53-83, 2001, p. 53-83; NEPOMUCENO, Nirlene. *Testemunhos de poéticas negras:* De Chocolat e a Companhia Negra de Revistas no Rio de Janeiro (1926-1927). 2006. Dissertação (Mestrado em História) – Programa de Pós-Graduação em História Social, PUCSP, São Paulo, 2006; ABREU, Martha. Participação política e identidade negra nas histórias de um músico cantor (1890-1920). *Topoi,* Rio de Janeiro, v. 11, n. 20, jan.-jun. 2010.

> Salão Floresta Aurora — Grande festival theatral
> Em honra do exímio cançonetista brazileiro — Chocolate digno emulo do celebre Geraldo. Será levado á scena pelo grupo de reputados amadores dramáticos da sociedade "Floresta Aurora" o emocionante drama em um acto: O ESCRAVO. Far-se-á ouvir, então, o appreciado artista — Chocolate, cantando escolhida cançonetas do seu vasto repertorio. O espectaculo terá lugar á noite de 1º de Junho, quinta-feira, no salão da antiga sociedade "Floresta Aurora"[364].

Não se sabe por qual motivo João Candido (De Chocolat) fez-se presente em Porto Alegre. Provavelmente, estava em meio à temporada em algum teatro ou cinema. De qualquer modo, demonstra o envolvimento que ocorria na ocasião da visita desse conhecido artista negro, assim como as trocas culturais promovidas em sua visita. Afinal, a Sociedade Floresta Aurora estava apresentando parte de seu repertório artístico, ao passo que De Chocolat retribuía com apresentação de suas cançonetas. Também é interessante destacar a abordagem de *O Exemplo* referindo-se ao artista como cançonetista brasileiro, demarcando sua importância na construção dessa cultura nacional.

Imagem 10 – Os Geraldos

Fonte: *O Exemplo*, Porto Alegre, 25 jan. 1925, p. 2

[364] *O Exemplo*, Porto Alegre, 28 maio 1911, p. 2.

É curioso, de fato, que o conhecido De Chocolat tenha sido referenciado pelos mesmos redatores como "digno emulo do celebre Geraldo". No caso, estavam-se referindo a outro cançonetista brasileiro e negro nascido no interior do Rio Grande do Sul (Cidade de São Gabriel): Geraldo de Magalhães. Poucos meses antes, o próprio Geraldo havia retornado de uma turnê internacional (assim como também fazia De Chocolat), sendo efusivamente saudado pela mesma folha, destacando sua vinculação natal:

> GERALDO DE MAGALHÃES
> Encontra-se entre nós, desde antehontem, o nosso co-estadano e conhecido cançonetista Geraldo de Magalhães. Depois de uma excursão a Europa, onde visitou Paris e Lisboa, voltou elle á sua terra natal onde conta grande numero de admiradores. Dando boas vindas ao Geraldo, auguramos lhe seja feliz em sua nova estada no torrão gaucho.[365]

Geraldo de Magalhães ainda retornaria outras vezes aos palcos de Porto Alegre, como ocorreu em 1916 e 1925,[366] recebendo a mesma atenção dos redatores do jornal *O Exemplo*, seguidamente, descrevendo-o como "nosso patricio"[367] (no caso, também significando pertencente à pátria). Por sua vez, De Chocolat também retornou outras vezes e, inclusive, marcou presença nos festejos carnavalescos, por meio do conhecido Cordão Carnavalesco Thesouras, em 1919. Nessa ocasião, como está referido na fonte, "João Candido (Chocolat)" fez as letras que seriam entoadas por esse grupo carnavalesco, ao passo que o Maestro João Penna de Oliveira compôs a parte musical.[368] Lembramos que esse maestro, conforme já visto, executava peças de músicas eruditas em diversos eventos promovidos por associações negras. Tal incursão não interferia no seu envolvimento com formas musicais identificadas como populares. Neste caso, fez uma bela parceria com um músico conhecidíssimo para ser entoada no carnaval com o cordão carnavalesco que era dirigido pelo maestro Penna.

365 *O Exemplo,* Porto Alegre, 5 fev. 1911, p. 2.

366 *O Exemplo,* Porto Alegre, 25 jan. 1925, p. 3.

367 *O Exemplo,* Porto Alegre, 29 out. 1916, p. 3.

368 *O Exemplo,* Porto Alegre, 23 fev. 1919, p. 2.

Imagem 11 – Eduardo das Neves e Arminda Santos

Fonte: *O Exemplo*, Porto Alegre, 30. jul. 1916. p. 1

Outro destacado artista negro que desembarcou em Porto Alegre foi o cançonetista Eduardo das Neves, cuja recepção foi semelhante à do De Chocolat. Foi constantemente divulgado nas páginas de *O Exemplo* sua visita em 1916, destacando o sucesso alcançado por esse músico:

> Eduardo das Neves
> Sabemos e com prazer participamos aos nosso leitores que embarcará por estes dias na Capital Federal com destino a esta cidade o apreciado cantor Eduardo das Neves. O talentoso <rouxinol brazileiro>, que volta ao nosso Estado contractado pela firma Damasceno Ferreira & C. para trabalhar no Recreio Ideal, onde novamente deleitará, os seus <habitués>, será recebido festivamente. Reina grande enthusiasmo entre seus amigos e admiradores para a impotente recepção que lhe será feita. O Exemplo associar-se-á ás justas homenagens que serão prestadas ao notável cantor patrício e felicita seus leitores que terão assim ensejo de ainda uma vez apreciar o grande mérito desse intelligente artista.[369]

[369] *O Exemplo,* Porto Alegre, 2 jul. 1916, p. 2.

Assim como De Chocolat e Geraldo de Magalhães, Eduardo das Neves era mais um músico negro com enorme sucesso alcançado nos palco e nas gravações fonográficas que era novamente destacado pelos redatores dessa folha como ilustre brasileiro. Assim como também já havia ocorrido com João Candido, o Rouxinol Brasileiro também participou de atividades na Sociedade Floresta Aurora, onde seus sócios ouviram-no, e ele ouviu a Banda da Floresta Aurora.

> Festa de Arte na Floresta Aurora
> O nosso patrício Eduardo das Neves, que segue as 22 do corrente para o Rio de Janeiro, levará a effeito terça-feira próxima, ás 20 ½ hora, em honra aquella conceituada sociedade uma festa de arte, que constará de um programa chic, organisado com o que de melhor possue em seu repertorio aquelle estimado artista. Á diretoria da Floresta não tem poupado esforços para que tenha todo o brilhantismo o festival annunciado, havendo mesmo entre os convidados e sócios muito enthusiasmo para a realisação da mesma. Prestarão tambem seus valiosos concursos, a orchestra e a banda da sociedade, competentemente dirigidas pelos nossos amigos Alberto de Oliveira e Manoel Bandeira Dias. Ao nosso amigo Honório Porto, digno thesoureiro da Floresta, agradecemos a gentileza do convite para assistirmos a festa.[370]

Para não nos estendermos muito esses exemplos, trazemos, brevemente, a presença da famosa Companhia Negra de Revistas em Porto Alegre, em 1927, sendo um de seus organizadores o próprio De Chocolat. Antes mesmo de aportar no Rio Grande Sul, esse grupo teatral já havia marcado presença no jornal *O Exemplo*, devido ao estrondoso sucesso alcançado no Rio de Janeiro, no ano de sua fundação, em 1926: "Na capital da Republica, ha varias semanas já esta actuando no palco do conhecido Theatro Rialto, um conjunto de artistas nacionaes, que se baptizaram de Companhia Negra de Revistas [...]". A Companhia Negra de Revistas, como destaca sua denominação, era inteiramente composta de artistas negros. Sua abordagem na imprensa negra de Porto Alegre, nessa ocasião, reafirma a preocupação de vinculá-los à construção dessa cultura nacional como brasileiros. Ainda na mesma nota, os redatores manifestam o desejo de ver de perto esse conjunto: "E que tal si esse conjunto excursionasse até nos, vindo fazer o sul?"[371] E, de fato, vieram no ano seguinte, pouco antes de sua

[370] *O Exemplo,* Porto Alegre, 19 nov. 1916, p. 3.

[371] *O Exemplo,* Porto Alegre, 3 dez. 1926, p. 3.

dissolução, sendo fartamente referenciados e divulgados nas páginas de *O Exemplo*, seguindo a mesma argumentação da participação desses artistas negros na construção dessa cultura nacional.[372] Por fim, menciona-se a visita do grande Pixinguinha à Porto Alegre em 1928, convidado com seu conjunto, os Oito Batutas, para atuarem na "Exposição-Feira". Antes de retornarem ao Rio de Janeiro, Pixinguinha e seus companheiros compareceram à redação do jornal *O Exemplo*, onde foram muito "apreciados e applaudidos". Destacando as contribuições desse importante conjunto, "Por ocasião de ser servido um copo de chopp, o nosso Redactor Chefe fez uma saudação aos cultores da sublime Arte".[373]

Em suma, diversos setores da comunidade negra, representados a partir de músicos, clubes sociais e seus associados, grupos carnavalescos, lideranças, entre outros, protagonizavam e divulgavam um vasto repertório cultural. Não havia uma oposição demarcada entre o "erudito" e o "popular". Ademais, a presença dessas diferentes gêneros musicais estava longe de ser compreendida como formas de branqueamento. Afinal, estavam inseridos em eventos que buscavam fundamentar identidades positivas da comunidade negra. O mesmo vale para a abordagem realizada pelo jornal *O Exemplo*, que divulgou e incentivou formas musicais relacionadas tanto ao erudito como ao popular. O principal interesse consistia em demarcar a participação da comunidade negra em diferentes locais e formas de atuação, ressaltando sua integração no projeto de construção nacional. Para isso, não parecia ter diferença se o percurso era realizado por meio da música identificada como popular ou como erudita. Em outras palavras, tanto Carlos Gomes como Pixinguinha eram representantes da "sublime arte" e evidenciavam o protagonismo negro na construção da cultura nacional. O trecho a seguir, publicado em 1923, demonstra também considerações no jornal *O Exemplo* que enfatizam esse protagonismo de artistas locais na construção desse cenário cultural:

> A Muzica no Rio Grande do Sul
> Como a comprehendem no Rio Grande do Sul! Como a cultivam! Das compozições dos gloriozos mestres riograndenses se evapora o canto divino de uma alegria ou de uma dor verdadeiramente humanas, pois é sempre do fundo de seu coração que o artista arranca os themas penetrantes,

---

[372] Sobre essas abordagens, ver: *O Exemplo*, Porto Alegre, 29 maio 1925, p. 2; *O Exemplo*, Porto Alegre, 5 jun. 1927, p. 2.

[373] *O Exemplo*, Porto Alegre,17 dez. 1928, p. 1.

> subtis, de seu pensamento em extase, em plena felicidade, ou torturado pelas amarguras... [...] E, si assim exprimem pela musica nesta terra os artistas os seus sentimentos, tambem com a mesma idolatria, o mesmo carinho, igual devoção, traduzem todas as reconditas idealizações dos seus patricios as musicistas desta região de nossa patria, demonstrando a cultura intellectual de sua raça, a sensibilidade apurada dos seus temperamentos.[374]

Uma leitura apressada do excerto selecionado pode sugerir que os redatores do jornal *O Exemplo* estão "comprando" um discurso semelhante ao que motivou a criação da Banda Municipal de 1925. Afinal, estão operando com as noções de raça, intelecto e civilização para explicar a cultura musical local vinculada à erudição, inclusive por parte do jornal *O Exemplo*. No entanto, as considerações apresentam sutilezas que apontam caminhos opostos. Um dos pontos destacados no artigo de 1923 está justamente na vinculação desta cultura musical aos artistas locais e/ou nacionais, diferente da criação da Banda Municipal de 1925 que conjunto atendeu prioritariamente a músicos estrangeiros. Neste caso, parece haver uma diluição da referência racial para privilegiar a construção de uma cultura local assentada nos artistas nacionais. Embora estejam, para esse intento, referindo-se a artistas que não estão diretamente inseridos em seu universo social, também podem estar falando de suas instituições e músicos que efetivam esse mesmo tipo de música, correspondendo apenas a uma ponta de seu extenso repertório cultural. Também, dentro dessa referência à pátria, o articulista está se colocando como participante ativo desse processo civilizacional. Essa mesma cultura musical que, com a Banda Municipal de 1925, é reivindicada a grupos europeus está sendo discutida e avaliada, em pé de igualdade, por esses intelectuais negros. Inclusive destacam a preparação intelectual dos artistas nacionais, ponto que foi negado na argumentação de José Corsi para justificar a criação do conjunto musical. Ora, os redatores de *O Exemplo* estavam respondendo às demandas de um discurso que estava se fortalecendo e que visava afastá-los dessa tal cultura musical.

Ainda operando nesta arena de conflitos, a própria música erudita foi utilizada por músicos negros para legitimar formas musicais populares. Em junho de 1924 foi realizado no Theatro São Pedro um festival denominado "Grande Concerto Synphonico".[375] Este foi organizado pelo

[374] *O Exemplo*, Porto Alegre, 19 ago. 1923, p. 1.

[375] *O Exemplo*, Porto Alegre, 25 maio 1924, p. 2.

clube negro Sociedade Instructiva 7 de Setembro e dedicado a diversos clubes de futebol também compostos por negros. A regência estava confiada ao Maestro Alberto Martiniano, sendo auxiliado pelo Maestro João Penna de Oliveira. A orquestra era composta de 35 integrantes e contava, ainda, com a participação de conhecido Sotero Cosme no "violino espala". Tanto Alberto Martiniano, como João Penna, integravam o Centro Musical Porto Alegrense, instituição voltada à divulgação da música erudita e mantinham relações com a Banda da Floresta Aurora. No entanto, tal festival era em homenagem ao próprio Alberto Martiniano que ensaiava o Bloco dos Thesouras que, naquele ano, havia sido o campeão do carnaval. O Maestro João Penna de Oliveira, por sua vez, havia sido o regente do mesmo bloco antes de Martiniano ter assumido o cargo. Em outras palavras, os campeões do carnaval de 1924 comemoraram sua vitória, conforme repertório anunciado na divulgação, ao som de Verdi, Carlos Gomes, Boito e Mascagni em um dos principais palcos da cidade. Mais uma vez estavam demonstrando seu protagonismo no cenário musical, independente do gênero e da forma desta música. Ao mesmo tempo, também estavam questionando que, se a execução da música erudita era um atestado de sofisticação, eles, do Carnaval, também a desempenhavam. Por fim, era mais uma resposta às tentativas de segregação étnico-racial a partir das manifestações culturais.

Acompanhando parte da comunidade negra, a partir de algumas associações e bandas de música, fica nítido que o quadro social e musical presente no final do século XIX e nas primeiras décadas do século XX era um tanto heterogêneo, não cabendo uma contraposição entre uma música popular e/ou negra e uma música erudita e/ou branca para explicá-la. Esta oposição acompanhava os critérios da criação da Banda Municipal de 1925, que é exemplar da tentativa de designar locais sociais para cada grupo étnico. Nessa lógica, a música erudita seria tributária das nobres tradições europeias, cabendo, exclusivamente, aos europeus e seus descendentes a sua execução. Afinal, músicos negros não poderiam participar do referido conjunto. Em outras palavras, aquilo que é reivindicado na criação da Banda Municipal de 1925, ou seja, uma oposição entre formas musicais compreendidas como "verdadeiras" (no caso, a erudita) e "falsas" (no caso, a popular), não se verifica tanto na vida cultural de diversas associações negras como nas abordagens realizadas pelo jornal *O Exemplo*.

* * *

Neste segundo capítulo, buscamos adentrar parcialmente na vida social da comunidade negra, a partir de algumas associações civis, para entender como os parâmetros culturais e raciais estavam sendo negociados frente à ideologia dominante. Através de suas bandas de música e grupos teatrais, observamos uma rica e variada cultura musical, articulada a diferentes projetos políticos relacionados a comportamentos, visibilidade pública e mecanismos de instrução. Essa cultura musical era politizada e caracterizada por dinâmicos processos de aproximação e distanciamento tanto dentro como fora da comunidade negra, alimentados por constantes debates. Embora a música fosse promovida e direcionada para os membros, associados e convidados dessas associações civis, isso não impedia que ela estabelecesse contatos amplos com a população e a cidade. Pelo contrário, a cultura musical também tinha uma face pública, onde seus projetos políticos transcendiam as paredes dos clubes e povoaram as ruas.

Manifestada na atuação de músicos, bandas e variadas associações negras, essa cultura musical teve uma presença abrangente na cidade. Além de atuar em locais que eram diferentes daqueles das instituições negras, ela ampliou sua visibilidade e seu público apreciador por meio de constantes trocas sociais, conectando-se com um público diversificado social e racialmente. A circulação dessas atuações entre diferentes espaços gerou significados políticos e culturais variados, mas não opostos, já que essas práticas culturais eram construídas em dinâmicas de compartilhamento, negociação e disputa contínuos. Assim como nas redes internas da sociabilidade da comunidade negra, a realização de eventos na rua instituiu práticas heterogêneas, visto que participou de atividades que são dinâmicas no tempo e que ocorreram na pluralidade étnica e social que constitui o espaço público, palco das relações sociais.

Toda essa variedade de bandas, associações, instituições públicas e locais de profissão, bem como o compartilhamento entre elas levam à reflexão sobre a circulação desses indivíduos na constituição de redes sociais. Essas redes dialogam com diferentes aspectos de agregação baseados nos locais onde os sujeitos atuam. Nas entidades musicais negras e clubes sociais, o pertencimento racial dos associados era acentuado. Por outro lado, as bandas vinculadas a instituições públicas de ensino eram compostas de indivíduos pobres, independentemente da origem racial, enquanto as bandas ligadas ao poder militar representavam um espaço de atuação profissional com a música. Essas circulações e a formação de redes variadas, assim como os diferentes usos da atividade musical nos projetos políticos das associações negras levam a entender a mobilidade social desses indivíduos. Isso inclui tanto a formação de espaços de trabalho na música quanto o uso estratégico dessa atividade em suas atividades e eventos sociais.

3

PROFISSIONAIS DA MÚSICA

No segundo capítulo, buscamos analisar a atuação de algumas associações civis, com ênfase nas bandas de música e nos grupos teatrais, para compreender as manifestações culturais da comunidade negra e contrapor essa riqueza à ideia de um "vazio cultural" que justificou a criação da Banda Municipal de Porto Alegre em 1925. Ainda que tenhamos acompanhado apenas uma parte dessa participação, constatamos uma cultura musical ativa e vibrante, na qual a comunidade negra foi protagonista. Em suas atividades sociais, tais como bailes, convescotes, saraus, apresentações teatrais e musicais, recepções de personalidades ilustres e comemorações variadas, a presença da música era marcante. Essas manifestações culturais operavam em uma dinâmica que conectava os espaços privados — as sedes sociais dos clubes — aos espaços públicos, como ruas, praças e locais de apresentação com um público mais abrangentes. Assim, essas expressões não eram visíveis apenas para a comunidade negra, mas para toda a população de Porto Alegre. Nesse cenário, os mais diversos gêneros musicais eram praticados, evidenciando uma ampla e heterogênea apropriação da música que circulava pela cidade. De marchas, polcas, dobrados, chorinhos, cançonetas, sambas, valsas e tangos, até manifestações carnavalescas e religiosas, passando pela música erudita, esses eventos reafirmavam a diversidade e o alcance dessas práticas culturais.

Essa música protagonizada por setores da comunidade negra não ficou restrita a uma única perspectiva; ela buscou uma afirmação social e cultural mais ampla. Ao articular formas musicais populares, eruditas, tradicionais e urbanas, essa atividade musical não apenas promoveu o encontro entre diferentes grupos sociais, mas também serviu como um meio de mobilidade econômica para os músicos. Em outras palavras, além de desempenhar um papel central nas atividades sociais e impulsionar as propostas políticas dessas associações, a música também se consolidou como uma profissão. A variedade musical presente nos clubes negros reflete tanto a causa quanto a consequência da inserção desses músicos em diferentes espaços de atuação profissional.

Esse capítulo, portanto, tem como objetivo entender como a música foi utilizada como um meio de geração de renda e inserção profissional, observando de que forma músicos negros atuaram em um mercado de trabalho em transformação e quais condições possibilitaram o uso rentável dessa atividade musical. Para isso, reduzimos o foco de análise para examinar como alguns integrantes das instituições negras já mencionadas construíram suas trajetórias, articulando estratégias em diferentes espaços de trabalho, alcançando melhores posições profissionais e promovendo sua mobilidade social e econômica. Nesse percurso, é fundamental compreendermos também como esses músicos adquiriram o conhecimento necessário para exercer essa profissão. Afinal, entender a prática musical como profissão exige que acompanhemos o processo de aprendizado desses indivíduos, já que essa formação é uma condição essencial para a própria execução da música.

No caso de Porto Alegre, diversos músicos negros tiveram uma participação ativa nesse mercado de trabalho vinculado ao entretenimento e à música, que, além de ser uma forma de arte, era também uma forma de sustento. Articulando diferentes locais de trabalho e aprendizado, esses sujeitos também transformaram a música em profissão. Mas, como não podia deixar de ser, essa conquista não foi dada. Ela foi resultado de uma longa e complexa construção, marcada por escolhas estratégicas em um mercado de trabalho que estava em expansão e em transformação.

Portanto, ao analisar como músicos negros utilizaram a música como meio de obtenção de renda, não estamos tratando dessa ocupação como uma categoria profissional plenamente consolidada.[376] Esse mercado de trabalho expandiu-se com as transformações sociais, culturais e técnicas presentes desde o final do século XIX, mas se intensificou nas primeiras décadas do século XX. Com o surgimento de novos espaços para a música, como os cinemas e a ampliação dos teatros, acompanhando o crescimento da cidade e de sua população, novas oportunidades surgiram. No entanto, apesar dessa ampliação significativa dos locais de trabalho, a música como profissão não se restringe a essas décadas iniciais do século XX. Mesmo antes do fortalecimento da indústria do entretenimento, a música já era fonte de renda para muitos músicos.

[376] Até porque o Sindicato dos Músicos Profissionais de Porto Alegre foi fundado na metade da década de 1930, e, além disso, não é necessariamente o sindicato que cria determinada profissão. Ele é, sim, a consequência de seu exercício, visando à garantia de melhores condições de trabalho e/ou sua regulamentação.

Inseridos em um contexto de profundas redefinições nas relações de trabalho, após o fim da escravidão, os músicos negros enfrentaram um campo profissional em constante transformação e disputa. Diferentes grupos sociais, que representavam distintas escolas de formação musical, disputavam esse mercado de trabalho. Com a ampliação desse mercado cultural em curso nas primeiras décadas do século XX, surgiram novos espaços de trabalho e a questão da profissionalização tornou-se cada vez mais presente. Essa expansão intensificou a competição e estimulou iniciativas para legitimar a música como uma ocupação profissional. A criação da Banda Municipal em 1925, a contratação de músicos estrangeiros e a exclusão de músicos negros são exemplos das tensões que marcaram essa disputa. Por outro lado, a ampla apropriação, elaboração e participação cultural promovidas por músicos e instituições negras demonstram as estratégias usadas por esses grupos para se posicionarem nesse mercado em transformação.

Alguns desses espaços de ensino e trabalho com a música, na transição do século XIX para o XX, constituíram um eixo central das análises realizadas pelas obras de referência sobre a música no Rio Grande do Sul. Tais estudos destacam a forte influência da erudição europeia na cultura musical local, como discutido no Capítulo 1. A institucionalização dessas formas musicais facilitou a caracterização e legitimação desse cenário cultural, especialmente quando alinhadas aos objetivos dos autores, que buscavam compreender a tradição musical local fundamentada na erudição europeia. A bibliografia de referência — especialmente os trabalhos de Athos Damasceno Ferreira, Ênio Freitas e Castro e Antônio Corte Real, mencionados anteriormente — aponta que o ensino formal de música só ganhou corpo com o surgimento dos conservatórios de música, que proliferaram pelo Brasil no início do século XX, oficializando o aprendizado musical nos moldes europeus. Esses autores indicam que, antes dos conservatórios, a formação musical estava associada tanto ao amadorismo, praticado em sociedades de concertos formadas por imigrantes europeus, quanto a apresentações "ocasionais" de companhias líricas itinerantes e retretas anônimas. Predominava, portanto, uma visão de informalidade em relação aos antigos modos e espaços de aprendizado, muito influenciada pela formalização promovida pelos conservatórios.[377] Em contraste com a erudição europeia que esses novos espaços de ensino imprimiram à formação musical, as "antigas escolas" eram frequentemente descritas como rústicas, efêmeras e de pouca relevância, a ponto de não serem devidamente identificadas. Músicos e grupos que atuavam nessas retretas, por exemplo, estavam provavelmente vinculados a alguma instituição privada ou pública, embora frequentemente não fossem mencionados explicitamente nos documentos de época ou na análise desses autores.

Por sua vez, Maria Elizabeth Lucas compreende que a introdução da erudição europeia no Rio Grande do Sul desempenhou um papel crucial no processo de profissionalização da música, ao mesmo tempo que operou uma ressignificação social dessa atividade e de seus profissionais. Segundo a autora, essa transformação vinculou a música prioritariamente a músicos estrangeiros, afastando-a de músicos oriundos das camadas mais pobres, incluindo a população negra.[378] A autora argumenta que, na rígida sociedade escravocrata, o fato de escravizados e seus descendentes dedicarem-se ao ofício de músico era necessário para trazer desprestígio social à profissão. O que, por um lado, não impedia que brancos luso-brasileiros pobres pudessem atuar profissionalmente como músicos ao lado dos músicos negros. Lucas destaca que a profissão era desprestigiada, mas a música em si não o era, permitindo certa mobilidade e reconhecimento social a partir das habilidades que o músico demonstrasse ao empunhar seu instrumento.[379] De todo modo, a atuação desses músicos profissionais começou a perder espaço com o fortalecimento do amadorismo e a importação de padrões culturais europeus, entre 1870 e 1890, que passaram a dominar o cenário musical e redefinir os critérios de prestígio.

[377] Para Athos Damasceno, a música no século XIX, por vezes, é caracterizada por sua efemeridade, por estar grande parte tributada às companhias líricas em turnê pelo Brasil, enquanto a menor parte é apenas citada sem aprofundamento (como bandas militares e cerimônias religiosas). Em outros momentos, ela chama atenção pelas reminiscências pitorescas de outrora, como ocorreu com os festejos carnavalescos e as festas religiosas das celebrações natalinas. Já para Ênio Freitas e Castro e Antônio Corte Real, a música, nesse momento, caracteriza-se como incipiente e de pouca relevância, tendo como principal acontecimento a criação de sociedades de concertos. Embora esses autores divirjam sobre as reais contribuições dessas sociedades amadoras (o primeiro criticando-as por serem pouco profissionais, e o segundo destacando-as, visto que está preocupado em fundamentar a presença de alemães e italianos na cultura musical), ambos convergem ao demarcar o grande progresso no cenário musical ocorrido por meio do processo de profissionalização da música, por meio da instituição dos conservatórios, principalmente por organizar seu ensino nos moldes eruditos.

[378] Ver LUCAS, Maria Elizabeth. Classe dominante e cultura musical no RS: do amadorismo à profissionalização. *In:* GONZAGA, Sergius; DACANAL, José Hildebrando (org.). *Rio Grande do Sul:* cultura e ideologia. Porto Alegre: Mercado Aberto, 1980.

[379] *Ibidem*, p. 155.

As instituições que promoveram esse deslocamento — como as sociedades de concerto amadoras e o Conservatório de Música — são as mesmas destacadas nas obras de referência que analisam a cultura musical local como essencialmente erudita, ressaltando o protagonismo dos imigrantes europeus. Ao passo que divulgava tais instituições, essas obras de referência acionavam a invisibilização ou folclorização da participação da comunidade negra, conforme abordado no Capítulo 1. Em outras palavras: as instituições que monopolizavam a produção e a legitimação cultural acabaram por apagar a presença de musicistas negros no mercado musical em expansão nas primeiras décadas do século XX. Mesmo em estudos mais recentes que retomam parte dessas interpretações tradicionais, a presença e a atuação dos músicos negros seguem sendo subestimadas, apesar de seu papel relevante no contexto musical da época.

Certamente, localizar a presença de músicos negros nos espaços de ensino e trabalho descritos nas obras de referência é um desafio, especialmente entre o final do período imperial e os primeiros anos da República. As sociedades de concerto fundadas nas últimas décadas do século XIX eram predominantemente formadas por imigrantes italianos, alemães e portugueses, o que estabeleceu um recorte étnico em sua composição. Por sua vez, o Conservatório de Música, fundado em 1908, embora recebesse subsídios públicos e oferecesse uma pequena cota de gratuidade, ainda exigia pagamento para a maioria das vagas. Isso dificultava o acesso da população pobre, e, particularmente, da comunidade negra, que enfrentava também a discriminação racial. Nesse contexto, não é surpreendente que a presença de instrumentistas negros no cenário musical tenha se tornado cada vez mais rara na bibliografia existente. Em suma, acompanhando alguns músicos negros, até podemos ter nessas instituições de ensino e trabalho um ponto de chegada, mas, definitivamente, não indica um ponto de partida seguro.

Diante desse quadro de dificuldades, muitos músicos negros precisaram buscar alternativas para sua formação e atuação profissional, distantes dos espaços que operaram a redefinição social da música e frequentemente excluíram sua participação. Para enfrentar essas barreiras, alguns desses músicos criaram seus próprios espaços e estratégias, inserindo-se de forma estratégica no mercado de trabalho musical, inclusive operando no interior desse mesmo processo que visava excluí-los. O desafio reside em entender como esses instrumentistas conseguiram utilizar a música como um meio de obtenção de renda, apesar do processo de profissionalização e redefinição social que muitas vezes os marginalizava. Nesse contexto, as bandas de música compostas por negros, como a Banda da Floresta Aurora e a Lyra Oriental, que analisamos no Capítulo 2, oferecem uma perspectiva valiosa. Fundadas em 1872 e 1907, respectivamente, essas bandas existiram antes da formalização do ensino musical com a criação do Conservatório de Música de Porto Alegre em 1908. Portanto, elas representam exemplos de como músicos negros buscaram e estabeleceram suas próprias formas de atuação e aprendizado, à parte das instituições predominantes na época.

A Banda da Floresta Aurora foi fundada em 1872 por integrantes da Irmandade do Rosário, uma experiência que contribuiu para a elaboração de formas organizativas autônomas além da própria Irmandade. A Lyra Oriental, fundada em 1907, foi noticiada no jornal *A Federação* como composta de funcionários do Arsenal de Guerra e sediada no "arraial da Baronesa".[380] Como demonstrado no Capítulo 2, as atividades dessas bandas de música, que era variadas dentro da comunidade negra, também se estendiam ao espaço urbano. Elas participaram de comemorações de aniversários, festejos populares (como festas religiosas e Carnaval) e eventos políticos, ampliando significativamente sua visibilidade na cidade e estabelecendo relações com outras bandas musicais que não tinham um recorte racial específico em sua composição. Esses outros conjuntos musicais, por sua vez, estavam vinculados a instituições públicas, como o Arsenal de Guerra, a Brigada Militar e duas escolas destinadas a crianças pobres (a Hilário Ribeiro e o Instituto Técnico Profissional). A circulação desses grupos por diferentes espaços e instituições, que não se restringiam a um recorte étnico, mas sim profissional, revela algumas estratégias dos integrantes visando à sua ascensão social por meio da música.

Esses locais — tanto as irmandades religiosas quanto as bandas musicais vinculadas a instituições públicas, especialmente as militares — correspondem a espaços de aprendizado e atuação profissional com a música presentes no século XIX que eram alternativos às instituições frequentemente destacadas pela historiografia local. Muitos músicos negros pertenciam a essas instituições, que também serviram de base para suas participações na indústria do entretenimento, onde músicos de diversas formações se encontravam e disputavam postos de trabalho. Iniciaremos a análise pela banda de música negra mais antiga.

---

380 *A Federação*, Porto Alegre, 11 set. 1907, p. 2.

3.1 A partir das celebrações religiosas

A Banda da Floresta Aurora é tão antiga quanto as primeiras sociedades de concertos formadas por imigrantes europeus.[381] A Irmandade do Rosário desempenhou um papel crucial na sua criação e articulação. Fundada em 1872 por membros da Irmandade do Rosário, a Banda da Floresta Aurora se tornou um exemplo de como essas associações civis buscaram maior autonomia em relação à instituição religiosa. A antiguidade da Banda da Floresta Aurora, com sua relação com a Irmandade, remete às observações de Maria Elizabeth Lucas sobre o início do processo de profissionalização da música. Conforme Lucas, até o final do século XIX, o exercício profissional da música estava frequentemente associado às camadas mais pobres da população, com uma significativa participação de músicos negros. Entre os locais de atuação profissional nesse período, Lucas destaca principalmente o vasto calendário religioso da Igreja, que incluía novenas, procissões e missas festivas.

A importância da Irmandade do Rosário na criação de formas autônomas de congregação da comunidade negra de Porto Alegre, no final do século XIX, é destacada pela pesquisa de Liane Muller. As primeiras associações civis fundadas a partir da década de 1870 foram frequentemente criadas por pessoas que pertenciam ou haviam pertencido à Irmandade. Entre essas associações pioneiras, Muller identifica a Sociedade Floresta Aurora (1872) e a Olympia Peres (1892) como entidades musicais, enquanto outras associações, como a Laço de Ouro (1880), que participava dos desfiles dos Ternos de Reis, incluíam a atividade musical como um de seus focos.

A presença da música nessas entidades civis não é surpreendente, considerando conforme alerta Elizabeth Lucas, o vasto calendário religioso repleto de atividades musicais. Mais do que isso, Muller demonstra que, além de formar organizações autônomas, alguns membros da Irmandade também utilizaram a música como meio de atuação profissional. Segundo sua pesquisa, dos 268 irmãos do Rosário que também foram fundadores de associações negras entre 1870 e 1920, 30 eram músicos.[382] Dessa forma, a Irmandade do Rosário e seu calendário religioso não apenas contribuíram para a experiência organizativa da população negra de Porto Alegre, mas

[381] A Sociedade Filarmônica Porto Alegrense, composta, em sua maioria, de italianos e seus descendentes, foi criada em 1878. Já o Instituto Musical Porto Alegre, composto, em sua maioria, de alemães e seus descendentes, foi fundado em 1896, passando a se chamar Club Haydn no ano seguinte, segundo CORTE REAL, 1984.

[382] MULLER, 1999.

também serviram como locais de contato, aprendizado e trabalho com a música ainda no século XIX.

Um pouco dessas possibilidades de formação musical, e talvez de trabalho, a partir da Irmandade do Rosário pode ser observado por meio do Maestro Luiz Joaquim Pereira. Integrante da Banda da Floresta Aurora, Pereira teve um papel significativo na atividade musical de Porto Alegre, desde o final do século XIX até as primeiras décadas do século XX. Sua trajetória oferece uma visão sobre os caminhos que um músico negro poderia seguir em um contexto de profundas transformações sociais. Embora seja desafiador determinar precisamente os locais e as formas de aprendizado musical do Maestro Luiz Joaquim Pereira, alguns indicativos estão disponíveis. Quando Pereira faleceu em 1928, aos 68 anos, o jornal *O Exemplo* publicou uma pequena biografia lamentando a perda desse notável professor de música.[383]

> Falleceu, a 31 do passado, e enterrou-se a 1 do corrente, o conhecido professor de musica sr Luiz Joaquim Pereira, ultimo dos sobreviventes da orchestra Mendanha. Luiz Pereira era carpinteiro e professor de musica e ainda ultimamente tocava em um dos cinemas da capital. Pertenceu á antiga orchestra Mendanha e quando esta orchestra abrilhantava alguma festa religiosa, Luiz Pereira, com sua voz de baritono, emprestava grande realce a essa solemnidades. Contava 68 annos de idade e succumbiu aos estragos de traiçoeira molestia. As cerimonias da encomendação e sepultamento foram immensamente concorridas, tendo sida a encommendação realisada na egreja da Sagrada familia, onde tocou uma orchestra de professores collegas do extincto. O sepultamento foi feito á expensas da veterana sociedade Floresta Aurora, da qual era elle socio benemerito, pelos relevantes serviços prestados a mesma sociedade.[384]

Este relato destaca sua importância e contribuições para a música na cidade, refletindo a complexidade e a riqueza de sua carreira musical em um período de significativas mudanças sociais e culturais. Ademais, a nota fúnebre do Maestro Luiz Joaquim Pereira revela alguns dos locais e contextos em que ele atuou, tanto em termos de trabalho quanto de convivência social. Embora Pereira não tenha sido um dos fundadores

[383] *O Exemplo*, Porto Alegre, 5 fev. 1928, p. 2.

[384] *O Exemplo*, Porto Alegre, 5 fev. 1928, p. 2.

da Sociedade Floresta Aurora, criada por volta de 1872, quando ele tinha cerca de 12 anos, sua integração à associação não demorou a acontecer.[385] Em 1904, já era membro do Conselho da Floresta Aurora, composto de "cidadãos que, pela sua antiguidade como sócio e pelos serviços prestados", ocupavam tal instância.[386] Como integrante da Floresta Aurora, Luiz Pereira esteve envolvido em várias atividades, abrangendo desde a administração até a organização e participação em eventos sociais e recreativos. Destaca-se que ele ocupou cargos de relevância na sociedade, incluindo a presidência, da qual foi eleito em 1893, conforme informações fornecidas por Liane Muller.[387]

Paralelamente ao seu trabalho como músico, no qual atuava como professor e se apresentava em um dos cinemas da cidade, o Maestro Luiz Joaquim Pereira também se dedicava à carpintaria. Essa dupla ocupação pode sugerir que ele enfrentava dificuldades para estabilizar sua carreira musical como fonte principal de renda. Apesar disso, é evidente que Pereira manteve sua atuação profissional na música ao longo de sua vida. Por sua vez, a orquestra do Maestro Mendanha, da qual Luiz Joaquim Pereira era o último dos sobreviventes, traz a informação mais recuada no tempo de sua relação com a música. Como o maestro Luiz Pereira nasceu em 1860 (visto que, quando faleceu em 1928, contava 68 anos), e, por sua vez, o Maestro Mendanha faleceu em 1885,[388] o contato entre os dois aconteceu quando Luiz Pereira era ainda jovem, o que permite supor que grande parte do seu aprendizado tenha ocorrido por meio deste mestre. Cabe lembrarmos que o Maestro Mendanha é o autor da parte musical do Hino do Rio Grande do Sul. Mas, afinal, como poderia ter ocorrido o contato entre esses dois músicos? Que vinculação o Maestro Mendanha, tão apreciado pela elite local, como apontam as obras de referência, estabeleceu com a comunidade negra de Porto Alegre, observada por meio do contato com Luiz Pereira, ainda no período da escravidão?

---

385 Sabemos que Luiz Joaquim Pereira não era fundador da Floresta Aurora, tendo em vista que, no momento do falecimento de outro integrante do Conselho da Floresta Aurora, em 1910, o cidadão José Manoel Antonio foi informado que ele era o único dos fundadores que ainda estava vivo. Ver: *O Exemplo,* Porto Alegre, 13 nov. 1910, p. 2.

386 *O Exemplo,* Porto Alegre, 10 jul. 1904, p. 3.

387 MULLER, 1999, p. 225 (Anexo 4).

388 CORTE REAL, 1984.

O Maestro Luiz Joaquim Pereira portava o mesmo nome de seu pai,[389] que já era um irmão da Irmandade do Rosário desde 1871, quando a irmandade se tornou Archiconfraria.[390] A pesquisa de Liane Muller revela que o Maestro Joaquim José de Mendanha também era membro da Irmandade em 1884 e atuava profissionalmente nas festas da instituição.[391] Além disso, Muller informa que, em 1890, Luiz Joaquim Pereira era um dos irmãos definidores da Irmandade. Dado que o pai de Pereira já era irmão da Irmandade desde 1869 e irmão definidor em 1871,[392] é provável que Luiz Joaquim Pereira tenha se juntado à Irmandade ainda jovem. Considerando que tanto o Maestro Mendanha quanto o Maestro Pereira eram vinculados à Irmandade, é provável que o contato e a influência do Maestro Mendanha sobre Pereira tenham ocorrido dentro desse ambiente. A Irmandade do Rosário, que também deu origem à Banda da Floresta Aurora, foi um ponto crucial para o desenvolvimento musical de Pereira, permitindo-lhe receber conhecimento técnico e teórico de música do Maestro Mendanha e facilitar seu ingresso e aprendizado na área musical.

Embora não se saiba a ordem exata dos eventos, é crucial reconhecer a importância da participação do Maestro Luiz Joaquim Pereira na Irmandade do Rosário, na orquestra do Maestro Mendanha e na Sociedade Musical Floresta Aurora. Essas conexões estabelecidas por Pereira ainda no século XIX e no início do século XX foram fundamentais para seu aprendizado e desenvolvimento musical, além de possíveis indicações de locais de atuação profissional. Outro membro da Banda da Floresta Aurora, o Maestro Honório Porto, também apresentou um percurso bastante semelhante ao de Luiz Pereira. Após seu falecimento em 1918, uma nota de pesar foi publicada no jornal *A Federação*.

> Realizaram-se ante-hontem á tarde, as cerimonias da encommendação e sepultamento do sr. Honorio Fernandes de Almeida Porto, carteiro aposentado da Administração dos Correios. A encommendação foi realizada na egreja de N. S. do Rosario, officiando o conego dr. Roberto Landell de Moura.

---

[389] O registro eleitoral, publicado em *A Federação*, em 1895, além de trazer sua filiação, informa que Luiz Joaquim Pereira era casado e operário. Ver: *A Federação,* Porto Alegre, 7 set. 1895, p. 3.

[390] Em 1920 foi publicada no jornal *A Federação* a realização de uma missa festiva para comemorar o 49º aniversário da instalação da Archiconfraria. Nessa ocasião, foram reproduzidas tanto a Ata de Instalação como a Ata de Entrega dos Hábitos Para os Irmãos, ocorridas na mesma ocasião, em 2 de fevereiro de 1871. Entre os irmãos, figurava o pai de Luiz Joaquim Pereira. Ver: *A Federação,* Porto Alegre, 2 fev. 1920, p. 6.

[391] MULLER, 1999, p. 222 (Anexo 4).

[392] *Ibidem*, p. 224-225 (Anexo 4).

> Occupou o côro a orquestra do maestro Rocha, coadjuvada por antigos musicos do finado maestro Mendanha, de quem o finado foi discipulo e afilhado. A Archiconfraria de N. S. do Rosario, de cuja mesa adminsitrativa o extincto fazia parte, incorporada e de cruz alçada recebeu o corpo no adro da egreja. Fizeram-se representar a devoção de N. S. da Conceição redacção de *O Exemplo*, beneficência Porto Alegrense, empregados dos correios e avultado numero de assistentes, bem como o antigo conselho da sociedade Floresta Aurora.[393]

Mais uma vez, um registro fúnebre de um maestro negro nos oferece indícios sobre as redes de sociabilidade e trabalho que moldaram sua trajetória musical e, possivelmente, seus locais de atuação profissional. O Maestro Honório Porto também era membro da Irmandade do Rosário, integrando a mesa administrativa dessa instituição no momento de seu falecimento.[394] Assim como Luiz Joaquim Pereira, ele foi um antigo integrante da Sociedade Musical Floresta Aurora. Em 1904, Porto foi eleito para o Conselho da Floresta Aurora, o mesmo conselho ao qual Luiz Pereira já pertencia.[395] Como membro da Banda da Floresta Aurora, Porto ocupou o cargo de Tesoureiro em 1910[396] e participou de importantes atividades sociais, conforme detalhado no capítulo anterior. Em 1910, por exemplo, promoveu uma festa musical no salão da Sociedade Floresta Aurora para arrecadar fundos para o projetado Asilo 13 de Maio, do qual era Diretor.[397] Em 1917, participou dos festivais artísticos em benefício da construção da herma de José do Patrocínio no Rio de Janeiro, integrando a própria Banda da Floresta Aurora.[398] Além de sua participação na Irmandade do Rosário e na Banda da Floresta Aurora, Porto era ativo na Sociedade Beneficência Porto Alegrense e era amplamente estimado, como evidenciado pela presença de muitos na cerimônia, conforme descrição do jornal *O Exemplo*. Assim como Luiz Pereira, que trabalhava como carpinteiro, Honório Porto exercia outra profissão além da música: ele também era carteiro. Ambos eram discípulos do Maestro Joaquim José Mendanha,

---

393 *A Federação*, Porto Alegre, 15 ago. 1918, p. 2.

394 O Maestro Honório Porto era irmão definidor em 1890, irmão adjunto em 1892 e irmão confrade em 1896, segundo MULLER, 1999, p. 219 (Anexo 4).

395 *O Exemplo*, Porto Alegre, 10 jul. 1904, p. 3.

396 *O Exemplo*, Porto Alegre, 7 ago. 1910, p. 2.

397 *O Exemplo*, Porto Alegre, 16 jan. 1910, p. 2.

398 *O Exemplo*, Porto Alegre, 19 ago. 1917, p. 1.

sendo Honório Porto seu afilhado, e integravam a orquestra que portava o nome do antigo maestro.

A partir dos registros fúnebres de Luiz Joaquim Pereira e Honório Porto, integrantes da Banda da Floresta Aurora, é possível observar a similaridade em seus locais de atuação e, possivelmente, de aprendizado. A relevância das suas participações na Irmandade do Rosário manifesta-se não apenas na criação de novas formas organizativas autônomas dentro da comunidade negra, mas também na formação e articulação musical de seus integrantes. Em uma análise mais detalhada, a atuação desses maestros exemplifica um recurso que pode ter sido utilizado por muitos músicos negros que também circularam por esses espaços e participaram de entidades civis, aproveitando as experiências adquiridas na Irmandade do Rosário.

Entre os integrantes das bandas musicais da comunidade negra que também eram Irmãos do Rosário e poderiam ter recebido formação musical nesse espaço, destacam-se alguns nomes. Por exemplo, o principal maestro da Lyra Oriental, José André Gonçalves, estabeleceu uma relação com a Irmandade do Rosário, pois, quando sua filha faleceu em 1917, foi essa confraria que prestou os serviços das cerimônias fúnebres.[399] Da mesma forma, o músico Miguel Ferreira, que ocupou o cargo de Vice-Diretor da Lyra Oriental em 1910,[400] teve suas cerimônias fúnebres também assistidas pela Archiconfraria do Rosário, incluindo a missa solene realizada na Igreja do Rosário em 1918.[401] Outro membro da Lyra Oriental, o músico João José Dias, também era Irmão do Rosário.[402] Esses variados exemplos demonstram que a atividade musical era praticada por um número significativo de integrantes de associações civis negras que também participaram da Irmandade do Rosário, tanto no final do século XIX quanto no início do seguinte. Portanto, consideramos a Irmandade do Rosário um importante espaço de formação musical, especialmente devido às festas religiosas em homenagem à padroeira e a outros santos da igreja, bem como às relações que seus membros estabeleciam no interior da confraria.

---

[399] *O Exemplo*, Porto Alegre, 11 fev. 1917, p. 3.

[400] *O Exemplo*, Porto Alegre, 18 set. 1910, p. 2.

[401] *O Exemplo*, Porto Alegre, 11 ago. 1918, p. 2.

[402] Foi admitido na Irmandade em 1890 e, em 1896, era irmão confrade. Também foi irmão da comissão para obras de reforma da Igreja em 1892, segundo MULLER, 1999, p. 221 (Anexo 4).

Sobre o trabalho com a música no interior e a partir dessa instituição, dispomos de algumas poucas informações. Sabemos, conforme demonstrado anteriormente, que as bandas de música da Floresta Aurora e da Lyra Oriental atuavam seguidamente nas cerimônias religiosas ao longo das primeiras décadas do século XX, não se restringindo apenas às vinculadas à Irmandade do Rosário. No entanto, não encontramos registros de remuneração dessas participações. Por outro lado, essa situação se inverte quando observamos alguns de seus integrantes.

Como destacamos, tanto Luiz Pereira quanto Honório Porto participaram da Orquestra Mendanha. Este conjunto era formado por discípulos do velho maestro e atuou em cerimônias religiosas por mais algumas décadas após seu falecimento, em 1885. Certamente, para seus integrantes, ser discípulo e ainda atuar na orquestra que levava o nome de Mendanha significava atribuir-lhes distinção. Um exemplo desse prestígio é a nota de falecimento do filho de Honório Porto, publicada no jornal *O Exemplo* em 1902, que o descreveu como "conhecido musicista funcionário da administração dos Correios do Estado".[403] Além desse reconhecimento, integrar essa renomada orquestra também garantia mais um local de atuação profissional. As festas e as cerimônias religiosas que contaram com a participação da Orquestra Mendanha eram numerosas, e seus discípulos revezavam-se na regência. Localizamos um registro de pagamento referente à participação da Orquestra Mendanha. Na demonstração de receitas e despesas apresentada pela Irmandade do Divino Espírito Santo para o ano compromissal de 1891-1892 e publicada no jornal *A Federação*, está arrolado o pagamento de 916$500 à Orquestra Mendanha e ao aluguel de carros utilizados pelas cantoras na Festa do Espírito Santo.[404] Não é informado quais discípulos estavam integrando a orquestra nessa situação. Também não sabemos se todas as participações realizadas nessas festas religiosas, incluindo as da Banda da Floresta Aurora e da Lyra Oriental, eram remuneradas.

Essas festas e cerimônias religiosas, especialmente as vinculadas à Irmandade do Rosário, eram locais importantes para o aprendizado da música e poderiam também servir para a atuação profissional. Acreditamos que sua importância se concentra particularmente na primeira geração de músicos negros profissionais, pois representavam um dos principais

403 *O Exemplo,* Porto Alegre, 13 nov. 1902, p. 2.

404 *A Federação,* Porto Alegre, 27 jul. 1892, p. 3.

espaços de contato e aprendizado musical disponíveis, embora repleto de controle. Sua importância para o aprendizado e trabalho musical, no entanto, tende a diminuir com as primeiras décadas do século XX. Com a criação de novas sociedades civis na comunidade negra, algumas delas musicais e outras com uma ampla prática musical, a vivência e a transmissão do conhecimento musical se expandiram e se desvincularam desses antigos locais. Isso não diminui necessariamente a importância desses espaços, pois muitos músicos atuantes nessas entidades civis ao longo das primeiras décadas do século XX passaram por esses locais de aprendizado, como o Maestro Luiz Joaquim Pereira, que era professor de música e aprendeu a tocar nessas instituições. No entanto, em relação à atuação profissional, as cerimônias religiosas deixaram de ser um dos principais meios de remuneração musical devido à crescente expansão da indústria do entretenimento ao longo do século XX. Em outras palavras, novos espaços de trabalho foram criados, ampliando o campo de atuação desses músicos.

Embora o vasto calendário católico tenha oferecido um espaço de trabalho (como vimos com os Maestros Honório Porto e Luiz Joaquim Pereira), o conhecimento musical adquirido nesses ambientes podia ser direcionado para outros locais que proporcionavam remuneração no final do século XIX. Afinal, espaços dedicados ao entretenimento mediante pagamento, que garantiam renda para os músicos, também surgiram e se tornaram relevantes no final do século XIX. A Cidade de Porto Alegre contou com poucos teatros ao longo do século XIX. O principal deles, o Theatro São Pedro, inaugurado em 1858, concentrou as mais expressivas e importantes atividades de palco, recebendo diversas companhias líricas e dramáticas itinerantes, além de abrir suas portas para as sociedades locais. Outras salas de teatro surgiram, muitas delas pertencentes a associações particulares. Além disso, circos e teatros populares também marcaram presença em Porto Alegre no final do século XIX.

Entre o final da Monarquia e os primeiros anos da jovem República, a Banda da Floresta Aurora trabalhou em alguns desses espaços, realizando uma variedade de atividades musicais além das que eram realizadas na estrutura eclesiástica ou no interior de sua sede social. Em julho de 1889, o jornal *A Federação* anunciou as atrações do "Circo Tauromachico". As atividades foram organizadas pelo empresário do circo em benefício da Banda da Floresta Aurora, em comemoração ao seu aniversário, e direcionadas à classe caixeiral. Tratava-se de uma "grande e variada corrida de 9 bravos e novos touros"[405]. Entre as atrações, estava um cavaleiro paulista que montava um dos touros da corrida. Também havia outro touro disponível para os "curiosos", com duas libras amarradas, para se divertirem e tentarem pegar a quantia. Tinha touro até para "[...] um grupo de meninos farpear, capear e pegar á unha"[406]. Nesse caso, um tourinho, que também era bravo. Ademais, estava previsto que dois integrantes da Banda da Floresta Aurora tomariam parte da corrida, também dispostos a "capear e pegar á unha um bravo touro".[407] Porém não eram apenas esses dois sujeitos que se arriscariam na tal corrida, pois a grande novidade da apresentação era que a Banda da Floresta Aurora estaria dentro da arena, tocando variadas peças. Ao final do anúncio, a Diretoria da Floresta Aurora agradeceu, em nota, ao empresário da Companhia Tauromachica "[...] pela generosidade com que vem de ceder-lhe um benefício" e conclama o auxílio e a proteção do "fidalgo povo porto-alegrense", prometendo corresponder à mesma gentileza.[408] A venda dos ingressos ficou a cargo da própria Banda da Floresta Aurora, revelando uma estratégia comum nesses eventos: o grupo beneficiado mobilizava suas redes para atrair público ao espetáculo.

Talvez por ter sido proveitosa a apresentação anterior ou por já estarem acordadas contrapartidas ao próprio benefício, a Banda da Floresta Aurora realizou outras participações no Circo Tauromachico. Uma semana depois, o "novo e variado" espetáculo foi em benefício das obras da Igreja de Nossa Senhora da Piedade e contou com a assistência de "S. Ex. Sr. Conselheiro Presidente da Provincia". Dessa vez, estavam previstos sete touros, porém, foi alertado que se tratava dos touros "[...] mais bravos, valentes e gordos que se tem visto n'esta época e n'este circo". Algumas atrações permaneceram: novamente, houve um bravo tourinho para o grupo de crianças; um touro com duas libras amarradas ao pescoço para os "valentes curiosos" que se aventurassem; já a Banda da Floresta Aurora tocou variadas peças antes e durante o espetáculo, não sendo informado onde. As duas grandes e "attrahentes" novidades foram: em primeiro lugar, objetivando "[...] fazerem as maiores delicias aos espectadores", uma luta romana a cargo de "duas destemidas hercinas rio-grandense",

405 *A Federação,* Porto Alegre, 27 jul. 1889, p. 3.

406 *Idem.*

407 *Idem.*

408 *Idem.*

ficando o júri sob a responsabilidade do próprio público; e a outra novidade foi uma dança burlesca de "16 interessantes e exquisitas figuras".[409]

Os espaços de lazer nesse final do século XIX até poderiam ser parcos, mas alguns dos existentes eram um tanto intensos. De todo modo, essas apresentações não apenas proporcionaram uma oportunidade de remuneração para a Banda da Floresta Aurora, mas também aumentaram sua visibilidade nesse incipiente mercado de trabalho.

Dois anos depois, a Banda da Floresta Aurora participou de importantes eventos no Theatro São Pedro. Em março de 1891, o jornal *A Federação* anunciou uma apresentação em benefício da "inteligente artista Zaira Gattini",[410] na qual a banda tomou parte.[411] Entre as diversas atrações, essa folha alertou para as homenagens "enthusiásticas" que seus admirados estavam preparando. O salão seria todo ornamentado e nas galerias, localizadas na parte superior (ou mais distante) do teatro, estaria postada a banda musical Floresta Aurora.[412]

No final do século XIX, a Banda da Floresta Aurora já estava atuando "profissionalmente", ou seja, obtendo renda, em diversos espaços culturais. Esses locais variavam amplamente em termos de público e acessibilidade. Os circos e o Theatro de Variedades, por exemplo, eram geralmente mais acessíveis a setores populares, apesar de ocasionalmente serem frequentados por autoridades políticas. As divulgações das apresentações de touros frequentemente destacavam o valor "popular" dos ingressos, indicando que esses eventos eram voltados para um público mais amplo e diversificado. Em contraste, o Theatro São Pedro, onde a banda também se apresentou,

---

409 *A Federação,* Porto Alegre, 3 ago. 1889, p. 3.

410 O reconhecimento de Zaira Gattini não é novidade na bibliografia. Athos Damasceno destaca que a essa cantora foram endereçados os aplausos mais vibrantes e as palavras mais encomiásticas da imprensa. Partindo das considerações desses periódicos, embora não os cite, o autor menciona que era a melhor cantora do gênero que Porto Alegre já conhecera e que era superior a todas as outras que já haviam se apresentado até então. Apesar da louvação realizada pela imprensa, Dasmasceno relativiza o seu alcance, ao pontuar que era uma cantora de opereta e que os cronistas da época confundiam suas virtudes artísticas com suas qualidades físicas. Ver: FERREIRA, Athos Damasceno. *Palco, salão e picadeiro em Porto Alegre no século XIX:* contribuição para o estudo do processo cultural do Rio Grande do Sul. Porto Alegre: Globo, 1956, p. 259-260.

411 *A Federação,* Porto Alegre, 20 mar. 1891, p. 1.

412 Após essa apresentação, entusiástica foi a cobertura realizada pelo próprio jornal *A Federação* sobre a cantora Zaira Gattini, destacando suas belas disposições artísticas, ou melhor, suas glórias artísticas. Conforme relato do jornal, a apresentação foi muito bem concorrida, sendo a beneficiada fartamente aplaudida. A Banda da Floresta Aurora tocou quando Zaira Gattini apareceu ao palco. As ovações não terminaram com o final do espetáculo, quando diversos "foguetes" foram lançados na rua. A cantora foi acompanhada pelo seu público apreciador, precedidos por uma banda de música (provavelmente a da Floresta Aurora), até o hotel onde estava hospedada. Ver: *A Federação,* Porto Alegre, 23 mar. 1891, p. 1.

estava associado a um público mais seleto e de maior poder aquisitivo. A evidência disso pode ser vista nos presentes recebidos pela artista Zaira Gattini durante a apresentação em 1891, que sugerem a presença de uma plateia com esse perfil.[413]

A Banda da Floresta Aurora exemplifica como o conhecimento musical adquirido na Irmandade do Rosário podia ser aplicado em diversos contextos ao final do século XIX. Mesmo com os espaços de diversão limitados, a banda encontrou maneiras de utilizar sua experiência musical em diferentes eventos, incluindo circos e teatros. Embora não saibamos se os lucros gerados por essas apresentações eram destinados à sociedade ou aos integrantes da conjunto, a Banda da Floresta Aurora estava explorando diferentes formas de gerar renda por meio da música. Essa versatilidade na utilização do conhecimento musical demonstra a capacidade do grupo de adaptar suas habilidades a novas oportunidades profissionais e ampliar sua atuação no mercado musical da época.

Essa incipiente indústria do entretenimento não oferecia ainda uma estabilidade financeira para os músicos entre o final do século XIX e o início do século XX. Porto Alegre contava com poucos espaços destinados ao lazer que pudessem garantir renda significativa aos instrumentistas. Na primeira década do século XX, a sessão do jornal *A Federação* denominada "Theatros e Diversões" alternava a divulgação dos circos de cavalinhos (ou touros) e as apresentações de companhias líricas e dramáticas nos poucos teatros existentes com atividades promovidas por sociedades particulares destinadas aos seus associados. Por vezes, na ausência desses, a sessão era preenchida com notícias sobre hípica e demais esportes praticados naquele momento.

O desafio de estabilização profissional com a música no início do século XX é evidente. Um exemplo claro dessa dificuldade pode ser visto no conhecido Maestro Luiz Joaquim Pereira, integrante da Banda da Floresta Aurora. Ele foi discípulo do renomado Maestro Mendanha na virada do século e, além de participar de festas e cerimônias religiosas, provavelmente também atuava com a Banda da Floresta Aurora em festivais realizados em circos e teatros. Mesmo que a Irmandade do Rosário pudesse conti-

[413] Consta, na mesma cobertura que *A Federação* realizou, que Zaira Gattini recebeu: um cartão de ouro com brilhante e dedicatória; um anel com brilhante de grande valor; um serviço de prata para escritório; um dito de prata para café; dois argolões de ouro para guardanapos; dois ditas de prata para o mesmo fim; dez buquês de flores artificiais oferecidos pela orquestra; um quadro dourado com poesia em cetim, etc. Ver: *A Federação*, Porto Alegre, 23 mar. 1891, p. 1.

nuar proporcionando um local de remuneração para os músicos durante o princípio do século XX, igualmente representava uma fonte de renda eventual. Por outro lado, a Banda da Floresta Aurora, da qual era integrante Luiz Pereira, continuava atuando em espaços de divertimento, nos primeiros anos do século XX. Em 1906, conforme relato presente no jornal *A Federação*, esse conjunto foi uma das atrações de uma tourada.[414] Já em 1907, foi organizado no Theatro São Pedro, com o apoio do Club Recreativo e Instructivo 7 de Setembro, um espetáculo dramático em benefício do "músico Luiz Pereira, discípulo do saudoso maestro Mendanha".[415] A realização desses festivais em prol de artistas específicos era comum na época e reflete as dificuldades enfrentadas para viver exclusivamente da música e do teatro. No entanto, esses eventos beneficentes também demonstram como era possível criar diferentes estratégias para garantir formas de subsistência por meio das atividades artísticas.

Diante das dificuldades impostas por um mercado de trabalho ainda em desenvolvimento, muitos músicos desempenhavam diversas funções, na maior parte das vezes não relacionadas à atividade musical. Esses arranjos ajudam a compreender as conexões entre as instituições negras, como as bandas de música, e outras associações profissionais, que não tinham necessariamente bandas musicais em seus quadros. Um exemplo disso é a participação da Banda da Floresta Aurora e da Lyra Oriental nas comemorações operárias de 1911, marcando a conquista da jornada de trabalho de oito horas. Essa atividade, intitulada "Triumpho Popular" pelo jornal *O Exemplo*, reuniu cerca de 5 mil pessoas, incluindo trabalhadores de diversas profissões, como pedreiros e carpinteiros.[416] O Maestro Luiz Joaquim Pereira, além de ser professor de música e tocar em cinemas da cidade, também era carpinteiro, conforme mencionado em sua nota fúnebre. Por sua vez, o Maestro Honório Porto, também integrante da Banda da Floresta Aurora e discípulo de Mendanha, trabalhava nos Correios.

Por outro lado, essas mesmas bandas musicais estabeleceram relações com outras instituições e espaços que não apenas facilitaram o aprendizado e o trabalho musical, mas também poderiam oferecer uma certa estabilidade profissional. A Banda da Floresta Aurora, originada

[414] Apesar de o articulista desse periódico descrever todas as atrações, não menciona onde foi realizada tal tourada. Ver: *A Federação*, Porto Alegre, 10 dez. 1906, p. 2.

[415] *A Federação*, Porto Alegre, 5 fev. 1907, p. 2.

[416] *O Exemplo*, Porto Alegre, 12 fev. 1911, p. 1.

na Irmandade do Rosário, era coirmã da Banda de Música do Arsenal de Guerra. Esta última participou e "abrilhantou" as comemorações de aniversário da Floresta Aurora em 1904. Da mesma forma, a Banda Lyra Oriental, também formada a partir do Arsenal de Guerra, era coirmã da Banda da Brigada Militar, que participou das comemorações de aniversário da Lyra Oriental em 1910. Segundo um articulista de *O Exemplo*, a presença da Banda da Brigada Militar foi um dos destaques da festa.[417] As instituições religiosas, como a Irmandade do Rosário, desempenharam um papel fundamental na formação musical de muitos músicos negros, oferecendo um dos primeiros espaços de aprendizado e atuação profissional. Apesar das limitações e do controle que esses ambientes impunham, foram essenciais para o desenvolvimento de uma geração de músicos que, ao longo do tempo, diversificou sua atuação e encontrou novos espaços para o exercício de sua profissão. À medida que avançamos para o século XX, vemos que esses músicos também começaram a se inserir em outros espaços, como as bandas militares e as bandas vinculadas a instituições de pública de ensino, que, além de oferecerem novas oportunidades de trabalho, também contribuíram para a ampliação e profissionalização da prática musical, sendo o foco do próximo subcapítulo.

3.2 A partir das instituições públicas

No final do século XIX e nas primeiras décadas do século XX, as bandas musicais ligadas a instituições públicas representaram outro importante espaço de aprendizado e trabalho com a música. Nesse período, localizamos a interação entre esses conjuntos musicais formados por diferentes recortes étnico-raciais e profissionais, especialmente no início do século XX. No entanto, as bandas militares já marcavam sua presença em Porto Alegre ao longo do século XIX. Antes de aprofundarmos essas relações de proximidade e identificarmos a presença de músicos negros nos quadros dessas instituições públicas, é importante caracterizar brevemente as bandas militares, bem como o ensino e o trabalho desenvolvidos nesses espaços.

[417] *O Exemplo,* Porto Alegre, 7 ago. 1904, p. 2; *O Exemplo,* Porto Alegre, 18 set. 1910, p. 2.

Ao analisar o papel das bandas militares na difusão musical no Brasil durante o período imperial, Fernando Binder[418] destaca o crescimento progressivo desses conjuntos ao longo do século XIX, especialmente por meio da Guarda Nacional e das Polícias Militares provinciais. Além de promover a circulação da música, essas instituições militares também desempenhavam um papel fundamental no aprendizado e na profissionalização da música. No campo do ensino, Binder ressalta que, na década de 1840, foi oficializado e ampliado o ensino musical para crianças e jovens, especialmente por meio da reorganização das companhias de menores dos Arsenais de Guerra do Império. Nessas companhias, além das primeiras letras e do desenho linear, passaram a ser ministradas aulas de música instrumental.[419] As condições para admissão nas companhias de menores, nesse período do século XIX, exigiam que os candidatos tivessem entre 8 e 12 anos e fossem enjeitados, órfãos indigentes, menores abandonados ou filhos de pais pobres. Esses jovens permaneciam na companhia até completarem 18 anos, momento em que eram alistados como artífices.[420]

Em relação ao exercício remunerado da música no Exército, Binder aponta que, com a introdução do ensino musical, a carreira de músico se tornou uma opção viável para alguns menores. Ao examinarmos a legislação administrativa do Exército durante o período imperial, identificamos três possibilidades de engajamento para os músicos: a primeira consistia em tornar-se músico de contrato, modalidade geralmente destinada a músicos profissionais que eram contratados e pagos para tocar na banda por um período específico; a segunda era como músico de praça ou soldado músico, situação em que o indivíduo se alistava conforme a legislação

[418] O autor analisa principalmente a atuação das bandas militares a partir das festas reais da Corte, acessada por meio de cronistas. Também analisa a legislação administrativa do Exército, para realizar uma caracterização e a organização das bandas militares ao longo do século XIX. BINDER, Fernando Pereira. *Bandas militares no Brasil*: difusão e organização entre 1808-1889. 2006. Dissertação (Mestrado em Música) – Universidade Estadual Paulista Júlio de Mesquita Filho, São Paulo, 2006.

[419] Além dos Arsenais de Guerra, outras unidades militares, destacadas pelo autor, também passaram a ministrar aulas de música ao longo do século XIX. Em 1865, o Depósito de Aprendizes Artilheiros, situado no Rio de Janeiro, recebia jovens entre 12 e 19 anos que mostrassem vocação e fossem julgados aptos pelo Comandante do Depósito. Essa unidade passou, em 1885, a se chamar Escola de Aprendizes Artilheiros. Binder destaca também que, em 1876, foram criadas outras duas escolas para menores onde a música fazia parte do currículo escolar, no caso, as Companhias de Aprendizes Militares de Minas Gerais e de Goiás. Essas unidades eram direcionadas à formação dos soldados e oficiais inferiores para a infantaria e apresentavam um funcionamento semelhante aos moldes criados pelo Arsenal de Guerra e do Deposito de Aprendizes Artilheiros. Ver: BINDER, 2006, p. 120.

[420] BINDER, 2006, p. 118-119.

(voluntariamente ou recrutado à força), recebendo o posto de músico, soldo, gratificação, provisões e fardamento; a terceira opção envolvia o alistamento como soldado de fileira, que se tornava aprendiz de música sob a instrução do mestre, e, ao ser considerado apto, ingressava na banda como músico de praça.[421] O autor ressalta ainda que os integrantes das bandas musicais do Exército estavam entre os oficiais inferiores mais bem remunerados nesse período.[422]

O Arsenal de Guerra representava um dos principais centros de formação militar no Brasil, inserindo-se no processo de reorganização das Forças Armadas, voltado ao fortalecimento da unificação nacional e à defesa territorial.[423] Durante esse período, províncias estratégicas para a defesa do país, como o Rio Grande do Sul (então Província de São Pedro), contavam com a presença dessa instituição. Ao longo do século XIX, o Arsenal de Guerra proporcionava ensino musical para crianças e jovens de origem pobre. O Arsenal de Guerra de Porto Alegre, criado em 1828, tinha como objetivo garantir um apoio logístico mais próximo das operações militares no Sul do Brasil.[424] A análise dos *Relatórios dos Presidentes de Província* permite caracterizar melhor essa instituição, identificar a presença do ensino de música em seu interior e traçar um perfil preliminar de seus alunos.[425]

A Escola dos Aprendizes Menores do Arsenal de Guerra era o espaço dedicado ao ensino de música dentro dessa instituição militar. No Rio Grande do Sul, essa escola apresentava uma subdivisão específica: além da classe geral (financiada pelo Império, por meio do Exército), existia também a classe provincial. Essa segunda classe foi criada para atender a

---

[421] *Ibidem*, p. 106.

[422] O mestre de música tinha o maior vencimento de sua categoria em tempo de paz e, em tempo de guerra, era inferior apenas ao de alveitar, que tratava das doenças dos animais. Já o soldo dos músicos também era alto em relação aos dos outros oficiais inferiores, sendo o quarto mais alto dos 14 postos que o autor localizou na legislação interna. Ver: BINDER, 2006, p. 111.

[423] A origem dos Arsenais de Guerra está ligada à fundação da Casa do Trem de Artilharia do Rio de Janeiro em 1762, dando o início às atividades industriais no âmbito das Forças Armadas. Essa logo se transformaria no Arsenal de Trem e, a partir de 1808, passou a se chamar Arsenal de Guerra. Para mais informações sobre essas escolas, ver: AMARANTE, José Albano. Indústria brasileira de defesa: uma questão de soberania e de autodeterminação. *In:* PINTO, J. R. de Almeida; ROCHA, A. J. Ramalho da; SILVA, R. Doring Pinho da (org.). *As Forças Armadas e o desenvolvimento científico e tecnológico do País.* Brasília: Ministério da Defesa/Secretaria de Estudos e de Cooperação, 2004.

[424] O Arsenal manteve-se, em Porto Alegre, até a década de 1940, transferindo-se, então, para a Cidade de General Câmara. Disponível em: www.museumilitar.com.br. Acesso em: 23 dez. 2012.

[425] RELATÓRIOS dos Presidentes das Províncias Brasileiras — Império — 1830-1889. Disponível em: www.memoria.bn.br. Acesso em: 30 nov. 2013.

uma lei provincial de 1837, que determinava o estabelecimento, em Porto Alegre, de um colégio de artes mecânicas para ensinar menores de 10 anos que fossem órfãos, pobres, expostos ou filhos de pais indigentes.[426] Diante das dificuldades de fundar esse colégio, o Governo Provincial redirecionou os recursos para criar uma nova seção na Escola de Aprendizes Menores do Arsenal de Guerra, subsidiando parte dos menores matriculados. Todos os alunos, tanto da classe geral quanto da provincial, recebiam instrução nas primeiras letras, em música (opcional, aparentemente) e em diversos ofícios nas oficinas do Arsenal. Assim, essas crianças trabalhavam como carpinteiros, correeiros, latoeiros, funileiros, sapateiros, cozinheiros, ferreiros e alfaiates.[427]

Não se sabe ao certo desde quando o ensino de música foi estabelecido na Escola de Aprendizes Menores do Arsenal de Guerra, mas o *Relatório do Presidente da Província de 1849* sugere a contratação de um mestre de música para os aprendizes.[428] No *Relatório* de 1856, consta que o antigo Diretor do Arsenal havia adquirido, em 1854, todo o instrumental necessário para a formação de uma banda de música. Naquele mesmo ano, entre os 69 menores aprendizes da classe provincial, 15 eram alunos de música.[429] Embora não haja menção à cor ou à origem dos estudantes, sabemos que eram crianças pobres, órfãs ou abandonadas. Na lista dos alunos da classe geral, subsidiada pelo Império, havia 49 crianças com idades entre oito e 16 anos.[430] Desses, 25 participavam das aulas de música, dos quais 16 eram iniciantes. Os demais alunos, já com conhe-

---

426 Trata-se da Lei Provincial n.º 12, de 19 de dezembro de 1837.

427 Dado retirado do relatório que o Vice-Presidente Luiz Alves Leite de Oliveira Bello entregou à Presidência do Rio Grande do Sul, ao Excelentíssimo Senhor Barão de Muritiba, no dia 26 de setembro de 1855, p. 33. Ver: RELATÓRIOS dos Presidentes das Províncias Brasileiras — Império — 1830-1889. Disponível em: www.memoria.bn.br. Acesso em: 14 jan. 2014.

428 Informação contida no Relatório do Presidente da Província de São Pedro do Rio Grande do Sul, Tenente General Francisco Joze de Souza Soares de Andrea, na abertura da Assembleia Legislativa Provincial, em 1º de junho de 1849, acompanhado do Orçamento da Receita e Despeza Para o Anno de 1849-1850. Ver: RELATÓRIOS dos Presidentes das Províncias Brasileiras —Império — 1830-1889. Disponível em: www.memoria.bn.br. Acesso em: 22 jan. 2014.

429 Dados do Relatório do Presidente da Província de São Pedro do Rio Grande do Sul, Jeronymo Francisco Coelho, entregue na abertura da Assembleia Legislativa Provincial, em 15 de dezembro de 1856, p. 24. Um perfil desses menores aprendizes, assim como sua relação com esse ensino, pode ser encontrado no Relatório que o Excelentíssimo Senhor Doutor Francisco Marcondes Homem de Mello passou à Administração da Província, ao Excelentíssimo Senhor Doutor Joaquim Vieira da Cunha, Primeiro Vice-Presidente, no dia 13 de abril de 1868. Ver: RELATÓRIOS dos Presidentes das Províncias Brasileiras — Império — 1830-1889. Disponível em: www.memoria.bn.br Acesso em: 14 fev. 2014.

430 Apresentando a seguinte distribuição: dois alunos com 16 anos; seis com 15 anos; 10 com 14 anos; oito com 13 anos; oito com 12 anos; sete com 11 anos; cinco com 10 anos; um com 9 anos; e dois com 8 anos.

cimento avançado, tinham seus instrumentos especificados: trombone, flautim, clarinete, "ophecleide", triângulo, pratos e caixa de rufos.[431] Já na classe provincial, dos 43 alunos listados entre 7 e 16 anos, apenas oito frequentavam as aulas de música.[432] Esses alunos foram classificados de modo diferente: três estavam "fazendo escala", um era "músico de 2ª classe", e quatro eram "músicos de 3ª classe".[433]

Certamente, os registros são escassos, mas nos permitem tirar algumas conclusões. O Arsenal de Guerra oferecia ensino musical a crianças pobres, possivelmente incluindo africanos e seus descendentes, desde meados do século XIX. Como salientado por Fernando Binder, esse ensino ampliava as possibilidades de trabalho para esses jovens. Sabemos, por exemplo, que alguns alunos já haviam alcançado o status de músicos de 2ª e 3ª classe, o que sugere uma vinculação empregatícia com o próprio Arsenal.[434] Além disso, o fato de que essa instituição mantinha uma banda de música composta de mestres e músicos remunerados de diferentes níveis confirma que o Arsenal de Guerra atuava tanto como um espaço de aprendizado quanto como um local de trabalho para músicos ao longo do século XIX.

As bandas militares tiveram um papel crucial na difusão da música em Porto Alegre ao longo do século XIX, ao lado das cerimônias religiosas. Por serem espaços dedicados exclusivamente à prática musical, essas bandas não apenas disseminaram conhecimento teórico e técnico, mas também se tornaram uma importante fonte de renda para músicos. Enquanto grande parte da música estava associada a atividades sociais, como cerimônias religiosas e apresentações teatrais realizadas, em grande medida, por companhias líricas itinerantes, as instituições militares emergiram como

431 Informações do Relatório do Presidente da Província de São Pedro do Rio Grande do Sul, Jeronymo Francisco Coelho, entregue na abertura da Assembleia Legislativa Provincial, em 15 de dezembro de 1856, p. 112-116 (RELATÓRIOS dos Presidentes das Províncias Brasileiras — Império — 1830-1889. Disponível em: www.memoria.bn.br. Acesso em: 30 jan. 2014).

432 Tendo a seguinte distribuição: um aluno com 16 anos; quatro alunos com 14 anos; sete alunos com 13 anos; oito alunos com 12 anos; cinco alunos com 11 anos; sete alunos com 10 anos; dois alunos com 9 anos; seis alunos com 8 anos; e três alunos com 7 anos.

433 Dados do Relatório do Presidente da Província de São Pedro do Rio Grande do Sul, Jeronymo Francisco Coelho, entregue na abertura da Assembleia Legislativa Provincial, em 15 de dezembro de 1856, p. 117-121. Ver: RELATÓRIOS dos Presidentes das Províncias Brasileiras — Império — 1830-1889. Disponível em: www.memoria.bn.br. Acesso em: 28 jan. 2014.

434 Se, por exemplo, em 1868, havia quatro músicos de 3ª classe, em 1871, esse número aumentou para seis, segundo o Relatório com que o Excelentíssimo Senhor Conselheiro Francisco Xavier Pinto Lima abriu a 1ª Sessão da 14ª Legislatura da Assembleia Legislativa Provincial em 14 de março de 1871, p. 36-37 RELATÓRIOS dos Presidentes das Províncias Brasileiras — Império — 1830-1889. Disponível em: www.memoria.bn.br Acesso em: 28 jan. 2014.

centros que cultuavam a música por excelência, proporcionando maior contato com a população em geral. Ao analisarmos o primeiro período do processo de profissionalização e redefinição social da música, conforme destacado por Maria Elizabeth Lucas, podemos acrescentar a relevância das bandas militares, junto ao vasto calendário religioso, como um dos principais espaços de trabalho e aprendizado musical, provavelmente acessado também por músicos negros.

Embora as bandas militares remontem ao século XIX, sua presença e atuação se estenderam pelas primeiras décadas do século XX, período em que identificamos relações de proximidade com as bandas da comunidade negra. Essas instituições não apenas sobreviveram, mas também se multiplicaram, criando espaços de aprendizado e trabalho musical. Esse processo de expansão das bandas militares foi fundamental para a integração de músicos de diversas origens e contribuiu para a continuidade da formação musical, além de fortalecer os laços entre músicos das instituições militares e as bandas civis, como as das associações negras. Entre as bandas militares, concentramos nossa atenção nas bandas de música da Brigada Militar, coirmã da Lyra Oriental.

A Brigada Militar do Estado do Rio Grande do Sul foi criada pelo Ato 357, em 15 de outubro de 1892, em substituição à antiga Guarda Cívica. Nesse momento, sua organização incluía um Estado Maior composto de um comandante com graduação de coronel, um capitão assistente como secretário, um capitão de quartel-mestre geral, e dois ajudantes (alferes ou tenentes) oriundos dos corpos da própria brigada. Era constituída por três corpos principais: dois batalhões de infantaria e um regimento de cavalaria, além de três corpos de reserva em fase de organização. Cada um dos três corpos em atividade, na origem dessa polícia militar, contava com uma banda de música totalizando a seguinte composição: três mestres de música, três clarins-mor, 24 músicos de 1ª classe, 24 músicos de 2ª classe, 12 músicos de 3ª classe, 28 clarins e oito tambores. No total, a Brigada Militar já empregava 102 músicos no momento de sua criação. Alguns constituíam as bandas de músicas (cada uma com 20 integrantes mais o mestre), já outros estavam envolvidos com os toques de corneta e clarins. Para os vencimentos diários desses músicos, foram definidos os seguintes valores: mestre de música recebia o soldo na quantia de 2$000 (mesmo valor do primeiro sargento); clarim-mor, a quantia de 1$000; músicos de 1ª classe, o valor de 800 réis; músicos de 2ª classe, clarins e tambores recebiam 700 réis; e os músicos de 3ª classe, o menor soldo, no valor de 600 réis. Porém cada um dos músicos recebia uma gratificação de 700 réis.[435] Essa estrutura salarial e a formalização das funções refletem a importância das bandas militares no contexto da Brigada Militar recém-criada.

A Brigada Militar passou por diversas reformulações ao longo das primeiras décadas do século XX, tornando o acompanhamento dessas transformações uma tarefa complexa. Batalhões eram frequentemente realocados em locais provisórios ou transferidos para outras cidades, e as próprias bandas de música sofriam mudanças constantes, com variações no número de integrantes ou a criação e extinção de conjuntos inteiros. Parte das informações sobre essas bandas foi obtida no *Almanaque da Brigada Militar* (referente aos anos de 1929 e 1930) e em edições do jornal *A Federação*. Em relação à organização das unidades que contavam com bandas de música, sabemos que, em 1893, foi fundado o Serviço Ativo do 3º Batalhão de Infantaria em Porto Alegre, o que acrescentou mais uma banda às três já existentes desde a criação da Brigada Militar.[436] Durante a primeira década do século XX, a Banda do 1º Regimento de Cavalaria teve uma participação frequente em eventos públicos em Porto Alegre. Em 1908, essa banda contava com 51 integrantes e era regida pelo Maestro Pedro Borges.[437]

Na primeira década do século XX, a Brigada Militar mantinha quatro bandas de música em Porto Alegre, empregando um número significativo de músicos e servindo como um importante centro de aprendizado musical para grupos populares. Para ilustrar essa quantidade, citamos uma reportagem de *A Federação* de 1907, que anunciou uma grande quermesse em benefício da Faculdade de Direito, marcada para o Theatro São Pedro. A atração principal incluía as quatro bandas de música da Brigada Militar e a banda da Escola de Guerra, regidas pelo Maestro Pedro Borges, totalizando um corpo instrumental de 146 músicos.[438] Em 1912, foi criada a Grande Banda de Música da Brigada Militar, que se somou às quatro já

---

435 *A Federação*, Porto Alegre, 27 out. 1892, p. 1.

436 Já o 1º Regimento de Cavalaria, criado na própria fundação da Brigada Militar, esteve assentando na Capital, nos primeiros anos de sua atividade e, em 1929 (data do almanaque consultado), já estava aquartelado em Santa Maria. Ver: ALMANAQUE da Brigada Militar Para 1929. Anno decimo quarto. Porto Alegre: Livraria Americana J. O. Rentsch & Cia., 1929, p. 57.

437 *A Federação*, Porto Alegre, 22 set. 1908, p. 1.

438 *A Federação*, Porto Alegre, 19 set. 1907, p. 2.

existentes, com o cargo de Inspetor Geral das Bandas, também ocupado por Pedro Borges, antigo regente da Banda do 1º Regimento de Cavalaria.[439] Contudo, essa Grande Banda foi extinta em 1916, em decorrência das modificações promovidas pelo Decreto n.º 2.172, de 25 de janeiro de 1916. Após essa reforma, o cargo de Inspetor das Bandas de Música foi mantido no Estado Maior, e as bandas continuaram a existir nos batalhões de infantaria.[440] No final da década de 1920, as bandas da Brigada Militar foram associadas aos três Batalhões de Infantaria localizados em Porto Alegre, cada uma composta por um mestre de música, um contramestre de música, cornetistas e clarins mores, além de músicos de 1ª, 2ª e 3ª classes.[441]

Sobre o soldo dos músicos, temos os valores relativos ao ano de 1929, conforme o *Almanaque da Brigada Militar.* Os mestres de música e os corneteiros mores recebiam um soldo diário de 5$000. Os contramestres recebiam 4$100, enquanto os músicos de 1ª, 2ª e 3ª ordens recebiam, respectivamente, 4$000, 3$500 e 3$100. Os corneteiros e tamboreiros recebiam o menor valor, de 2$300. Com exceção dos corneteiros e tamboreiros, todos os demais músicos recebiam vencimentos superiores aos dos cabos, que recebiam 2$600. Mesmo com o menor soldo, corneteiros e tamboreiros tinham um vencimento superior ao dos soldados, que era de 1$900.[442] A quantidade de instrumentistas empregados pela Brigada Militar em 1929 e 1930 nos três batalhões localizados em Porto Alegre está detalhada na Tabela 2.

Tabela 2 – Composição das Bandas de Música da Brigada Militar, por batalhão, em Porto Alegre – 1929 e 1930

DISCRIMINAÇÃO	1º BATALHÃO		2º BATALHÃO		3º BATALHÃO	
	1929	1930	1929	1930	1929	1930
Mestre de música	1	1	1	1	1	1
Contramestre de música	1	2	1	2	2	2
Cornetista e clarins móres	1	1	1	1	1	1

439 *A Federação,* Porto Alegre, 16 mar. 1912, p. 1.

440 *A Federação,* Porto Alegre, 28 jan. 1916, p. 5.

441 ALMANAQUE da Brigada Militar Para 1929. Anno decimo quarto. Porto Alegre, Livraria Americana J. O. Rentsch & Cia., 1929.

442 *Idem.*

Músicos de 1ª classe	5	10	5	10	10	10
Músicos de 2ª classe	5	10	5	10	10	10
Músicos de 3ª classe	8	16	8	16	16	16
Cornetistas e clarins	12	16	12	16	16	16
TOTAL	33	56	33	56	56	56

Fonte: ALMANAQUE da Brigada Militar Para 1929. Anno decimo quarto. Porto Alegre, Livraria Americana J. O. Rentsch & Cia., 1929;
ALMANAQUE da Brigada Militar Para 1930. Anno décimo quinto. Porto Alegre, Livraria Americana J. O. Rentzch & Cia., 1930

Não há dúvidas de que as bandas da Brigada Militar desempenharam um papel crucial como espaço de aprendizado e trabalho musical no final do século XIX e nas primeiras décadas do século XX, reunindo uma parte significativa dos músicos de Porto Alegre. Na criação da Brigada Militar, em 1892, a instituição já contava com três bandas de música, totalizando 102 músicos. No ano seguinte, foi adicionada uma quarta banda, e, em 1912, foi criada a Grande Banda de Música, que foi extinta em 1916. Em 1929, a Brigada Militar empregava 122 músicos, e, no ano seguinte, esse número aumentou para 168 instrumentistas. Portanto, se a estrutura religiosa oferecia um espaço de trabalho com a música instável, as bandas vinculadas a instituições públicas, especialmente as militares, proporcionavam um ambiente mais estável para os músicos. No entanto, é importante reconhecer que as bandas de instituições públicas não se restringem apenas ao universo militar, embora essas sejam as mais antigas e numerosas. As escolas voltadas para a instrução de crianças pobres e filhos de operários, criadas pelos poderes públicos, também desempenharam um papel significativo. Como já demonstrado, as bandas de música do Instituto Técnico Profissional e da Escola Hilário Ribeiro (antiga Banda Municipal) estabeleceram relações de proximidade com os grupos musicais da comunidade negra, participando conjuntamente de eventos sociais. No caso da antiga Banda Municipal, essa proximidade foi ainda mais evidente, com atuações em atividades realizadas na sede da Sociedade Floresta Aurora.

Como detalhado no Capítulo 1, a antiga Banda Municipal estava vinculada à Escola Hilário Ribeiro, fundada em 13 de maio de 1911, destinada a atender a filhos de operários e meninos pobres residentes em Porto Alegre. Por sua vez, o Instituto Técnico Profissional, também conhecido como Instituto Parobé, estava associado à Escola de Engenharia, fundada em

1896. Segundo os *Relatórios dos Presidentes do Estado*[443], em 1920, o ensino técnico profissional era oferecido pela Escola de Engenharia por meio de seus diversos institutos.[444] A subvenção para a Escola de Engenharia e suas seções era compartilhada entre a União, o Estado e alguns municípios que sediavam as unidades. A quantidade e os responsáveis pelos valores repassados variavam constantemente. Em geral, o Estado assumia a maior parte do investimento. A única dessas sessões em que o ensino era totalmente gratuito era no próprio Instituto Technico Profissional (Instituto Parobé).[445]

Não sabemos ao certo quando o Instituto Parobé foi fundado. No entanto, em 1910, o jornal *O Exemplo* já divulgava suas aulas gratuitas pela coluna "Rabisco", escrita por Arnaldo Dutra, conhecido por seu envolvimento com grupos teatrais da comunidade negra, conforme discutido no Capítulo 2. Dutra destacava o caráter altruísta da instituição, destinada a crianças pobres, e mencionava a possibilidade de os alunos receberem uma diária (pagamento) com base no seu desempenho no ofício.[446] Em relação às

---

[443] Esses relatórios foram consultados em RELATÓRIOS dos Presidentes dos Estados Brasileiros — 1891-1930. Disponível em: www.memoria.bn.br. Acesso em: 27 jan. 2014.

[444] Em Porto Alegre, funcionavam: o Instituto de Engenharia (engenharia civil), o Instituto Julio de Castilhos (ensinos primário, ginasial e normal), o Instituto Parobé (ensino técnico profissional), o Instituto de Electro-Technica (eletricidade e mecânica), o Instituto Borges de Medeiros (agronomia e veterinária) e o Instituto Astronômico e Meteorológico. Havia também unidades distribuídas em outros municípios do Rio Grande do Sul. Em Caxias do Sul, Rio Grande e Santa Maria, tinha Escolas Industriaes Elementares. Em Bento Gonçalves, Cachoeira do Sul e Santa Rosa, as Estações de Agricultura e Criação. Já em Bagé, Alegrete e Júlio de Castilhos, as Estações Zootechnicas. Essas informações constam na Mensagem enviada à Assembleia dos Representantes do Rio Grande do Sul pelo Presidente do Estado, Antonio Augusto Borges de Medeiros, na 4ª Sessão Ordinária da 8ª Legislatura, em 20 de setembro de 1920, p. 14-17 (RELATÓRIOS dos Presidentes dos Estados Brasileiros — 1891-1930. Disponível em: www.memoria.bn.br. Acesso em: 27 jan. 2014).

[445] Pelo relatório apresentado por Borges de Medeiros em 1921, podemos aprofundar um pouco mais o funcionamento dessa escola. Ela estava dividida em seis seções com seus ofícios correlatos: "construcções mechanicas (modelador de fundição, modelador e fundidor, mechanico e ajustador, mechanico construtor e fundidor); construcções metallicas (latoeiro e installador sanitario de agua e gaz, forjador, serralheiro, serralheiro constructor ou installador); trabalhos em madeira (estufador e vimeiro, marceneiro, carpinteiro e tupilheiro, esculptor e torneiro); artes do edifício (modelador de barros, pintor decorador, estucador-formador, esculptor); artes graphicas (phototecnia: photogapho, gravador, autotypista, photechnico; typographia, impressão, encadernação: compositor, paginador, impressor, encadernador; litografia: gravador, transportador, impressor, chromolotographo); electro-chimica (galvanotegista, galvanoplastia, galvanotypista, esterotypista)". Em 1920, havia sido instalada, conforme consta na fonte, uma nova e "útil" seção de artes domésticas. Estava também em iniciação o curso de aprendizagem de locomotivas (condução, concertos); e, em planejamento o curso para "chauffeurs". Em 1921, havia matriculados no curso diurno masculino 346 alunos na parte elementar e 79 na parte técnica. O curso noturno era frequentado por 128 alunos na parte elementar e 72 na parte técnica. Já no curso diurno feminino, havia 57 alunas matriculadas. Esses dados foram retirados da Mensagem enviada à Assembleia dos Representantes do Rio Grande do Sul pelo Presidente do Estado, Antonio Augusto Borges de Medeiros, na 1ª Sessão Ordinária da 9º Legislatura, em 20 de setembro de 1921, p. 10-11 (RELATÓRIOS dos Presidentesdos Estados Brasileiros — 1891-1930. Disponível em: www.memoria.bn.br. Acesso em: 29 jan. 2014).

[446] *O Exemplo*, Porto Alegre, 17 abr. 1910, p. 1.

condições de ingresso, os detalhes são encontrados nas páginas de *O Exemplo*. Em 1918, foram anunciadas as inscrições para a Escola Parobé, destacando que o ensino era completamente gratuito e direcionado a meninos pobres e filhos de operários. As inscrições eram feitas mediante a apresentação de um atestado de pobreza emitido por uma autoridade municipal ou um atestado de operário fornecido pelo chefe de fábrica ou oficina onde o responsável trabalhava.[447] Quanto à sua banda de música, há registros a partir de 1914. Nessa ocasião, o jornal *A Federação* noticiou a festa de encerramento das aulas do Instituto Técnico-Profissional, que incluiu uma exposição de trabalhos dos alunos e uma celebração, da qual a banda participou.[448] Além de expandir as possibilidades de trabalho para as crianças que aprendiam música, a presença de um conjunto musical em instituições públicas também representava um espaço de trabalho, pois era necessário contar com um professor e/ou maestro para dirigir o grupo.

Apesar de as instituições públicas apresentarem um recorte social e econômico na sua configuração, suas relações com as associações negras nas primeiras décadas do século XX têm muito a revelar. Esse contato ocorreu, principalmente, a partir da comunicação dos indivíduos que operavam essa mesma conexão. Ou seja, da presença de trabalhadores negros nos quadros das instituições públicas de forma geral e da presença de músicos negros compondo suas respectivas bandas musicais em menor escala. Esses diferentes recortes, de todo modo, diluem-se frente às relações de proximidade estabelecidas entre essas instituições, em variados eventos sociais. A partir dessas proximidades, compreendemos a coirmandade entre a Banda da Floresta Aurora e a Banda do Arsenal de Guerra, a da Lyra Oriental com a Banda da Brigada Militar, ou, ainda, o envolvimento dos conjuntos das escolas destinadas às crianças pobres e filhos de operários com as associações negras.

Imagem 12 – Banda do Arsenal de Guerra

[447] *O Exemplo*, Porto Alegre, 24 fev. 1918, p. 3.

[448] *A Federação*, Porto Alegre, 21 jan. 1914, p. 4.

Fonte: Acervo pessoal de Gabriela Vilanova de Souza, tataraneta de Alípio João de Souza (agradeço a gentileza pelas fotos)

Sobre a Banda do Arsenal de Guerra, não foi possível localizar a relação nominal dos seus integrantes nas primeiras décadas do século XX. Contudo, sabemos que pelo menos um músico da Banda da Floresta Aurora também integrou a Banda do Arsenal de Guerra. Trata-se do Maestro Alípio João de Souza, que, em 1910, fazia parte da diretoria eleita da Banda da Floresta Aurora, ocupando o cargo de Diretor.[449] Desde 1912, Alípio João de Souza já era empregado do Arsenal de Guerra[450] e, em 1921, fundou, ao lado de outros operários da instituição, uma sociedade de socorros mútuos.[451]

Esse cruzamento entre locais de trabalho e espaços de sociabilidade não só aproxima instituições com diferentes critérios de composição,

[449] *O Exemplo*, Porto Alegre, 7 ago. 1910, p. 2.

[450] Nesse ano, foi publicado, no registro mortuário do jornal *A Federação*, o falecimento de seu filho José, indicando a profissão de Alípio João de Souza como empregado do Arsenal de Guerra. Ver: *A Federação*, Porto Alegre, 20 mar. 1912, p. 4.

[451] O maestro integrava o Conselho Fiscal da primeira diretoria eleita. Ver: *A Federação*, Porto Alegre, 7 mar. 1921, p. 5.

sejam raciais ou profissionais, como também conecta instituições negras com pessoas fora dessas delimitações. Um exemplo notável é o Maestro Honorato Rosa, que, apesar de ser branco e não integrar a Sociedade Floresta Aurora, estabeleceu uma profunda relação com essa instituição, inclusive a ponto de a homenagear com uma composição. Honorato Rosa, que era professor e regente da Banda de Música da Escola Hilário Ribeiro (antiga Banda Municipal), associou-se ao festival organizado pelo Centro Floresta Aurora em 1920. Esse evento, que comemorava o dia 28 de setembro e incluía apresentações teatrais e atos variados, contou com a participação da banda durante os intervalos.[452] É provável que entre os alunos da Escola Hilário Ribeiro, fundada no simbólico 13 de maio, houvesse crianças negras, possivelmente filhos de integrantes dos clubes negros. O regente da banda já mantinha vínculos com instituições próximas como a Floresta Aurora e o Arsenal de Guerra, e a partir de então, também com a Escola Hilário Ribeiro. Essa proximidade explica, portanto, a participação da antiga Banda Municipal em atividades privadas de associações negras.

Se a relação entre a Banda da Floresta Aurora e a Banda do Arsenal de Guerra é, de fato, mais sugestiva do que documentada diretamente, esse quadro não se verifica com o outro conjunto. No caso da Banda da Lyra Oriental, a informação do jornal *A Federação* de que ela se originou de um grupo de operários do Arsenal de Guerra sugere uma conexão mais direta.[453] Essa conexão pode indicar que alguns dos membros da Lyra Oriental tinham experiência prévia ou mesmo atuavam na Banda do Arsenal de Guerra, o que reforça a interconexão entre as instituições musicais e sociais da época. Essas inter--relações não apenas ampliam o entendimento das redes sociais e profissionais de músicos, mas também ilustram como as instituições públicas e associações negra estavam frequentemente interligadas.

---

452 *O Exemplo*, Porto Alegre, 3 out. 1920, p. 3.

453 *A Federação*, Porto Alegre, 11 set. 1907, p. 2.

Imagem 13 – Funcionários do Arsenal de Guerra

Fonte: Acervo pessoal de Gabriela Vilanova de Souza, tataraneta de Alípio João de Souza

Imagem 14 – Uma das Bandas de Música da Brigada Militar – 1912

Fonte: *Correio do Povo*, Porto Alegre, 15 mar. 1912.[454]

[454] Agradeço à Prof.ª Silvia Petersen pela indicação da fonte.

Esses exemplos são apenas alguns de muitos que ilustram o intenso contato entre os músicos negros e seus espaços de sociabilidade e trabalho, especialmente em instituições públicas com bandas musicais, sejam elas militares ou vinculadas a instituições de ensino. Portanto, não é surpreendente que essas diversas bandas, apesar de serem formadas com critérios distintos, sejam coirmãs, pois muitos desses músicos eram os mesmos. Para ilustrar essas conexões, apresentamos a trajetória de outro músico negro que estabeleceu profundas relações entre essas diferentes bandas. Desta vez, a história de vida foi registrada nas páginas de *O Exemplo* não para lamentar a perda de uma pessoa importante, mas, sim, para homenagear as conquistas e o futuro promissor do Maestro João Penna de Oliveira, que serviu de exemplo a esse jornal em 1916.[455] Cabe lembrar que o Maestro Penna foi o mesmo que comemorou a vitória dos Bloco dos Thesouras no concurso carnavalesco de 1924 com um Concerto Sinfônico no Theatro São Pedro no ano seguinte, conforme já mencionado.

Imagem 15 – João Penna de Oliveira

Fonte: *O Exemplo*, Porto Alegre, 1º jun. 1924, p. 2

[455] *O Exemplo*, Porto Alegre, 24 dez. 1916, p. 3.

Entre os muitos locais pelos quais o Maestro João Penna de Oliveira transitou, destacam-se as atividades promovidas por clubes e associações negras com variadas finalidades. Entre essas, estão a Sociedade Floresta Aurora, o Grêmio Dramático Arthur da Rocha, a Sociedade Musical Lyra Florestina e diversos festivais artísticos organizados por essas associações, refletindo a grande circulação na comunidade negra. Quando sua biografia foi publicada, João Penna, com apenas 28 anos, já possuía uma impressionante trajetória musical que não passou despercebida pelos redatores de *O Exemplo*. Sua trajetória está fortemente ligada aos espaços que estamos abordando. O Maestro João Penna nasceu em Ouro Preto, no estado de Minas Gerais, em 1888. Com sua família, mudou-se para Porto Alegre aos 5 anos de idade. Aos 8 anos, foi matriculado na Escola de Aprendizes de Marinheiro em Rio Grande, na qual permaneceu por dois anos. Sentindo uma vocação para a música, adquiriu conhecimentos "à custa de sacrifícios" e ingressou, aos 14 anos, na Brigada Militar em Porto Alegre. Lá, foi se aperfeiçoando até alcançar a classificação de músico de 1ª classe e, além disso, teve a incumbência de lecionar para os músicos aprendizes que ingressavam na instituição. Mais tarde, em 1910, com 22 anos, pediu baixa da Brigada Militar para se dedicar exclusivamente à profissão de músico. Então, ingressou no Instituto Technico Profissional, no qual ocupou o cargo de auxiliar do Diretor da Banda desse estabelecimento de ensino.

Esta breve biografia do Maestro João Penna de Oliveira revela outros caminhos percorridos por um músico negro em busca de uma carreira profissional na música. Enquanto o Maestro Luiz Joaquim Pereira e outros músicos mais antigos, como o Maestro Honório Porto, tiveram sua formação musical apoiada por instituições religiosas, o Maestro Penna focou sua formação e atuação profissional nas instituições públicas. O fato de João Penna ter conseguido dedicar-se exclusivamente à música é notável, especialmente quando comparado a muitos outros músicos que precisavam desempenhar diversos ofícios paralelamente. Sua participação na Escola de Aprendizes de Marinheiro, na Brigada Militar e, posteriormente, no Instituto Technico Profissional, proporcionou não apenas aperfeiçoamento técnico e estabilidade financeira (ainda que modesta), mas também permitiu uma maior autonomia para fazer escolhas estratégicas que facilitaram sua mobilidade social. Se o ingresso em instituições públicas possibilitou o aprofundamento de seu conhecimento musical, esse processo continuou em outros espaços de aprendizado. Em 1915, o Maestro Penna ingressou na Escola de Bellas Artes, onde se dedicou ao estudo da música clássica. É provável que o conhecimento adquirido nas instituições militares e a estabilidade financeira proporcionada por essas instituições tenham contribuído para sua entrada em um local de difícil acesso.

Além de garantir estabilidade financeira, as bandas militares e outras vinculadas a instituições públicas ofereciam visibilidade aos músicos e seus maestros. Essas bandas tinham ampla circulação na cidade, tocando em coretos situados em praças públicas e participando de atos oficiais que contavam com a presença de diversas autoridades. Frequentemente, também integravam projetos estratégicos da política pública, como foi o caso da Banda da Escola Hilário Ribeiro durante um certo período e da Banda do Instituto Technico Profissional. A capacitação técnica com o instrumento e na regência não só ampliava as possibilidades de emprego, mas também podia levar a convites para integrar novas bandas. Por exemplo, ao relatar a realização, em 1922, de um baile em comemoração à Batalha do Tuiuti, organizado pelo Tiro de Guerra n.º 4, o jornal *A Federação* destacou que estava em andamento a constituição de uma nova banda de música, para a qual já estava acertado o convite ao Maestro João Penna para regê-la.[456]

Ao refletirmos sobre as possibilidades de atuação profissional na música, afirmamos que o emprego em instituições públicas foi uma alternativa viável e disponível para diversos músicos negros. Embora os salários fossem modestos, trabalhar em uma instituição pública oferecia estabilidade econômica por meio de um emprego fixo, permitindo maior autonomia para realizar escolhas estratégicas visando uma melhor colocação profissional. Apesar de as bandas de música vinculadas a instituições públicas, especialmente as militares, proporcionarem uma maior estabilidade financeira (ainda que com vencimentos modestos), muitos músicos encontravam formas alternativas de obter renda com a atividade musical. Já destacamos como a Banda da Floresta Aurora, originada da Irmandade do Rosário e composta de músicos que atuavam nas cerimônias religiosas, utilizou os conhecimentos adquiridos na Irmandade para se apresentar em eventos sociais e divertimentos no final do século XIX. Com as bandas militares, o cenário não era diferente, especialmente com a expansão da indústria do entretenimento.

---

[456] *A Federação,* Porto Alegre, 23 maio 1922, p. 5.

3.3 Por meio de uma estimulante indústria do entretenimento

Sabemos que o mercado de trabalho musical expandiu-se com as transformações sociais, culturais e técnicas que começaram no final do século XIX e se intensificaram significativamente nas primeiras décadas do século XX, com o crescimento da cidade, sua população, e o surgimento de novos espaços dedicados à música.[457] Sérgio da Costa Franco, em seu clássico *Porto Alegre: guia histórico*, destaca que, ao final da primeira década do século XX, teve início o ciclo do cinema, que começou a tomar o lugar dos teatros e a conquistar a preferência do público. A partir desse momento, novas salas de teatro surgiram como cineteatros, conciliando predominantemente a exibição de filmes com temporadas de companhias teatrais ou concertos de música e canto.[458] Em 1909, contávamos com três salas de cinema no centro da cidade, que rapidamente se multiplicaram e se espalharam por diferentes regiões de Porto Alegre. Franco lista diversas dessas salas de cinema e teatro nas primeiras décadas do século XX, observando que algumas eram precárias, transitórias ou associadas a outros negócios.[459]

A expansão desses espaços de lazer pode ser facilmente observada nos jornais da época, que noticiavam suas programações diárias e semanais. Na modesta seção "Theatros e Diversões" do jornal *A Federação*, poucas atrações eram mencionadas nos primeiros anos do século XX. Muitas vezes, a seção era tão pequena que acabava sendo preenchida com notícias de clubes particulares, corridas hípicas e regatas. Contudo, algumas inovações tecnológicas começaram a fazer parte da agenda de entretenimento dos porto-alegrenses. Em dezembro de 1903, *A Federação* divulgou algumas atrações no Centro de Diversões do Theatro Parque, no Polytheama e no velho Theatro São Pedro, que recebiam artistas e

---

[457] As possibilidades de lazer em torno da música também estavam ganhando novas formas de reprodução. Perto da virada do século XX, surgiram, em Porto Alegre, diversas casas de música, que comercializavam instrumentos e partituras musicais. Hardy Vedana informa que, no último decênio do século XIX, alguns comerciantes começaram a vender esses produtos, incluindo cilindros musicais, chapas (discos planos), gramofones, agulhas e vitrolas. A quantidade desses estabelecimentos comerciais aumentou gradativamente, ao longo das duas primeiras décadas do século XX. Desses, um de maior destaque foi o de propriedade de Theodoro Hartilieb, denominado Casa Hartilieb, com a venda de instrumentos musicais e como representante de gramofones estrangeiros. Para aprofundar o tema, ver VEDANA, Hardy. *A Elétrica e os Discos Gaúcho*. Porto Alegre: [*s. n.*], 2006.

[458] COSTA FRANCO, Sérgio da. *Porto Alegre:* guia histórico. Porto Alegre: UFRGS, 2006, p. 396.

[459] Entre 1913 e 1923, contabilizavam-se 19 salas de cinema em Porto Alegre: Coliseu, Iris, Recreio Ideal, Odeon, Avenida, Força e Luz, Democrata, Brasil, Guarani, Apolo, Colombo, Rio Branco, Carlos Gomes, Talia, Palácio, Central, Marabá, Astor, Orfeu (COSTA FRANCO, 2006, p. 111-112).

companhias dramáticas. Anunciava-se, como uma grande novidade, "[...] trazida da Europa e dotada dos últimos aperfeiçoamentos": um grande cinematógrafo e fonógrafo que seria apresentado à imprensa local no Theatro São Pedro.[460] Essas sessões de cinematógrafos, que no início exibiam imagens de várias localidades do mundo, espalharam-se pelas salas de cinema ao longo da primeira década do século XX, ao mesmo tempo que novos estabelecimentos desse gênero eram inaugurados. Em 1906, o Polytheama já incluía o cinematógrafo entre suas atrações, e, em 1908, o Cinema Variedades seguiu a mesma linha, incorporando-o à sua agenda de entretenimento. Naquele mesmo ano, outros cinemas já ampliavam a seção "Theatros e Diversões", como o Cinema Berlim, o Cinema Rio Branco e o Recreio Ideal.[461] Ao longo da segunda década do século XX, Porto Alegre já estava repleta de cinemas e teatros. Uma simples consulta ao jornal *A Federação* em 1915 revela a presença marcante desses espaços, como o Democrata, Força e Luz, Garibaldi, Ponto Chic, Iris, Guarany, Colyseu, Apollo, Avenida, Ideal, Brazil, entre outros.[462] No entanto, retornamos à primeira década para destacar o ponto que nos interessa: a presença da música nesses antigos cinemas e teatros.

Ainda despertando a curiosidade da população, o articulista de *A Federação*, em 1908, descreveu uma das sessões do Cinema Variedades, que havia recentemente inaugurado seu cinematógrafo. Assim, destacou: "Para demonstrar a excelencia do apparelho cinematographico, o assumpto das vistas, a harmonia da orchestra, em summa, o todo do Cinema basta a procura que há nas suas sessões, onde se encontra o escól da sociedade porto-alegrense [...]".[463] A participação de orquestras nessas sessões não era exclusividade do antigo Cinema Variedades. No mesmo ano, o conjunto que animava as sessões do Theatro El Dorado foi alvo de críticas por parte do mesmo jornal, em que se avaliou que "[...] a orchestra por varias vezes andou impossivel, deixando em serios embaraços os artistas [...]".[464] Referências à presença de orquestras nessas apresentações se multiplicaram nas páginas dos jornais, seja nos intervalos entre as atrações, seja sonorizando as imagens exibidas pelos cinematógrafos e, posteriormente, nos primeiros anos do cinema mudo.

460 *A Federação,* Porto Alegre, 22 dez. 1903, p. 2.

461 Respectivamente, *A Federação,* Porto Alegre, 9 nov. 1906, p. 2; *A Federação,* Porto Alegre, 24 nov. 1908, p. 2; *A Federação,* Porto Alegre, 9 nov. 1908, p. 2; *A Federação,* Porto Alegre, 28 nov. 1908, p. 2.

462 *A Federação,* Porto Alegre, 5 jan. 1915, p. 4.

463 *A Federação,* Porto Alegre, 7 dez. 1908, p. 2.

464 *A Federação,* Porto Alegre, 30 dez. 1908, p. 2.

Neste mercado de trabalho com a música, em constante expansão, diversos músicos negros atuaram. Já destacamos a importância das instituições religiosas, especialmente a Irmandade do Rosário, como um espaço de contato com a música, que possibilitava tanto o aprendizado quanto o uso rentável da prática musical, principalmente por meio de suas festas religiosas e da interação com outros músicos no interior desse ambiente. O mesmo se aplica às instituições públicas que mantinham bandas de música em seus quadros. Bandas militares, presentes desde o século XIX, e bandas vinculadas a escolas públicas voltadas para crianças pobres, surgidas nas primeiras décadas do século XX, também foram espaços de aprendizado e trabalho para muitos músicos negros.

Os exemplos dos Maestros Luiz Joaquim Pereira e João Penna de Oliveira ilustram como, no âmbito individual, esses antigos espaços musicais — no caso de Luiz Pereira, as cerimônias religiosas, e no caso de João Penna, as bandas militares — ofereceram as condições necessárias para ampliar a participação de músicos negros nesse mercado de trabalho, que, com o crescimento da indústria do entretenimento, entrou em franca expansão a partir da década de 1910. Quando Luiz Pereira faleceu, foi registrado que ele atuava em um dos cinemas da cidade. Sabemos também, pela biografia de João Penna publicada no jornal *O Exemplo*, que ele trabalhou no Teatro Coliseu em 1916.

Imagem 16 – Teatro Coliseu – década de 1910

Fonte: Acervo Museu de Porto Alegre Joaquim Felizardo, Fototeca Sioma Breitman

Imagem 17 – Teatro Coliseu – década de 1920

Fonte: Acervo Museu de Porto Alegre Joaquim Felizardo, Fototeca Sioma Breitman

Além desses espaços de aprendizado, as associações negras também desempenhavam um papel importante na transmissão de conhecimentos técnicos e práticos de música em suas sedes sociais e eventos privados. A condição necessária para essa transmissão já estava presente: a participação de músicos experientes, uma vez que muitos de seus integrantes também faziam parte de outras instituições "profissionais" de música. Observamos, ainda, a intensa circulação desses músicos entre diferentes clubes sociais negros, o que potencializava a difusão e o ensino musical. Essa troca de conhecimento, muitas vezes realizada de forma informal, baseada em relações de solidariedade e nas redes de sociabilidade, permitiu que outros músicos, que aparentemente não faziam da música sua principal fonte de renda, também pudessem transformá-la também em um meio de obtenção de renda.

Principalmente ao longo das décadas de 1910 e 1920, período central de nossa pesquisa, observamos que diversas atividades artísticas foram desenvolvidas nos clubes negros, reforçando as relações de pertencimento e sociabilidade. A música desempenhava um papel essencial, animando bailes, acompanhando apresentações teatrais, festivais artísticos, recepções de figuras ilustres e comemorações de datas cívicas, entre outros eventos. Esses festivais podem ser compreendidos como momentos de ampla difusão de repertórios artísticos variados, incluindo orquestras, valsas, cançonetas, teatro, e até ventríloquos, demonstrando que a música estava presente em múltiplas e diversificadas apresentações.

Essas atividades plurais, que articulavam diversas formas de expressão artística, serviram como uma verdadeira escola de formação musical. Por meio delas, músicos e instituições negras já portavam grande experiência para adentrar nos novos cinemas e teatros que surgiram em Porto Alegre ao longo das primeiras décadas do século XX. Podemos tecer considerações mais detalhadas sobre a participação desses artistas no circuito de entretenimento da cidade, abordando as trajetórias de dois integrantes dos grupos teatrais da comunidade negra: Arnaldo Dutra[465] e Januário José de Souza. Embora seja difícil afirmar com precisão se foi nos clubes sociais negros que ambos tiveram seus primeiros contatos com a música, sabemos que a atuação nesses espaços certamente influenciou seu desenvolvimento musical. Tanto Dutra quanto Souza não tinham na música sua principal fonte de renda, o que não os impediu de participar ativamente desse campo, utilizando seus talentos para obter rendas complementares. O fato de não viverem exclusivamente da música, entretanto, não diminuiu o impacto de suas contribuições. Muito pelo contrário, reforça a flexibilidade e a capacidade desses artistas de transitar entre diferentes esferas da vida social, mantendo um importante papel na cena cultural de Porto Alegre.

O principal ponto de destaque na trajetória musical de Arnaldo Dutra foram as gravações que realizou com o Grupo Terror dos Facões, a partir de 1913, tocando cavaquinho em choros, polcas e outros ritmos populares. Esses registros fonográficos marcaram o início das gravações no Rio Grande do Sul. Hardy Vedana, músico e pesquisador, relata que o Grupo Terror dos Facões surgiu do "Trio do Choro," for-

[465] O músico Arnaldo Dutra nasceu em 1888 e faleceu em 1929, aos 41 anos de idade. Ao longo de sua vida, teve diversas ocupações, estando envolvido em diferentes meios sociais. Arnaldo era funcionário graduado da seção dos Correios e Telégrafos de Porto Alegre, onde foi aprovado, em primeiro lugar, em 1910. Também colou grau em Medicina, na "Escola Medico Cirúrgica" de Porto Alegre. Era articulista do jornal *O Exemplo* desde 1909 e, sendo atuante na arena da imprensa, participou também da redação do jornal *O Imparcial* em 1916 e foi Diretor de Redação da *Gazeta do Povo* entre 1918 e 1923 (*O Exemplo,* Porto Alegre, 13 fev. 1910, p. 2; SANTOS, José Antônio. *Prisioneiros da História:* trajetórias intelectuais na imprensa negra meridional. Porto Alegre: PUC, 2011. Tese (Doutorado em História) — PUC-RS, p. 207.

mado por Octavio Dutra no bandolim, Arnaldo Dutra no cavaquinho e Honório Ferreira Lemos no violão. Segundo Vedana, os integrantes do Terror dos Facões[466] se destacaram por serem exímios executantes de seus instrumentos,

> [...] eram tão afamados que, nos locais onde se apresentavam para tocar, os demais músicos, constrangidos, guardavam e até escondiam seus instrumentos. Este fato valeu-lhes o nome de "Terror dos facões", pois a palavra "facção" era dada ao músico que executava mal os seus instrumentos.[467]

O autor afirma que o grupo ajustava sua formação de acordo com as necessidades das apresentações, especialmente para as companhias teatrais, o que contribuiu para sua notoriedade no cenário musical de Porto Alegre. Foi por meio destas participações que, segundo Vedana, o grupo ganhou notoriedade no cenário musical de Porto Alegre. Em 1909, o teatrólogo Dolival Moura escreveu uma peça para uma revista de costumes locais intitulada "Não Pode," convidando o maestro Octavio Dutra e seu grupo para compor a música da peça. A estreia ocorreu no Theatro São Pedro em outubro de 1912, recebendo boas críticas da imprensa. O sucesso dessa revista musical despertou o interesse de Theodoro Hartilieb pelo mercado fonográfico local. Hartilieb, proprietário da Casa Hertilieb, estabeleceu conexões comerciais com a Casa Edison do Rio de Janeiro, dirigida por Fred Figner, o que ajudou a consolidar o cenário fonográfico na região.[468]

Entre os músicos locais que realizaram gravações para a Casa Hartilieb, observamos uma rica diversidade de gêneros e formações musicais.

---

[466] Outros músicos também fizeram parte do conjunto Terror dos Facões ao longo de sua atuação. Entre estes instrumentistas, Hardy Vedana cita os flautistas Creso de Barros, Feijó e José Xavier Bastos, o violinista e pianista Augusto Vasseur, os violinistas Fernando Andrade e Policarpo Santos, o violonista Waltrude Paes, entre outros músicos. Destes instrumentistas sabemos que Waltrude Paes, que era cunhado de Octavio Dutra, era integrante da diretoria ocupando o cargo de orador do Cordão Carnavalesco Os Batutas em 1924, ao lado de Arnaldo Dutra (diretor Geral) e Januário José de Souza (2º secretário) entre outros, ver em: *O Exemplo*, Porto Alegre, 30 mar. 1924, p. 3.

[467] VEDANA, Hardy. *Octavio Dutra na história da música de Porto Alegre*. Porto Alegre: Editora Proletra, 2000, p. 17.

[468] A Casa Hertilieb detinha a exclusividade, para todo o sul do País, dos discos produzidos na Casa Edison do Rio de Janeiro, de propriedade de Fred Finger, o primeiro estabelecimento do Brasil a lançar os discos planos, em 1902. Foi a partir da boa vendagem de seus discos em Porto Alegre que Fred Figner autorizou Theodoro Hartilieb a gravar cantores, músicos e grupos locais para vender seu estabelecimento. Totalizando, 102 discos gravados em apenas um lado foram colocadas à venda para o público porto-alegrense em 1913, sob a marca de Discos Riograndenses. Nesse período, a fábrica de discos Odeon havia sido recém-inaugurada por Fred Figner no Rio de Janeiro, prensando seus primeiros discos em janeiro de 1913, que, posteriormente, foram remetidos a Porto Alegre, para serem vendidos na Casa Hartilieb. Hardy Vedana verificou que as gravações dessa casa se encerraram com essa tiragem de 102 músicas de artistas locais. Para aprofundar o tema, ver VEDANA, Hardy. *A Elétrica e os Discos Gaúcho*. Porto Alegre: [*s. n.*], 2006.

Foram registradas valsas, tangos, polcas, schottisch, dobrados, havaneiras, mazurcas, hinos, modinhas, canções, canções gaúchas e algumas peças de música clássica, além de monólogos, discursos, invocações, peças cômicas e excêntricas.[469] Diversos grupos e artistas participaram desses registros, com destaque para a Banda do 10º Regimento de Infantaria do Exército, que realizou 20 gravações, e o Grupo Terror dos Facões, com 23 gravações. Além desses, outras 11 músicas de autoria de Octavio Dutra, irmão de Arnaldo Dutra, foram executadas por diferentes conjuntos, incluindo a Banda do 10º Regimento e Benjamin de Oliveira, que interpretou suas modinhas. Também é relevante mencionar o Maestro João Penna de Oliveira, que teve três de suas composições gravadas pelo Grupo do Manoel Pereira: a valsa "Um Beijo em Dó", o schottisch "Estou Caminhando" e a polca "Julia".[470]

Figura 18 – Grupo Terror dos Facões

Fonte: *O Malho*, Rio de Janeiro, 4 out. 1913, p. 25

[469] VEDANA, Hardy. *A Elétrica e os Discos Gaúcho*. Porto Alegre: [*s. n.*], 2006.

[470] VEDANA, 2006, p. 37.

Januário José de Souza teve uma carreira marcante tanto como ator amador quanto como cançonetista, embora mantivesse um emprego estável no Banco Pelotense em 1923. Seguidamente, ele realizava apresentações em residências de amigos e em eventos comemorativos. Um exemplo foi sua performance no aniversário da "dedicada consorte" do Capitão Marcílio Freitas, antigo redator do jornal *O Exemplo*, no qual apresentou "belas canções nacionais" ao lado da "demoiselle Hercilia Santos".[471] Sua atuação como cançonetista geralmente ocorria em eventos promovidos pelos grupos teatrais da comunidade negra. Ele participou de encenações organizadas pelo Grêmio 7 de Dezembro em 1909, em que também estava presente a Banda da Floresta Aurora,[472] e do Grêmio Literário Dramático José do Patrocínio no ano seguinte, ao lado de Arnaldo Dutra.[473] Em 1917, foi um dos fundadores do grupo dramático Euterpe Club, que apresentava peças teatrais, atos de variedades e diversos números musicais. No Euterpe Club, Januário colaborou na composição de peças de teatro em revista e músicas para os atos de variedades. Além disso, Januário de Souza esteve envolvido em atividades carnavalescas, participando da Sociedade Demônios Carnavalescos do final da primeira década ao início da segunda do século XX, onde foi Conselheiro em 1921.[474] Durante a década de 1920, também integrou o Cordão Carnavalesco Os Batutas, grupo que contava com Arnaldo Dutra e seu irmão. Nesse grupo carnavalesco, Januário foi eleito Segundo Secretário em 1924.[475] No final da década de 1920, inspirado pelas apresentações que a famosa Companhia Negra de Revistas realizou em Porto Alegre em 1927 durante sua turnê por diversos estados brasileiros, Januário José de Souza criou a Companhia Preta de Revistas que estreou em abril do ano seguinte no Cine-Theatro Avenida sob sua direção.[476]

Tanto Arnaldo Dutra, ao realizar as primeiras gravações fonográficas do Rio Grande do Sul, quanto Januário de Souza, ao criar a Companhia Preta de Revistas inspirado no sucesso da Companhia Negra de Revistas formada no Rio de Janeiro, demonstram como músicos e artistas negros se conquistaram dos novos locais de trabalho que surgiam com a expansão dos espaços de lazer em Porto Alegre. A multiplicação de cinemas e teatros, com as inovações tecnológicas e a crescente circulação de produtos

471 *O Exemplo*, Porto Alegre, 1º jun. 1919, p. 2.

472 *O Exemplo*, Porto Alegre, 11 jul. 1909, p. 2.

473 *O Exemplo*, Porto Alegre, 17 jul. 1910, p. 2.

474 *O Exemplo*, Porto Alegre, 10 abr. 1921, p. 3.

475 *O Exemplo*, Porto Alegre, 30 mar. 1924, p. 3.

476 *O Exemplo*, Porto Alegre, 29 abr. 1928, p. 2.

culturais e de artistas, proporcionou oportunidades significativas para a atuação desses profissionais. A presença marcante de Dutra e de Souza na vida cultural da cidade indica que suas atividades não passaram despercebidas. Eles estavam profundamente envolvidos no vibrante cenário artístico e social de Porto Alegre, refletindo a importância crescente da música e das artes na vida urbana.

A participação de músicos e instituições negras nos novos espaços de entretenimento em Porto Alegre é, sem dúvida, mais ampla do que a ilustração fornecida pelos casos de Arnaldo Dutra e Januário José de Souza. Diversos blocos e cordões carnavalescos também desempenharam papéis significativos em teatros e cinemas da cidade. Afinal, a consagração ao Deus Momo poderia corresponder a poucos dias de loucuras, mas ainda havia o restante dos dias que completavam o ano. Nesse longo período cíclico, esses grupos e seus integrantes continuavam na ativa contribuindo para a vida cultural de Porto Alegre. O Bloco dos Batutas, por exemplo, que foi dirigido por Arnaldo Dutra e contou com a participação de Januário de Souza, exemplifica essa continuidade. Em maio de 1921, por exemplo, o Bloco apresentou uma comédia e um ato de variedades no Theatro São Pedro.[477] Em outra ocasião, em março de 1928, o grupo realizou um festival artístico no Cinema Garibaldi.[478] Essas apresentações demonstram como os grupos carnavalescos poderiam atuar continuamente ao longo do ano e como suas habilidades diversas poderiam serem aproveitadas em diversos contextos culturais, ampliando sua influência além do período do carnaval.

Outros grupos carnavalescos identificados com a comunidade negra também desempenharam papéis importantes nos cinemas e teatros de Porto Alegre. Um exemplo notável é o Cordão dos Thesouras, que, ao longo da década de 1920, teve a regência do Maestro Alberto Martiniano. Além de sua atuação como regente do cordão, Martiniano também era membro da Sociedade Floresta Aurora[479] e, possivelmente, integrou a banda dessa associação.[480] Esse cordão realizou o "Grande Festival dos Thesouras",

[477] *O Exemplo*, Porto Alegre, 22 maio 1921, p. 3.

[478] *O Exemplo*, Porto Alegre, 12 fev. 1928, p. 2.

[479] O Maestro Alberto Martiniano, inclusive, ocupou o cargo de 1º Secretário na diretoria eleita para o ano de 1922 (*O Exemplo*, Porto Alegre, 2 jan. 1922, p. 5).

[480] Em 1922, quando foi comemorado o primeiro aniversário do Centro Cívico José do Patrocínio, realizou-se um festival na sede da Floresta Aurora. Na descrição do evento, foi relatada a realização de um concerto musical regido pelo Maestro Alberto Martiniano. Porém não foi informado se era a Banda da Floresta Aurora ou não. De todo modo, no momento da fundação do mesmo centro cívico (1921), quem se fez presente foi a Banda da Lyra Oriental, executando escolhidas peças. Ver: *O Exemplo*, Porto Alegre, 7 maio 1922, p. 2; *O Exemplo*, Porto Alegre, 20 nov. 1921, p. 2.

levado a efeito no "elegante Cinema Avenida". Ao lado de apresentações cênicas, que, conforme o articulista de *O Exemplo*, "fez-nos rir a valer", esteve a afinada estudantina dos Thesouras, sob a batuta de Alberto Martiniano, abrilhantando o festival.[481] Outro desses foi o Bloco dos Tigres, ensaiado pelo já citado Maestro João Penna de Oliveira na maior parte da década de 20. Em maio de 1926, estava prevista a realização de um festival artístico no Theatro Apollo, seguido de um "grandioso acto de salão", em comemoração à "gloriosa data da abolição da escravatura no Brasil". Esse festival, além de levar a cabo as reivindicações políticas de praxe da comunidade negra para além das sedes das associações civis, também poderia obter renda com a comemoração da data. Brevemente, citamos ainda outro exemplo: o Grupo Carnavalesco Promptidão promoveu, em junho de 1927, um festival no Cine Theatro Palacio, onde apresentou um "grande acto de salão" em meio a uma comédia dramática reproduzida na tela do cinema.[482]

Esses festivais artísticos, por vezes, também eram realizados antes dos próprios desfiles carnavalescos, visando angariar fundos para a realização dos préstitos. Por exemplo, o Cordão Carnavalesco Rei da Pândenga, recém-surgido no ano de 1923 e formado por moradores do Areal da Baronesa, ensaiou com seu corpo cênico, no mesmo ano de sua criação, a "chistosa revista Vae te benzê e despois vortá" para ser levada à "scena num dos theatros da capital num festival em beneficio"[483]. Em outubro de 1924, esse mesmo cordão carnavalesco apresentou um espetáculo em benefício de seus cofres no Cine-Theatro Palacio. Foi apresentada uma "hilariante revista local" intitulada "Coisas da Vida" com três atos e seis quadros. Também estava previsto pela estudantina do cordão a execução de "[...] excellentes marchas carnavalescos e choros da lavra de verdadeiros maestros que se compõe este grupo de foliões da velha Baronesa"[484]. Já o Bloco dos Fazendeiros realizou, em 1928, um festival em seu benefício no Cine Theatro Avenida, com um "programa organizado a capricho"[485]. O próprio jornal *O Exemplo* recebeu um festival em seu benefício, realizado no Cine Theatro Palacio, em 1923. Na ocasião, foi apresentado um filme

481 *O Exemplo,* Porto Alegre, 18 set. 1927, p. 3.

482 *O Exemplo,* Porto Alegre, 5 jun. 1927, p. 2.

483 *O Exemplo,* Porto Alegre, 11 fev. 1923, p. 2.

484 *O Exemplo,* Porto Alegre, 28 set. 1924, p. 2.

485 *O Exemplo,* Porto Alegre, 12 fev. 1928, p. 2.

italiano em sete atos e, no intervalo, ocorreu um "attrahente e hilariante acto de variedades"[486].

No mesmo direcionamento, trazemos também a atuação de um clube social negro não abordado ainda neste trabalho. Trata-se do Grupo Ariopa, que tinha sua sede social localizada próximo à região conhecida como Ilhota (local de nascimento do compositor Lupicínio Rodrigues).[487] Seu Presidente, João Evangelista, também era um integrante da Sociedade Floresta Aurora, ocupando, inclusive, o cargo de Primeiro Tesoureiro na diretoria eleita para o ano de 1922.[488]Essa associação, ao lado de seu corpo cênico e estudantina, realizou inúmeros festivais pelos cinemas e teatros da Cidade. Como ilustração, esse grupo fez um grande festival em benefícios de seus cofres no Cinema Palácio, em março de 1923. Nessa ocasião, após a exibição de um filme, foi apresentada por um grupo de amadores, em um ato, a comédia denominada "Afilhado de Bertholdo, Mario e Jeremias"[489]. Já no dia 1º de maio de 1924, realizou, no Cinema Garibaldi, um festival dedicado à classe operária, que contou, novamente, com a exibição de um filme e a execução de um ato de variedades desempenhado pelos amadores do Grupo Ariopa.[490]

Essas associações negras, grupos de teatro e blocos carnavalescos não apenas interagiam entre si, mas também circulavam pelos espaços de entretenimento da cidade, dinamizando a vida cultural local. Independentemente de a renda dos espetáculos ser destinada aos cofres de determinadas instituições ou aos próprios organizadores, é crucial reconhecer a importância de sua presença e atuação nesses espaços. No contexto de Porto Alegre, músicos e instituições negras desempenharam papéis significativos na indústria do entretenimento, marcando sua influência na cultura musical da cidade também por meio desses eventos e locais. A ampliação dos espaços destinados ao lazer, especialmente por meio de cinemas e teatros, também ampliou as oportunidades de atuação profissional na música. Esses palcos tornaram-se pontos de encontro e competição para músicos de diversas formações e origens sociais.

Com o crescimento da indústria do entretenimento, surgiram tentativas de regulamentação do exercício profissional, promovidas por instituições voltadas à difusão da cultura erudita, como o Centro Musical

---

486 *O Exemplo*, Porto Alegre, 25 fev. 1923, p. 3.

487 *O Exemplo*, Porto Alegre, 27 jul. 1924, p. 2.

488 *O Exemplo*, Porto Alegre, 2 jan. 1922, p. 5.

489 *O Exemplo*, Porto Alegre, 18 mar. 1923, p. 3.

490 *O Exemplo*, Porto Alegre, 4 maio 1924, p. 3.

Porto-Alegrense, fundado em 1920, conforme analisado por Julia Simões.[491] A autora ressalta que o Centro Musical Porto-Alegrense foi fundado por músicos com objetivos comuns, como assegurar melhores condições de trabalho, aumentar o prestígio da profissão, obter garantias previdenciárias e buscar apoio junto ao poder público. A competição por vagas, especialmente na indústria do entretenimento, certamente influenciou a formação desse grupo, distinguindo-o dos músicos não associados à instituição. Mencionando alguns locais de trabalho presentes nas primeiras décadas do século XX, a autora compreende a cultura musical local como erudita e analisa esse processo a partir de uma instituição também preocupada em difundir essa forma musical.

A indústria do entretenimento, no entanto, não se moldava inteiramente às diretrizes culturais e políticas dos setores dominantes, sendo predominantemente regulada pela demanda do público. As casas de diversões, apesar de suas diferenças e segmentações, tinham que responder aos gostos populares, que frequentemente desafiavam a ideologia dominante. Neste ponto, é curioso que a instituição (Centro Musical Porto Alegrense) que tenta regular este mercado de trabalho ampliado pela indústria do entretenimento que é heterogêneo se coloque como uma sociedade voltada à difusão da música erudita. Embora seja nítido que esta opção pelo erudito corresponda a uma estratégia de negociação e reconhecimento junto aos setores dominantes, não era este o mesmo objetivo da Banda Municipal de Porto Alegre recriada em 1925? Certamente estamos falando de músicas eruditas e seus músicos que não significam a mesma coisa.

Os músicos que fundaram o Centro Musical Porto-Alegrense, conforme Hardy Vedana, já estavam atuando em cinemas locais e cafés-concerto e haviam formado uma pequena orquestra sinfônica, ainda incompleta, para acompanhar as companhias de óperas e operetas que chegavam à cidade.[492] Júlia Simões complementa que o Centro Musical Porto-Alegrense foi criado pelos principais músicos da cidade na época, que

[491] A pesquisa de Júlia Simões centra sua análise no Centro Musical Porto Alegrense, fundado em 1920, que se transformou no Sindicato dos Músicos Profissionais de Porto Alegre, na década de 1930, para problematizar o processo de profissionalização dos músicos. As principais fontes utilizadas pela autora foram os estatutos, os livros de atas e periódicos.

[492] VEDANA, 1987, p. 11.

também eram membros de outras associações musicais.[493] Esses músicos ofereciam serviços variados, como aulas particulares, funcionamento de escolas de música, venda de composições e partituras, além de realizar concertos e apresentações diversas.[494]

Como primeiro encaminhamento do Centro Musical, foi organizada uma comissão para redigir os estatutos da sociedade e, em seguida, iniciar a cobrança das mensalidades. Os estatutos foram aprovados na reunião realizada em 25 de fevereiro de 1920, formalizando tanto as finalidades da sociedade quanto sua organização interna e administrativa. Alguns dos integrantes do Centro Musical Porto-Alegrense já foram mencionados neste trabalho. Um deles foi o Maestro José Corsi, responsável pela organização da recriação da Banda Municipal de Porto Alegre em 1925. Outro membro notável foi o Músico e Pesquisador Antônio Tavares Corte Real, que escreveu um dos principais livros sobre a história da música no Rio Grande do Sul e narrou a versão oficial sobre a criação da Banda Municipal em 1925. Antônio Tavares Corte Real também teve uma longa atuação nessa entidade, integrando, inclusive, a Comissão de Sindicância. No entanto, não são apenas esses músicos que são conhecidos.

Conforme a Ata de Aprovação dos Estatutos e da Eleição da Diretoria, lavrada na segunda reunião da associação, ocorrida em 25 de fevereiro de 1920, estavam presentes dois músicos negros que estamos acompanhando neste capítulo. Como sócios efetivos (ou seja, aqueles professores convidados a integrar a orquestra), marcaram presença os Maestros Luiz Joaquim Pereira e João Penna de Oliveira.[495] Sabemos que esses dois maestros negros também atuavam nesses espaços de trabalho, como demonstrado anteriormente. Embora o processo de admissão dos sócios fosse, na maior parte das vezes, realizado por indicação dos próprios membros do Centro, o fato de Luiz Joaquim Pereira[496] e João

---

[493] O Centro Musical Porto-Alegrense foi fundado no dia 31 de janeiro de 1920, a partir de uma reunião de alguns renomados músicos, realizada na galeria do Café Colombo, com o intuito de formar uma sociedade musical. Estiveram presentes no encontro Alessandro Gnatalli, José Morini, Gaetano Roberti, Amadeo Lucahesi, Duque Bicalho, Rocco Postiglione, Ezequiel dos Santos, Pasqual de L. Truda, Vicente Matteo e Jose Francisco dos Santos.

[494] SIMÕES, 2011, p. 129.

[495] LIVRO de Atas do Centro Musical Porto-Alegrense (1920-1933), p. 14 e 14 verso.

[496] Não se sabe por quanto tempo o Maestro Luiz Joaquim Pereira atuou no Centro Musical Porto-Alegrense, de todo modo, é nítido que, nos seus primeiros anos de atividade, teve uma atuação ativa, inclusive candidatando-se para o cargo de Zelador do Centro em 1920, não sendo eleito. LIVRO de Atas do Centro Musical Porto-Alegrense (1920-1933), p. 43.

Penna de Oliveira[497] integrarem a associação logo no momento de sua criação sugere que ambos atuavam profissionalmente em conjunto com alguns dos sócios fundadores.

Imagem 19 – Orquestra do Centro Musical Porto-Alegrense

Fonte: Vedana (1987)
Nota: O Maestro Luiz Joaquim Pereira está à direita da imagem, junto do bumbo

Se, na solenidade de aprovação dos estatutos do Centro Musical Porto-Alegrense, estavam presentes poucos músicos negros, logo após sua fundação, outros maestros mencionados neste trabalho passaram a fazer parte da associação, seja como sócios efetivos ou contribuintes. Além dos Maestros Luiz Joaquim Pereira e João Penna de Oliveira, tivemos a presença de outros indivíduos vinculados às bandas de música compostas por negros e às demais associações que acompanhamos, como

[497] O Maestro João Penna de Oliveira foi sócio do Centro Musical Porto-Alegrense em duas situações. No ano da própria fundação, já figurava como integrante da sociedade como sócio efetivo, sendo afastado dos quadros dessa sociedade em 1923, por falta de pagamento (LIVRO de Atas do Centro Musical Porto-Alegrense (1920-1933) p. 72). No entanto, foi convidado novamente a fazer parte da sociedade em 1926, por convite do próprio Antonio T. Corte Real, quando estava residindo em Pelotas.

Alípio João de Souza, Leopoldino Ribeiro Álvares, Manoel Bandeira Dias, Alberto Martiniano, Flávio Fortunato Correa e João Baptista Soledade. Alguns desses músicos tiveram passagens rápidas pelo Centro Musical Porto-Alegrense, associando-se como contribuintes. Outros foram sócios efetivos, atuando em conjunto com a orquestra da associação, e alguns ainda ocuparam cargos eleitos no interior do Centro.

O Centro Musical Porto-Alegrense não fazia distinção étnico-racial como critério para a participação na associação. De acordo com os estatutos da entidade, que abordam as condições de admissão de sócios, destacam apenas que, para ser sócio efetivo, "[...] independe de raça, religião ou sexo, é preciso que o candidato seja honesto e de bons costumes"[498]. As propostas para a admissão podiam ser realizadas tanto pelos próprios candidatos quanto por qualquer sócio da associação. Por meio de convites para integrar a sociedade em suas diversas modalidades, acompanhamos o ingresso de outros músicos negros que já foram mencionados neste texto. O Maestro Luiz Joaquim Pereira, antigo integrante da Sociedade e da Banda da Floresta Aurora, indicou, em abril de 1920, Leopoldino Ribeiro Álvares como sócio contribuinte.[499] Leopoldino havia participado da Lyra Florestina e da Lyra Oriental.[500] Já o Maestro João Penna de Oliveira, que fez numerosas indicações envolvendo diversos militares, visto seu envolvimento com a Banda da Brigada Militar, indicou o Maestro Manoel Bandeira Dias, que havia integrado a Banda da Floresta Aurora, como sócio contribuinte.[501]

No entanto, também houve outros integrantes das bandas de música de instituições negras que foram convidados por pessoas fora dessas redes, e que aparentemente não mantinham uma relação de proximidade com essas entidades. Por exemplo, o Maestro Alípio João de Souza,[502] integrante da Banda da Floresta Aurora e da Banda do Arsenal de Guerra, foi convidado

[498] ESTATUTOS do Centro Musical Porto-Alegrense (1920). (Arquivo do Sindicato dos Músicos Profissionais do Rio Grande do Sul), p. 5.

[499] LIVRO de Atas do Centro Musical Porto-Alegrense (1920-1933), p. 28v.

[500] Leopoldino Ribeiro Álvares foi Vice-Presidente da Banda Musical da Lyra Florestina, em 1917, além disso, foi: o Orador da Banda Musical Lyra Oriental em 1910; Presidente Honorário da Sociedade Congresso Laço de Ouro em 1910; Tesoureiro do Asylo 13 de Maio em 1910; colaborador do jornal *O Exemplo* em 1910; Orador do Grêmio José do Patrocínio em 1910; Presidente Honorário da Legião Florestinense em 1917.

[501] LIVRO de Atas do Centro Musical Porto-Alegrense (1920-1933), p. 23.

[502] Alípio de Souza candidatou-se à Comissão de Sindicância em 1928. LIVRO de Atas do Centro Musical Porto-Alegrense (1920-1933), p 111.

para ser sócio contribuinte por José Francisco dos Santos.[503] Embora tenha começado como sócio contribuinte, Alípio João de Souza rapidamente ascendeu à condição de sócio efetivo, ocupando um cargo na diretoria do Centro Musical Porto-Alegrense nas duas eleições seguintes, em 1921 e 1922.[504] Outro maestro que se integrou ao Centro por convite de um sócio que não pertencia às instituições da comunidade negra foi Alberto Martiniano, indicado por Pasqual de Leonardo Dutra.[505] Aceito como sócio efetivo em 1920, Alberto Martiniano era um antigo membro da Sociedade Floresta Aurora.[506] Foi também este maestro, ao lado de João Penna de Oliveira, que regeu a orquestra no "Grande Concerto Symphonico" realizado em 1924 no Theatro São Pedro, evento destinado ao Bloco Carnavalesco Os Thesouras, campeões do carnaval daquele ano e dirigidos pelos maestros mencionados.

Alguns sócios, principalmente aqueles que eram efetivos, buscavam melhores condições de atuação profissional por meio do Centro Musical Porto-Alegrense. Outros, no entanto, não eram músicos profissionais exclusivamente e tocavam principalmente nas atividades realizadas dentro dos clubes sociais a que pertenciam e ingressavam no Centro como sócios contribuintes. Essas redes, muitas vezes formadas com base em critérios raciais ou em espaços considerados populares, ajudaram a integrar outros músicos negros no Centro Musical Porto-Alegrense. Para todos os sócios, sejam efetivos ou contribuintes, a participação no Centro ofereceu um importante espaço de distinção social, ao permitir a circulação em ambientes que eram, em grande parte, frequentados pela elite local e destinados a esse público.

A construção da categoria profissional do músico foi marcada por disputas, principalmente por meio de instituições que buscavam legitimar determinadas escolas de formação musical e regulamentar o mercado de trabalho em rápida expansão. Por meio da negociação e da circulação entre diferentes espaços de ensino e trabalho musical, acompanhamos a integração de alguns músicos negros nesse campo profissional. Diante de um mercado de trabalho heterogêneo e competitivo, esses músicos

---

[503] LIVRO de Atas do Centro Musical Porto-Alegrense (1920-1933), p. 17v.

[504] LIVRO de Atas do Centro Musical Porto-Alegrense (1920-1933), p. 43v e p. 64.

[505] LIVRO de Atas do Centro Musical Porto-Alegrense (1920-1933), p. 16v.

[506] Alberto Martiniano foi eleito para o cargo de Primeiro Secretário da Sociedade Floresta Aurora em 1922, fora participar de algumas atividades sociais de outros clubes negros, atuando como músico. Também em 1922, participou do primeiro aniversário do Centro Cívico José do Patrocínio, comemorado com um festival artístico, no qual o referido músico regeu um concerto musical. Ver: *O Exemplo,* Porto Alegre, 2 jan. 1922, p. 5; *O Exemplo,* Porto Alegre, 7 maio 1922, p. 2.

utilizaram sua ampla experiência cultural de forma estratégica para conquistar postos de trabalho. Essa apropriação se manifestava em contextos diversos, que incluíam desde apresentações em circos de touros até celebrações religiosas, destacando a versatilidade e adaptabilidade desses profissionais em um cenário em constante evolução.

Participando do Centro Musical Porto-Alegrense, observamos que a música erudita foi uma forma de atuação profissional para os músicos negros e também uma estratégia para conquistar melhores posições no mercado de trabalho. Contudo, isso não significa que esses músicos deixaram de praticar gêneros musicais populares ao ingressar no Centro. Pelo contrário, além de seu envolvimento com as bandas de música e outras associações negras que promoviam uma apropriação plural da música voltada a públicos específicos, esses maestros também participaram ativamente de diversos festejos populares. Esses mesmo folguedos, que percorriam as ruas da cidade em diferentes regiões, eram frequentemente organizados por instituições compostas, muitas vezes, dos mesmos músicos que também atuavam na esfera identificada como erudita.

Os Maestros Luiz Joaquim Pereira e João Penna, que estiveram presentes na fundação do Centro Musical Porto-Alegrense, são exemplos claros dessa integração. Luiz Joaquim Pereira, em particular, ilustra bem como os músicos negros se construíram seus percursos culturais e profissionais marcada pela circulação em variados espaços e pela relação com as mais diversas formas musicais. Ele iniciou sua carreira tocando com o Maestro Mendanha na Irmandade do Rosário em festas religiosas, mas logo expandiu sua atuação para a Banda da Floresta Aurora, envolvendo-se em festas de Carnaval, Ternos de Reis e atividades rentáveis em teatros, incluindo apresentações de revistas e em circos, ainda no século XIX. No século XX, ele também atuou em cinemas. Sua longa trajetória musical não apenas acompanhou diversas transformações técnicas, culturais e sociais no entretenimento, mas também ampliou os espaços de atuação profissional e a apropriação do conteúdo musical. Essa experiência foi, por sua vez, compartilhada com a comunidade negra em diferentes escalas.

Imagem 20 – Orquestra Cruzeiro (Maestro Luiz Joaquim Pereira no bumbo)

Orquestra Cruzeiro. Foto tirada em Porto Alegre em março de 1922.

Fonte: Vedana (1987)

O Maestro João Penna de Oliveira é um exemplo constante da presença e articulação de instrumentistas negros em instituições públicas com bandas de música. Como já mencionamos, João Penna ingressou no Instituto de Bellas Artes em 1915 para expandir seus conhecimentos musicais e espaços de trabalho. Simultaneamente, enquanto desenvolvia sua formação erudita, já estava envolvido com a música de cordões carnavalescos. Em 1919, compôs as músicas para o Cordão Carnavalesco dos Tesouras.[507] Em 1921, dirigiu o Cordão dos Improvisados Carnavalescos, recebendo elogios dos redatores de *O Exemplo* pelos "excelentes numeros, consistindo em marchas e choros, executados pela atinada estudantina dos Improvisados".[508] No mesmo período, ensaiou diversos outros cordões e blocos carnavalescos. Em 1923, dirigiu a estudantina do Bloco dos Tigres, considerado "o decano dos cordões porto-alegrenses" pelos redatores de *O Exemplo*. Durante uma visita à redação, executou o samba carioca "Domingo Eu Vou Lá!", além de suas próprias composições, como o samba "Conversando" e as marchas "Democrata" e "Alma

507 *O Exemplo,* Porto Alegre, 23 mar. 1919, p. 2.

508 *O Exemplo,* Porto Alegre, 13 fev. 1921, p. 3.

Tigrina".[509] Em 1926, também ensaiou o Bloco dos Vampiros.[510] Assim, o Maestro João Penna de Oliveira conseguiu articular diferentes gêneros musicais, conciliando sua participação no Instituto de Bellas Artes e no Centro Musical Porto-Alegrense.

Congregando os "principais músicos profissionais", como destacado pela bibliografia, o Centro Musical Porto-Alegrense reuniu experiências musicais variadas trazidas por seus membros, oriundas de diferentes escolas de formação. Essas experiências foram acumuladas, construídas e difundidas por meio do exercício da música em uma infinidade de locais e formas de exibição. Apesar de o Centro ter como objetivo principal a divulgação da música erudita, seus músicos, com conhecimentos musicais plurais, atuaram em diversos espaços e contextos. Dessa forma, o Centro manifestou uma apropriação plural da música, refletindo a diversidade de formações e experiências de seus integrantes. Em suma, o Centro Musical Porto-Alegrense não foi apenas um espaço de aglutinação de músicos formados exclusivamente em instituições voltadas à erudição, como o Conservatório de Música, embora tenha buscado promover essa forma musical.

Por outro lado, as intensas circulações e apropriações da música não representam a totalidade do Centro Musical Porto-Alegrense. O Centro também incluiu músicos que se relacionavam com a música de maneiras diferentes, e até opostas, às descritas anteriormente. É evidente que a cultura musical, que se manifesta por meio de diversas instituições e músicos e que é marcada pela heterogeneidade e comunicação constante, foi valorizada e significada de formas distintas por diferentes grupos. Esses grupos, por sua vez, vincularam a música a variados usos políticos. Um exemplo notável é o maestro José Corsi, principal organizador da Banda Municipal de 1925, que também integrou a diretoria do Centro Musical Porto-Alegrense em seus primeiros anos de atuação, ocupando o cargo de vice-presidente em 1920 e de presidente em 1921.

Embora o Centro Musical Porto-Alegrense tenha permanecido ativo desde sua fundação, as justificativas para a criação da Banda Municipal de 1925 praticamente desconsideram a presença dessa associação musical, apenas pressupõe que poderia ser beneficiado com a vinda de novos instrumentistas (que, na verdade, iriam aumentar a concorrência por

509 *O Exemplo*, Porto Alegre, 11 fev. 1923, p. 2.

510 *O Exemplo*, Porto Alegre, 31 jan. 1926, p. 2.

postos de trabalho). Essa instituição, voltada para a educação musical da população e destinada a difundir a música erudita, já atuava em Porto Alegre, mas foi considerada insuficiente para promover a "verdadeira cultura musical". Com a criação da Banda Municipal de 1925, o Centro passou a ser visto como uma instituição secundária na divulgação da música erudita. O processo de exclusão representado pela criação da Banda Municipal de 1925 e pelo subsequente afastamento de músicos "de cor" de seus quadros reflete uma tentativa das elites políticas e intelectuais de reverter a configuração e a representação do campo musical, que, naquele momento, era fartamente protagonizado por músicos negros.

3.4 Entre o Jacobinismo Musical e o "velho" Maestro Mendanha (e vice versa)

Embora a recriação da Banda Municipal de Porto Alegre e a política pública que a acompanhava buscassem demarcar uma identidade social e cultural específica, a partir das justificativas de sua criação e de sua composição interna, esse projeto foi questionado devido ao processo de exclusão de alguns músicos negros da Banda e ao impedimento de outros de ingressar nela. Com base nas experiências políticas, sociais e musicais da comunidade negra, podemos lançar um outro olhar crítico em relação à argumentação dos redatores do jornal *O Exemplo*, que denominaram a situação de "Jacobinismo Musical — Sempre o maldito preconceito". Frente às controvérsias envolvendo a Banda Municipal em 1928, os redatores do jornal *O Exemplo* criticaram a discriminação racial e a composição étnica do conjunto. A campanha era contra:

> [...] o singularismo absurdo de serem os nossos *compatriatas, mormente os homens de cor,* systematicamente, afastados da celebre Banda Municipal que, num injustificável 'jacobinismo', transforma o Auditorium Araujo Vianna num verdadeiro *'Consulado Symphonico... Calabrez'*!"[511]

O principal elemento do projeto político em torno da Banda Municipal de 1925 que estava sendo questionado era seu estrangeirismo. Não se tratava apenas de uma aversão generalizada aos estrangeiros e seus descendentes. Como demonstrado ao longo deste trabalho, houve uma série de relações de proximidade que não atendiam a recortes étnicos

[511] *O Exemplo,* Porto Alegre, 10 dez. 1928, p. 1 [grifos nossos].

fechados. Por exemplo, a Banda da Floresta Aurora participou das festividades comemorativas aos 25 anos de unificação da Itália, assim como uma estudantina composta de italianos participou das festas de abolição ao lado da Banda da Floresta Aurora. Isso sem falar de toda a proximidade estabelecida, por exemplo, nos movimentos operários, em que diversas etnias se somaram em suas reivindicações por melhores condições de trabalho, vida e moradia. Os redatores do jornal *O Exemplo* também não estavam defendendo um projeto de branqueamento dos setores negros. O objetivo não era reivindicar a presença de músicos negros no espaço do branco, copiando seus padrões culturais. O objetivo era combater a própria tentativa de branqueamento que era diretamente questionada pela presença de músicos negros tocando música erudita na Banda Municipal de 1925, que se pretendia europeia. Em resposta a esse processo de ressignificação, os redatores do jornal *O Exemplo* destacaram a contribuição dos diversos "homens de cor" na construção política, social e cultural do Brasil:

> [...] No entretanto, não só na musica como em todas as Artes, na Sciencia, na Industria e no Commercio; o Brasil tem assombrado o mundo com os seus grandes homens, os quaes, sem distincção de raças ou de origens foram, são e serão coeficentes maximos na conquista da civilização. Deixando de parte as figuras legendarias do Barão de Cotegipe, João Alfredo, Marcilio Dias, José do Patrocinio e tantos outros, varões ilustres, que tanto honraram a sua Patria, apezar de homens de cor, é de assignalar que por maior que sejam as aptidões musicaes do maestro Leonardi, elle não conseguirá apagar a gloria excelsa de Mendanha, Lino Carvalho, Lino Hermogenes, o velho Pedro Borges e tantos outros professores de musica que tanto honraram o Brasil e o Rio grande do Sul, seu berço amado! [...][512]

No momento em que os redatores questionaram o projeto da Banda Municipal, o fizeram com base nos próprios argumentos apresentados pelo maestro José Corsi para justificar sua criação. Não eram negadas as capacidades técnicas e a titulação do maestro italiano da Banda Municipal — que, curiosamente, estavam perfeitamente ajustadas com os pré-requisitos estabelecidos por José Corsi para ocupar tal cargo —, porém, os redatores não consideravam essas qualificações tão importantes ou representativas da cultura musical local desenvolvida por outros músicos. A menção aos músicos nacionais, embora não se refira diretamente à cor, está claramente vinculada à disputa identitária da Banda Municipal, com

[512] *O Exemplo*, Porto Alegre, 10 dez. 1928, p. 1.

um forte cunho racial. O debate reivindicava o reconhecimento de músicos nacionais em contraste com o protagonismo de músicos estrangeiros na Banda Municipal de Porto Alegre e o afastamento e impedimento de músicos negros de integrar a instituição. Entre os maestros mencionados, não há um fechamento étnico, com a presença de músicos negros e brancos. Os redatores de *O Exemplo* defendiam um projeto civilizacional sem distinção de raças ou origens. No entanto, é notável que compositores locais de destaque, como Murilo Furtado e Araújo Viana, que aprofundaram seus estudos em grandes centros europeus, não foram incluídos pelos redatores no rol de instrumentistas que "honraram o Brasil e o Rio Grande do Sul, seu berço amado".[513]

A escolha de mencionar alguns maestros em detrimento de outros não ocorreu de forma gratuita. Maestros como Mendanha, Lino Carvalho, Lino Hermógenes, João Bandeira e Pedro Borges, entre outros mencionados, remetem às antigas escolas musicais que muitos músicos negros ajudaram a construir. Estes músicos participaram ativamente de celebrações religiosas, bandas militares e outras bandas vinculadas a instituições públicas, que foram os principais locais de difusão musical durante o século XIX. Embora esses espaços tenham continuado a desempenhar um papel crucial no século XX, muitos músicos negros ainda passavam por eles. Portanto, alternativos às novas instituições que operaram o processo de ressignificação social da música, proporcionaram locais de aprendizado e trabalho com a música para os grupos populares. Mas não só músicos negros operaram e circularam por estas instituições. Muitos outros músicos brancos também participaram destes espaços e estabeleceram relações de proximidade com variadas associações negras.

Um dos principais professores de música da Banda da Brigada Militar foi justamente o maestro Pedro Borges. Durante a primeira década do século XX, ele já ocupava este cargo, dirigindo as bandas de diferentes batalhões. Com a reorganização da Brigada Militar e a expansão de suas unidades e bandas de música, Pedro Borges foi nomeado alferes inspetor das bandas de música da Brigada Militar.[514] Já o clarinetista Lino Hermógenes, um maestro negro, exerceu a função de mestre da Banda de Música

513 *Idem.*

514 *A Federação*, Porto Alegre, 10 maio 1912, p. 4.

do 2º Batalhão da Brigada Militar até seu falecimento em 1908.[515] Lino Hermógenes também era membro do clube negro Gonçalves Dias, fundado em 1905, e dedicou uma polca em homenagem ao poeta e jornalista Gonçalves Dias.[516] O poeta Gonçalves Dias, não por acaso, foi mencionado no contexto do "Jacobinismo Musical" para ilustrar as contribuições e participações dos "homens de cor" na construção e desenvolvimento da civilização no Brasil.

Porém, um dos professores de música nos exige maior deferência: o maestro Joaquim José Mendanha. Ele foi o primeiro nome destacado pelos articulistas do jornal *O Exemplo* ao valorizarem uma cultura musical construída e honrada pelos "nacionais" ou, como preferem, "compatriotas". Nesse debate, as lideranças negras vinculadas ao *O Exemplo* ressaltaram as contribuições do maestro Mendanha a partir de suas próprias demandas políticas, reconhecendo-o como um "mentor" da vida musical porto-alegrense no século XIX e autor do Hino do Rio Grande do Sul. Essa menção não é incidental. Maestros como Honório Porto e Luiz Joaquim Pereira aprenderam e tocaram ao lado de Mendanha, integrando a Orquestra que homenageava o veterano maestro, formada por seus discípulos. A importância do Maestro Joaquim José Mendanha para a difusão e a formação da cultura musical em Porto Alegre e no Rio Grande do Sul é amplamente consolidada pela bibliografia, que ressalta suas contribuições e atuações no cenário cultural do século XIX. Sua notoriedade é especialmente reforçada por ter sido o autor do hino oficial e por seu papel de destaque em diversas atividades musicais. No entanto, a imagem e os significados associados à atuação desse maestro revelam uma certa ambiguidade na bibliografia local, refletindo, embora de maneira sutil, as demandas e contextos específicos da época em que foram formulados.

A consolidação da biografia do Maestro Joaquim José Mendanha provém de Antônio Corte Real e sua elaboração se insere nas discussões em torno da oficialização do hino do Estado do Rio Grande do Sul em

---

515 *O Exemplo*, Porto Alegre, 17 nov. 1908, p. 2.

516 O jornal *O Exemplo*, ao divulgar em suas páginas a constituição dos novos eleitos para guiarem os destinos deste clube negro no ano de 1910, destaca que sua diretoria era composta de "um punhado de arrojados luctadores em prol do engrandecimento do nosso meio social". *O Exemplo*, Porto Alegre, 10 abr. 1910, p. 2.

1966, quando coube ao próprio Corte Real a revisão da parte musical. Em relação às informações utilizadas para realizar o esboço biográfico do famoso maestro, o autor utiliza basicamente as considerações efetuadas pelo Instituto Histórico e Geográfico do Rio Grande do Sul nas vésperas da comemoração do centenário da "Revolta Farroupilha".[517] Reproduz, portanto, uma interpretação republicana sobre o conflito imperial utilizado para fundamentar a inclinação republicana no Rio Grande do Sul antes mesmo de sua consolidação no Brasil. Para o autor, o maestro Mendanha só não era um "quase-gaúcho", como também era supostamente um dos defensores das demandas regionais, principalmente as farroupilhas. Embora defendesse as forças imperiais e tenha sido capturado pelos insurgentes em Rio Pardo, Corte Real destaca que após sua capitulação, os músicos desfrutaram de "plena liberdade", dispensando particular deferência para com os aprisionados.[518] As considerações em torno da criação do Hino Farroupilha são um tanto contraditórias e, julgamos nós, abarrotadas de imaginação. Afinal, Corte Real pressupõe um reconhecimento que o maestro Mendanha adquiriu ao longo de sua vida logo no primeiro contato que este músico teve com o Rio Grande do Sul. Nesta ocasião, ele era apenas um inimigo e um prisioneiro de guerra.

Especulações à parte, interessa pontuar que, além dessa biografia duplamente oficial (parte elaborada na comemoração do centenário farroupilha em 1933 e outra parte no momento da oficialização do Hino do Rio Grande do Sul em 1966), autores anteriores ao Corte Real também teceram suas considerações sobre o maestro Mendanha e mencionaram, embora timidamente, alguns participações que o vinculam à população

---

[517] Esta instituição tem origem no Instituto Histórico e Geográfico da Província de São Pedro fundado em 1860 e extinta em 1863. Refundado em 1920 publicou uma revista trimestral regularmente até 1950, correspondendo a um importante espaço de construção história regional, destacando a particularidade e a essencialidade sulina. Entre os pontos privilegiados estava a Revolução Farroupilha. O IHGRS realizou três importantes congressos: o primeiro, em 1935, celebrou o centenário da Revolução Farroupilha; o segundo, em 1937, destacou segundo centenário da cidade de Rio Grande; e, o terceiro, realizado em 1940, celebrou o bicentenário da fundação de Porto Alegre.

[518] Para Corte Real: "Esta ambiência favoreceu psicologicamente a criação da música do *Hino Republicano Rio-Grandense*, composta por Joaquim José de Mendanha em maio de 1838, ou seja, poucos dias depois do Combate de Rio Pardo. Este fato comprova haver Mendanha anuído de boa vontade à situação emergente de servir os farrapos, embora conservasse interiormente sua propensão para o regime monárquico então vigente. Afirma-se, com viso de veracidade, que os farroupilhas foram complacentes para com Mendanha e seus músico, por não possuírem nenhuma banda de música. Esta conjetura esclarece seu regozijo pela fortuna que o acaso lhes proporcionara, ao se apossarem de tal presa" (CORTE REAL, 1984, p. 310).

pobre e negra. Athos Damasceno, por exemplo, destacou que diversos de seus discípulos ensaiavam os grupos de Ternos de Reis no final do século XIX, momento em que identifica uma maior influência "africana" impressa nos festejos. Enio de Freitas e Castro, por sua vez, destaca que o maestro Mendanha era "protetor da gente pobre", quando fez muitos discípulos.[519]

Por outro lado, Maria Elizabeth Lucas identifica o envolvimento direto do Maestro Mendanha com diversos músicos negros, assim como verificamos neste capítulo. Conforme sua argumentação, o período entre a primeira metade do século XIX e a década de 1870 corresponde ao exercício profissional da música estava associado às camadas desprivilegiadas da população. Neste momento é que a autora localiza o protagonismo de negros e mestiços na atividade musical. A título de ilustração, Lucas destaca alguns exemplos: nos princípios do século XIX o mestre de capela de Porto Alegre era um ex-escravo de Rafael Pinto Bandeira; pontua a referência de uma festa realizada em Pelotas na Charqueada da família de Simões Lopes Neto em 1865, onde participou uma banda composta de 12 escravizados; e, a principal, que o maestro Joaquim José Mendanha era mestiço e atuava com uma orquestra composta em sua maioria de músicos negros.[520] A relação deste maestro com os músicos negros está muito bem referendada pela autora ao mencionar as considerações do Dr. Olinto de Oliveira em 1945, crítico de arte do jornal *Correio do Povo*, sobre o maestro Mendanha. Conforme Oliveira:

> Andava [Mendanha] sempre acompanhado de alguns discípulos, homens feitos, quase todos pretos ou mestiços. [...] Conheci três ou quatro deles. Um, o Adão Salvador, pretão alto, corpulento, cujo vozeirão retumbava de baixo profundo fazia vibrar até as paredes da velha Catedral; outro, carpinteiro, perito trombonista; outro ainda, mestiço, tocava tão bem cornetim de pistões, que era capaz de transpor à primeira vista, lendo em qualquer clave, e ainda encontrei-o anos depois tomando parte em orquestras de companhias líricas.[521]

A cor do maestro Mendanha é difícil de afirmar devido ao grande silenciamento sobre esse aspecto na bibliografia local, exceção feita por

[519] Para retomar esta discussão bibliográfica, ver "Capítulo 1".

[520] LUCAS, 1980, p. 154.

[521] *Correio do Povo*. Porto Alegre, 1º outubro de 1945, p. 4 e 8. *apud*. LUCAS, 1984, p. 154

Maria Elizabeth Lucas, e na própria documentação.[522] O que podemos fazer neste trabalho é explorar as relações que o maestro estabeleceu com músicos negros e, consequentemente, com a comunidade negra. O maestro Joaquim José Mendanha atuou por meio século na vida cultural do Rio Grande do Sul, especialmente em Porto Alegre. A bibliografia destaca sua presença em diversas cerimônias religiosas, na criação de sociedades musicais e bandas militares, na regência de várias orquestras, e em seu papel como professor, que o cercou de discípulos. Nomeado professor de música do Arsenal de Guerra de Porto Alegre em 1863, Mendanha contribuiu para a educação musical de crianças pobres no século XIX.[523] Também foi mestre de Capela da Catedral de Porto Alegre, instituiu o culto à Santa Cecília (padroeira dos músicos) e participou de várias Irmandades Religiosas, com destaque para a de N. S. do Rosário. Sem dúvida, Mendanha foi uma figura central na propagação da música em Porto Alegre na segunda metade do século XIX, consolidando-se como o "mentor" dessa vida cultural, como observou Antônio Corte Real.

As contribuições do maestro Joaquim José Mendanha à cultura musical continuaram a ser evidentes após seu falecimento em 1885, tanto nas instituições em que trabalhou, em que formou muitos músicos, quanto dos próprios discípulos que frequentemente o acompanhavam. Alguns desses discípulos assumiram funções nas bandas militares e instituições eclesiásticas anteriormente ocupadas por Mendanha. Rememorado pelos redatores do jornal *O Exemplo* no contexto do "Jacobinismo Musical", o maestro Lino Carvalho da Cunha e Silva, que se tornou mestre de Capela da Catedral em outubro de 1885,[524] ocupou uma posição quc antes foi

[522] Esta ausência não está situada apenas nas produções historiográficas, também está nas fontes. Quando o maestro Mendanha faleceu em 1885, o jornal *A Federação*, como era de costume, publicou no obituário todos os falecidos, neste caso da primeira semana de setembro, em *A Federação*, Porto Alegre, 11 set. de 1885 – p. 2 e 3. Nesta relação constam 20 pessoas, uma delas o maestro Mendanha. Deste montante, 11 apresentam a cor (cinco pretos, quatro pardos, dois brancos), ao passo que em nove não há qualquer menção. Entre as pessoas descoloradas está o nosso maestro. No entanto, dentro deste grupo, cinco delas eram crianças menores de 6 anos, a maioria recém-nascida. Podemos pensar que era uma prática não mencionar a cor destes pequenos, porém este padrão é quebrado pela registro de uma criança de 13 meses que era parda. Se tomarmos como parâmetro os registros dos adultos (13 pessoas entre 23 e 89 anos), nove deles informam a cor, ao passo que quatro silenciam, entre eles o maestro Mendanha. Não resta dúvida que estas informações são um tanto limitadas e permitem apenas demonstrar que o silenciamento de sua cor era contemporâneo ao próprio Mendanha, o que pode reafirmar sua descendência negra conforme aponta Maria Elizabeth Lucas.

[523] RELATÓRIOS dos Presidentes das Províncias Brasileiras — Império — 1830-1889. PR SPR 00119 252263 – 1868 – EDIÇÃO 0001, P. 70. Disponível em: www.memoria.bn.br Acesso em: 28.01.2014).

[524] *A Federação*, Porto Alegre, 07 out. 1885, p. 2.

de Mendanha.[525] O Maestro Lino Carvalho da Cunha e Silva, falecido em 1895 devido a uma lesão cardíaca, foi destacado no registro lutuoso publicado no jornal *A Federação* como um dos melhores discípulos de Mendanha. Tenente da Guarda Nacional e professor de canto e música na Escola Normal, Carvalho dirigia também, "com maior proficiencia", a chamada Orquestra Mendanha, executando músicas sacras durante as solenidades religiosas.[526]

Por sua vez, o maestro Lourenço Cunha, outro discípulo de Mendanha, assumiu um dos cargos do mestre pouco antes do falecimento deste. Em junho de 1884, devido ao agravamento da saúde de Mendanha, o jornal *A Federação* anunciou a nomeação interina de Lourenço Francisco da Cunha como mestre de música da companhia de aprendizes artífices do Arsenal de Guerra, em virtude da impossibilidade de Mendanha em continuar no cargo.[527] Dois meses depois, o jornal informou que Cunha havia sido nomeado definitivamente para a posição e que Mendanha havia sido aposentado, recebendo o ordenado integral, "visto contar mais de 30 annos de serviço e acha-se impossibilitado, por sua avançada idade, de continuar a exercer aquelle lugar." [528] Especulamos que muitos dos discípulos negros do maestro Mendanha, além das Irmandades Religiosas, especialmente a do Rosário, tenham estabelecido contato com ele pelo Arsenal de Guerra. Esta instituição militar, composta principalmente de segmentos pobres da sociedade no século XIX, tinha laços estreitos com a comunidade negra nas primeiras décadas do século XX. Afinal, o maestro Lourenço Cunha, que regia a Banda do Arsenal de Guerra, participou das comemorações do aniversário da Banda da Floresta Aurora em 1904. Além disso, sabemos que a Banda da Lyra Oriental foi formada por operários do Arsenal de Guerra. Esses vínculos sugerem que o Arsenal de Guerra pode ter sido um ponto de contato significativo entre Mendanha e

---

[525] A relação entre estes dois maestros é de longa data. Athos Damasceno já havia pontuado que este Lino Carvalho estava entre os integrantes da Orquestra do Teatro D. Pedro II em 1856, organizada pelo Maestro Mendanha (FERREIRA, 1956, p. 349).

[526] *A Federação,* Porto Alegre, 07 dez. 1895, p. 2.

[527] *A Federação,* Porto Alegre, 28 jun. 1884, p. 1.

[528] *A Federação,* Porto Alegre, 27 ago. 1884 – p. 2. Na mesma página da mesma edição do jornal *A Federação* que anunciou sua aposentadoria, foi noticiada a distribuição títulos e grandezas realizadas pelo Império. Entre novos moços fidalgos, cavalheiros e oficiais, estava sendo agraciado com o grau da Ordem de Rosa o Comendador Joaquim José de Mendanha, pela atenção que prestou ao estado. Segundo Antonio Corte Real, ele havia recebido este título em 1876. Na verdade, a honraria que lhe "causou júbilo", reconhecendo suas contribuições, foi ofertada por sua avançada idade e na iminência de sua morte.

músicos negros, reforçando a integração entre diferentes esferas da vida musical na época.

Outro maestro presente neste trabalho, que também foi discípulo de Mendanha, é o regente da antiga Banda Municipal, o maestro Honorato Rosa. Em 1920, durante uma cobertura do jornal *A Federação* sobre o encerramento das aulas da Escola Hilário Ribeiro, encontramos uma confirmação dessa ligação:

> E como é publico e notorio, a banda já organisada, composta, actualmente, de 35 pessoas, já se impoz á sympathia social, pela afinação e pelo brilho com que, em audições publicas, tem revelado o seu adiantamento, sob a direção do maestro patricio Honorato Rosa, tão modesto, quão habil, discípulo do glorioso velho Mendanha, de saudosa memoria, autor do hymno republicano rio-grandense, e cujo retrato lá está na escola 'Hilario Ribeiro', com o do grande Carlos Gomes, e os de Verdi, Chopin, Liszt e Mozart.[529]

Não era apenas por meio de seu discípulo que o velho maestro Mendanha se fazia presente na antiga Banda Municipal.[530] Ele integrava o panteão de influências musicais dessa escola ao lado do brasileiro Carlos Gomes e de compositores europeus consagrados. Além de transmitir os conhecimentos adquiridos com Mendanha, o maestro Honorato Rosa incorporava o legado do antigo mestre ao repertório da Banda Municipal. Em um programa organizado para o encerramento das aulas da Escola Hilário Ribeiro, estava incluído o "Miserere do Trovador", que havia sido instrumentado pelo finado maestro Joaquim Mendanha. Assim como Mendanha, Honorato Rosa ensinava música para crianças pobres por meio de uma instituição pública que também mantinha relações de proximidade com associações da comunidade negra.

Ao fim e ao cabo, percebemos que o maestro Joaquim José Mendanha criou uma poderosa rede de músicos, entre eles muitos negros, que dominava o campo da música nesta virada do século XX. Os locais de trabalho do Maestro Mendanha, assim como os demais maestros mencionados naquela mesma argumentação, reportam aos mesmos espaços

---

529 *A Federação,* Porto Alegre, 12 jan. 1920, p. 5.

530 Provavelmente a relação entre estes dois maestros possa ter ocorrido no próprio Arsenal de Guerra. Quando o Maestro Mendanha faleceu em 1885, Honorato Rosa era ainda criança. Se ocorreu por meio do Arsenal de Guerra, que naquele momento aceitava criança na escola de Aprendizes, Honorato aprendeu a tocar com o velho Maestro. Sabemos também que Honorato Rosa, além de reger a antiga Banda Municipal, também era operário do próprio Arsenal de Guerra, instituição pela qual se aposentou.

de difusão, aprendizado e atuação profissional com a música presentes no século XIX. Esses espaços refletiram na formação das entidades musicais da comunidade negra, tanto nas suas formas organizativas quanto nos indivíduos envolvidos. Esses músicos desempenharam um papel fundamental na construção de uma cultura musical vinculada à comunidade negra e à cidade de Porto Alegre como um todo. As instituições musicais da época mantiveram uma forte relação com as diversas associações e atividades sociais promovidas pela comunidade negra, sendo essa relação agenciada pelo trânsito de seus integrantes entre espaços de sociabilidade e trabalho. Além disso, muitos músicos negros que circularam por esses espaços ampliaram a difusão dessa escola musical por meio de suas bandas, clubes sociais, grupos de Ternos de Reis, sociedades, cordões e blocos carnavalescos, entre outras manifestações culturais que levaram à população a música que caracterizava a vida musical de Porto Alegre.

A presença do maestro Mendanha na argumentação dos redatores do jornal *O Exemplo* sobre o denominado "Jacobinismo Musical" definitivamente não era mera coincidência. Há inúmeras conexões diretas e indiretas entre o Maestro Mendanha, seus discípulos e as instituições de ensino e trabalho com a música vinculadas à comunidade negra. Muitos músicos negros no final do século XIX e nas primeiras décadas do século XX pertenciam à "linhagem" do maestro Mendanha. Eles aprenderam, tocaram ao lado dele e foram seus discípulos, como Luiz Joaquim Pereira e Honório Porto. Além disso, esses músicos repassaram seus conhecimentos a outros músicos por meio de instituições públicas, clubes sociais, aulas particulares e trocas informais. Eles também enriqueceram a vida cultural da cidade e contribuíram para a construção de sua cultura musical nos clubes sociais e no espaço público.

Este capital social e musical, desenvolvido no século XIX por meio de trocas, solidariedade nas aprendizagens e nas sociabilidades musicais, adentrou o século XX e acompanhou as transformações no campo musical e na indústria do entretenimento. Músicos negros, profissionais da música, estavam tocando nos circos, nos teatros e nos cinemas; estavam participando das primeiras gravações fonográficas realizadas em Porto Alegre; dirigiam bandas vinculadas a instituições públicas e participavam de entidades voltadas à profissionalização da música. Entre festas religiosas, grupos de Ternos de Reis, festejos carnavalescos, comemorações de datas cívicas, atos políticos, circos, teatros, cinemas, casa de diversões, entre outros, tocaram música sacra, profana, samba, chorinho, marcha, tango, maxixe, lundu, polca e até a música erudita. Seus repertórios se atualizavam, assim como suas participações neste campo musical em transformação e disputa.

No entanto, este grupo de músicos, herdeiros do maestro Mendanha, estão contracenando com novos atores que entram em cena (entre o final do século XIX e, principalmente, nas primeiras décadas do século XX) e que operam o processo de ressignificação social da música identificado por Maria Elizabeth Lucas. Estes novos músicos trouxeram consigo um capital social e musical distinto e passaram a disputar os mesmos espaços de trabalho, tanto na indústria do entretenimento quanto nas instituições musicais. Nesse intenso contato e disputa, o campo musical começou a se profissionalizar e se segmentar progressivamente.

Para atingir essa segmentação, diversas iniciativas foram tomadas para ordenar o campo musical, excluindo alguns e introduzindo outros em posições importantes para a difusão, ensino e trabalho com a música. A criação da Banda Municipal de Porto Alegre em 1925 é uma materialização desse processo de ressignificação social, articulado como uma política de Estado no campo cultural. A proposta da Banda Municipal, evidenciada também pela exclusão de músicos negros, não visava simplesmente compor, mas sim demarcar uma distinção clara e suplantar outras formas de expressão musical que não fosse as suas. A instituição musical, que ostentava o nome da cidade e buscava representar sua vida cultural, foi composta de uma série de músicos estrangeiros que, até então, não haviam participado da construção dessa cultural local.

A música costuma ser tratada como uma esfera periférica do campo social, não incidindo em seus grandes debates e disputas de poder. O campo das artes e das políticas culturais neste período foi um ponto importante no projeto de modernização leva a cabo pelo Partido Republicano Riograndense. O conluio e as manobras de bastidores que envolveram a criação da Banda Municipal de 1925 visavam superar a influência da antiga escola musical do Maestro Mendanha, que incluía seus discípulos e as instituições associadas a ele, predominantemente compostas de músicos negros. As justificativas apresentadas para a criação da Banda Municipal, que enfatizavam o aperfeiçoamento, a sofisticação e o preparo intelectual como fundamentos da "verdadeira cultura musical", visavam demarcar uma distinção que atendia a critérios raciais e classistas. Estas sensibilidades elitizadas também embasaram os discursos oficiais e contaram com o apoio das "elites intelectuais," como solicitado por José

Corsi. Por outro lado, houve uma reação significativa, como demonstrado pela denúncia do "Jacobinismo Musical" em 1928, evidenciando que a disputa pelo controle e pela institucionalização da música no início do século XX foi um processo complexo e desafiador para a municipalidade.

Diante do caso de discriminação racial na Banda Municipal, os redatores do jornal *O Exemplo* ressaltaram a importância do Maestro Mendanha, evidenciando com propriedade a relação de pertencimento deste maestro com a comunidade negra. Ao mesmo tempo que a Banda Municipal de Porto Alegre (planejada e efetivada por alguns, ao passo que era sustentada por tantos outros) mostrava-se tratar de um sonho dourado no início da década de 1930, em função de a municipalidade não dispor das condições para sua manutenção, os integrantes do Instituto Histórico se reuniam para traçar e oficializar um perfil do maestro Mendanha vinculado às comemorações do Centenário Farroupilha. Nesta ocasião, inclusive foi pintado um quadro com a face do velho maestro que reproduz a imagem que hoje temos dele. Sobre aquele outro quadro do maestro Mendanha que figurava nas paredes da sala de ensaio da antiga Banda Municipal de Porto Alegre, provavelmente fixado pelo seu discípulo Honorato Rosa, não temos notícias.

Ora, leitor, analisar o maestro Joaquim José Mendanha é como falar um pouco de todo este processo de construção musical observado por meio da população negra e as disputas que o permearam. Da mesma forma como ocorreu com as tradicionais interpretações sobre a cultura musical local que invisibilizam a participação e a importância da comunidade negra nesta construção, a atuação e os significados do maestro Mendanha foram selecionados e ressignificados adequando-se às demandas políticas situadas historicamente, porém perpetuando-se no senso comum. O autor do Hino do Rio Grande do Sul tornou-se uma figura quase "folclórica" — um amigo de bom coração, querido por todos. Ele precisava ser retratado como "gaúcho", um ferrenho farroupilha, e, sobretudo, sua cor precisava ser ocultada. Após o centenário farroupilha, o maestro Mendanha deixou de ser lembrado prioritariamente (ou, quase exclusivamente) pelas lideranças negras em meio a disputas políticas e identitárias, passando a ser relembrado mais pela sua figura simbólica, ressignificada e ajustada à identidade regional folclorizada.

O ano de 1928, além de marcar a reação à política de exclusão da Banda Municipal, também foi significativo pelo falecimento do maestro

Luiz Joaquim Pereira, o último sobrevivente da antiga Orquestra Mendanha. Aquele mesmo que pertenceu à Irmandade do Rosário, integrava a Banda da Floresta Aurora, ensaiava grupos de Ternos de Reis, tocava em circo, teatros e cinemas e participou do Centro Musical Porto Alegre desde sua fundação. Este discípulo do maestro Mendanha ilustrativamente carregou uma vasta trajetória de participação social e política com a música, articulando diversos conteúdos musicais e espaços de trabalho totalmente diferentes um do outro. O maestro Luiz Pereira, com sua "voz de barítono", viu a cidade e sua cultura musical se transformar profundamente. Ao lado de diversos outros músicos, proporcionou a música para sua população nos mais variados espaços e situações imagináveis, construindo ativamente esta rica e híbrida cultura musical que a cidade de Porto Alegre teve o privilégio de vivenciar.

Assim como a vida musical de Porto Alegre protagonizada por músicos negros seguiu com a morte do velho maestro Mendanha, principalmente por meio de seus discípulos e instituições, ela também seguiria por caminhos semelhantes e inovadores após a morte de seu último discípulo. Para finalizar, voltamos a destacar o maestro João Penna de Oliveira que foi um grande propagador da música em Porto Alegre. O maestro Penna foi mais um músico de Minas Gerais (inclusive nascido próximo à cidade do maestro Mendanha) que atuou incisivamente na vida cultural de Porto Alegre. Diferentemente do maestro Luiz Joaquim Pereira, que foi discípulo do maestro Mendanha, este não teve a oportunidade de aprender com o "velho" maestro. Afinal, quando João Penna nasceu (1888), a cidade de Porto Alegre ainda lamentava a perda do maestro Mendanha (1885). Entre tantos espaços de atuação, marcou história no carnaval de Porto Alegre, dirigindo diversos blocos e cordões, meio em que também obteve grande reconhecimento, tendo ganhado diversos concursos carnavalescos por diferentes blocos. Em sua longa trajetória de atuação em bandas vinculadas a instituições públicas (foi Contramestre da Grande Banda da Brigada Militar e do Instituto Technico Profissional), o Maestro João Penna de Oliveira, no início da década de 1930, regeu a Banda de Música do 7º Batalhão de Caçadores. Assim como fez ao longo de sua vida, o Maestro João Penna de Oliveira (da mesma forma que diversos outros músicos e instituições que foram acompanhadas aqui) levou à cena uma variedade cultural resultante de uma ampla circulação e do envolvimento com as mais diferentes instituições, músicos, ritmos e gêneros.

Neste momento, a Banda Municipal poderia continuar ativa, mesmo sofrendo, gradativamente, com as limitações de seu alto investimento, que impossibilitou a manutenção de todo o seu glamour. Já o ousado Auditório Araújo Viana, que foi construído para fazer jus a essa célebre banda, passou a receber outras apresentações dignas de ocupar seu custoso palco e de sua seleta assistência. Em março 1933, o jornal *A Federação* divulgou mais um dos "esplendidos concertos simfonicos" realizados pela Banda de Música do 7º Batalhão de Caçadores, informando que o conjunto era formado por 34 figuras, cuja direção caberia ao João Penna de Oliveira, descrito como "maestro ajudante", e que ocorreria no moderno e artístico "Auditorium Araujo Vianna"[531]. Nessa mesma apresentação, conforme informou a mesma folha uma semana depois,[532] estavam composições de Carlos Gomes, Verdi e Mascagni. Também havia uma composição sua, um dobrado sinfônico em homenagem ao General José F. Leite de Castro, e uma valsa lenta de autoria do Maestro Octávio Dutra[533], denominada Pax. O Auditório Araújo Viana deixava de ser um mero "Consulado Calabrez", conforme havia sido criticado pelos redatores do jornal *O Exemplo.* O Maestro João Penna de Oliveira realizou diversas apresentações com a Banda do 7º Batalhão nesse palco. Porém, a apresentação que desperta mais atenção foi a ocorrida em dezembro de 1934, novamente divulgada nas páginas de *A Federação*, dessa vez não mais descrito como maestro ajudante:

> Concerto da Banda do 7º Batalhão de Caçadores
> Sob a regencia do maestro João Penna de Oliveira, a banda do 7º batalhão de caçadores dará concerto hoje, ás 20 horas, no Auditorio Araujo Vianna. Para este concerto foi organizado o seguinte programma: 1ª parte — Patria brasileira, marcha, João Penna de Oliveira; Noite no Cairo, fox-trot, idem; Eu e ella, valsa, idem; Africano enfesado, batucada, idem; Aida, fantasia, Verdi; Pagliaccu, prologo, Leoncavallo; Tannhauser, symphonia, Wagner. 2ª parte — Desfilada de verdun, marcha, R. Raupper; Samba do Congo, idem; Uranda internacional, fox, idem; fecho do Condor, preludio

531 *A Federação,* Porto Alegre, 15 mar. 1933, p. 4.

532 *A Federação,* Porto Alegre, 20 mar. 1933, p. 4.

533 Octávio Dutra liderou o grupo Terror do Facões e dirigiu o Cordão Carnavalesco Os Batutas. Este maestro, como já se sabe, era irmão de Arnaldo Dutra, que participou ativamente do jornal *O Exemplo,* tomou parte em acaloradas discussões na comunidade negra, destacando a importância da instrução para a mobilidade social dos homens "de cor", criou grupos teatrais para difundir essa mesma importância, fez nome no carnaval de blocos e cordões das décadas de 1920 e 1930 e também, ao lado de Octávio, formou o conjunto Terror dos Facões e realizou uma série de gravações na Casa Electrica, em 1914.

> nocturno, C. Gomes; Iris, fantasia, P. Mascagni; Victoria dos aliados, R. Raupper. Os diversos números de musica são dedicados ao general Flores da Cunha, interventor federal; general Pargas Rodrigues, dr. João Carlos Machado, major Alberto Bins; imprensa, colonia allemã, comandante da 6ª brigada de infantaria, capitão do Porto, maestros Leonardi e Eggers, colonia italiana e comandante da Brigada Militar.[534]

Nessa situação, a cidade de Porto Alegre teve a oportunidade de desfrutar, em seu palco mais luxuoso, uma grande exibição de sua "verdadeira cultura musical", composta por marchas, prelúdios, valsas, fantasias, foxtrote, sinfonias e batucadas. A abertura dos trabalhos foi marcada por composições do Maestro João Penna de Oliveira, começando com *Pátria Brasileira* e terminando com *Africano Enfesado*. Suas obras foram apresentadas ao lado de peças de compositores renomados como Carlos Gomes, R. Raupper, Mascagni, Verdi, e Wagner, entre outros. Porém, mais do que isso, esta apresentação em questão tinha seus espectadores distintos, para quem foi dedicada. É difícil precisar quem selecionava os selecionáveis. Era o próprio João Penna ou o de algum superior dessa instituição militar? Foram trocas de gentilezas ou uma demonstração pública de apropriação e protagonismo de outros sujeitos em um local que não foi construído para eles? Independentemente do que possa ter significado esse concerto ou quais foram seus objetivos, o fato é que estabeleceu uma importante ligação com a argumentação desenvolvida neste trabalho. Era apenas mais uma página de uma velha história sobre a participação da população negra na constante construção da vida política, social e cultural de Porto Alegre.

---

534 *A Federação,* Porto Alegre, 04 dez. 1934, p. 4.

Imagem 21 – João Penna de Oliveira como militar

Imagem 22 – João P. de Oliveira como carnavalesco

Fontes: Acervo Museu de Porto Alegre Joaquim Felizardo; Fototeca Sioma Breitman

Provavelmente, o Maestro João Penna de Oliveira não pôde ficar muito tempo recebendo os elogios por essa apresentação. Afinal, era dezembro, e a Cidade já começava a sentir-se inquieta com a proximidade do velho e endiabrado Deus Momo. Os inúmeros blocos e cordões carnavalescos estavam ultimando seus preparativos, e, como não podia deixar de ser, o Maestro João Penna assumia o seu posto de ensaiador em um desses grupos, assim como já o fazia há algumas décadas e continuaria a fazer até o seu falecimento, em 1953. Além do mais, as consagrações ao Deus Momo que estava por vir era diferente das demais. Era o ano do centenário do início da Guerra dos Farrapos e a cidade estava permeada de atividades comemorativas. Foi apresentado um "outro" maestro Mendanha, farroupilha ferrenho, meio século após sua morte. Ao mesmo tempo, um jovem sambista se destacava no concurso do Carnaval Farroupilha. Tratava-se do compositor Lupicínio Rodrigues, que atualmente compreende uns dos principais nomes da cultura popular do Rio Grande do Sul.

CONCLUSÃO

No percurso realizado ao longo desta obra, buscamos acompanhar os diferentes usos e significados da atividade musical em Porto Alegre, com o objetivo de entender as formas de mobilidade social, reivindicação dos direitos de cidadania e de combate ao preconceito racial por parte da população negra no período pós-abolição. Sob diversos ângulos, observamos que a cultura musical da época estava articulada a discursos e projetos políticos variados, que abordavam as variáveis étnico-racial e de classe social em sua constituição, representação e, sobretudo, nas disputas por sua legitimação.

Com a criação da Banda Municipal de Porto Alegre em 1925, observamos uma disputa entre a música erudita e a popular, que, na essência, reflete uma discussão política com contornos racializados. É evidente que o chamado "vazio cultural" ou a alegada ausência de músicos, que justificou a sua criação, não correspondia à realidade cultural da cidade. Tampouco havia razão para a contratação de músicos estrangeiros como condição essencial para o exercício musical. A maneira como a Banda Municipal foi estruturada, composta majoritariamente de músicos estrangeiros e destinada a difundir a "verdadeira cultura musical", não reflete as experiências anteriores da própria cultura musical de Porto Alegre. A Banda Municipal de Porto Alegre de 1925 exacerbou uma divisão de fronteiras entre o branco e o negro, o erudito e o popular. Essa ideologia era muito mais uma tentativa da elite de ordenar esse cenário social e cultural do que uma realidade concreta. O que estava em tensão, naquele momento, eram os locais sociais dos músicos e das instituições vinculadas à difusão e ao ensino da música, principalmente aquelas que eram representativas da cidade.

A cultura musical de Porto Alegre era um "verdadeiro" caldeirão artístico. A música que a cidade vivenciava ia muito além das apresentações realizadas por determinadas instituições, inclusive com alcance e penetração junto à população bastante questionável. Essa música era praticada nos mais variados espaços pelos mais diversos grupos sociais. Ela era protagonizada por inúmeros músicos e bandas, estava nos clubes sociais que apresentavam distintos recortes de agregação e nos diversos locais de trabalho e de ensino com música. Propagava-se também pelas instituições públicas, os teatros, os circos e os cinemas, nos coretos das praças públicas, nos mais variados eventos políticos e comemorativos realizados pelas ruas da cidade e, acima de tudo, nos diversos festejos populares. Dentro desse campo musical, a população negra, com seus músicos e associações, desempenhava um papel de destaque na construção dessa cultura musical.

A partir das fontes consultadas, avaliamos que a criação da Banda Municipal de 1925 foi uma iniciativa emergencial para consolidar uma identidade social e cultural específica que não refletia as práticas cotidianas. O público era muito mais flexível e heterogêneo, e as fronteiras culturais se cruzavam com uma riqueza significativa. A música que se propagava com maior intensidade na cidade estava vinculada aos festejos populares, especialmente ao Carnaval, que alcançava uma parte significativa da população. Festejado ao longo de sua história das mais diversas formas e protagonizado pelos mais diversos grupos sociais que disputavam sua legitimidade, na década de 1920, ele já estava fartamente vinculado e tributado à população negra. Na fervilhante indústria do entretenimento, desde os antigos circos de cavalinho (ou melhor, de touros) do século XIX, passando pelas gravações fonográficas de 1914 e pela multiplicação de salas de cinemas e de teatros nas primeiras décadas do século XX, músicos negros demarcaram sua presença e construíram ativamente esse cenário cultural e musical, atendendo e fomentando as demandas da população por música. Também nas instituições públicas, que encontraram nas bandas de música um importante instrumento de comunicação com a população, estes músicos fizeram-se presentes, atuando em coretos situados em praças públicas, participando de atos e comemorações oficiais. E, por sua vez, na denominada música erudita, a relação de pertencimento, difusão e protagonismo também se verificou por parte desses músicos negros, por meio de seus clubes sociais, nas instituições públicas e no próprio Centro Musical Porto-Alegrense — o que ocorreria também na Banda Municipal criada em 1925, caso não fossem excluídos dela. Em suma, o que a cidade vivenciava não encontrava guarida nas considerações de intelectuais e demais homens das letras que desejaram localizar a civilização europeia no sul do Brasil. Para reverter a imagem da cultura musical local, era preciso ter algo novo e que utilizasse os mais variados artifícios para legitimá-la. E, lógico, para cumprir com tal empreitada, era também necessário investir pesado.

Neste multifacetado cenário cultural, a dicotomia entre uma cultura popular protagonizada pelos negros e uma cultura erudita protagonizada pelos imigrantes e seus descendentes mostrou-se insuficiente para compreender a constituição deste complexo campo musical, principalmente porque essas fronteiras eram fluidas e negociadas. Por outro lado, essa mesma oposição entre o erudito/branco e o popular/negro revela os termos que permearam as disputas sobre a legitimação dessas culturas naquele momento, bem como as interpretações intelectuais subsequentes sobre a identidade regional e sua respectiva cultura musical.

Conforme demonstramos no Capítulo 1, nas obras de referência, como as de Freitas e Castro, Ferreira e Corte Real, que reivindicam uma cultura musical local baseada na erudição europeia e que também serviram de base para pesquisas mais recentes, certas instituições são selecionadas como responsáveis por essa construção. Nessas interpretações, observamos que a música é apresentada de forma mais autônoma a partir do último quartel do século XIX, quando surgiram diversos clubes e sociedades de concerto amadoras. Athos Damasceno Ferreira, como já discutido, enfatiza o surgimento de várias associações nesse período, muitas das quais tinham recortes étnicos, algumas eram teatrais e outras exclusivamente musicais. Ênio de Freitas e Castro também destaca a importância dessas sociedades de concertos, mas demonstra certa aversão ao amadorismo, por considerá-lo um obstáculo à profissionalização da atividade musical. Por outro lado, é a partir dessas associações amadoras que Corte Real inicia sua análise, sublinhando as principais contribuições da cultura musical e destacando as instituições mais representativas em seu livro, identificando nelas a presença dos imigrantes europeus.

Sobre essas instituições teatrais e musicais, os autores frequentemente ressaltam sua composição étnica, formada principalmente por portugueses, alemães e italianos, e o objetivo das instituições musicais de ensinar e difundir a música erudita. Embora Corte Real e Freitas e Castro apresentem interpretações distintas sobre a importância dessas sociedades de concerto amadoras — o primeiro destacando-as e o segundo criticando-as —, ambos afinam seus discursos ao enfatizar o grande progresso no cenário musical que ocorreu com a instituição dos conservatórios de música. Esses conservatórios organizaram o ensino segundo os moldes eruditos e aceleraram a profissionalização da música. Continuando esse percurso, outras instituições musicais são mencionadas, principalmente por Corte Real, pela contribuição para a difusão da música erudita, como o Centro Musical Porto-Alegrense e a própria Banda Municipal de 1925.

Problematizando essas interpretações, Maria Elizabeth Lucas destaca que a introdução da erudição europeia estava vinculada a um processo de ressignificação social da música, que excluiu as camadas pobres, incluindo os negros, do exercício profissional da música anteriormente desempenhado por eles. Para Lucas, esse período representa a reavaliação da música como profissão, influenciada por padrões importados e exercida principalmente pela classe dominante e setores médios e incorporando, das etapas antecedentes, aspectos do amadorismo que possam distanciá-la de qualquer associação com o trabalho das camadas sociais inferiores. Esse processo de ressignificação foi fomentado pela expansão do amadorismo, principalmente por meio das sociedades de concertos organizadas por e para a classe dominante e setores médios urbanos. A institucionalização do ensino da música, por meio dos conservatórios, formalizou, delimitou e legitimou o exercício profissional da música. A autora demonstra como as categorias de classe e raça estiveram articuladas aos esforços para essa ressignificação social da atividade musical e como esse processo também se relacionou com uma disputa em torno do mercado de trabalho.

Em suma, na demarcação dessa cultura musical assentada na erudição europeia, foram selecionados determinados grupos étnicos e instituições (algumas delas também de recorte étnico semelhante) como responsáveis por sua difusão. No questionamento dessas interpretações, foi demonstrado que a mesma música erudita foi articulada por setores sociais dominantes para sua efetivação e consolidação. Diversas dessas instituições estavam voltadas para o processo de redefinição social da música e eram vinculadas aos grupos dominantes, conforme destacado por Maria Elizabeth Lucas. A própria Banda Municipal de 1925 exemplifica a continuidade desse processo de exclusão, ocorrendo alguns anos após a criação do Conservatório de Música em 1908.

Sabemos que a divisão entre música erudita e música popular, do final do século XIX às primeiras décadas do século XX, era fluida e negociada, apesar dos esforços das elites dirigentes para demarcar essa distinção. Essas disputas ocorreram porque essa divisão não era natural ou previamente definida; pelo contrário, o campo musical era praticado, apropriado e significado de inúmeras maneiras, atendendo a diferentes anseios políticos e sociais. Os projetos modernizadores e branqueadores, como a criação da Banda Municipal de Porto Alegre em 1925, não estavam apenas dedicados a suplantar manifestações culturais associadas aos grupos populares e à população negra. Eles também buscavam estabelecer a própria legitimação da forma como desejavam representar-se. A música identificada como erudita não é naturalmente de propriedade exclusiva da população branca, dos setores dominantes ou dos imigrantes europeus. Enxergar a música erudita como a mais sofisticada, elaborada, civilizada e, principalmente, como uma propriedade da população branca que a associa às suas nobres origens europeias é apenas uma das muitas interpretações possíveis.

Dentro do recorte temporal deste trabalho, a difusão da música identificada como erudita foi mais ampla do que o sugerido pelas obras de referência. Ela não se restringiu apenas às sociedades de concertos fundadas por imigrantes ou às instituições tradicionalmente eleitas para esse fim, como o Centro Musical Porto-Alegrense e a Banda Municipal de 1925. Bandas de Música como a do Arsenal de Guerra, da Brigada Militar e a própria Banda Municipal de 1912 (vinculada à Escola Hilário Ribeiro) eram compostas majoritariamente de setores mais pobres da população e incluíam muitos músicos negros em seus quadros. No caso das bandas militares, os músicos ocupavam as posições mais baixas e recebiam os menores vencimentos, exceto o Mestre de Música e os Cornetistas e Clarins Mores. A Escola Hilário Ribeiro, por sua vez, era formada por crianças pobres que trabalhavam para a Intendência Municipal. A participação nessas instituições públicas que contavam com bandas de música proporcionou condições para que os setores populares, incluindo os negros, não fossem totalmente excluídos desse processo de redefinição social da música.

Percebemos que a música identificada como erudita não foi tributada e caracterizada por recortes étnicos e sociais previamente definidos. Ela foi protagonizada e consumida por um público heterogêneo, da mesma forma que estes músicos demonstravam capacidade para executá-la. Isso significa, ao mesmo tempo, que a função de educação e de elevação moral da população, como objetivou a Banda Municipal de 1925, também foi desempenhada pelos próprios setores que deviam ser “refinados”, tanto a partir de instituições oficiais (Banda do Arsenal de Guerra, Banda da Brigada Militar, Banda Municipal da Escola Hilário Ribeiro) como por meio das associações negras, que praticavam a música erudita, ao lado de outros gêneros musicais, em seus eventos privados. Por outro lado, os segmentos pobres e negros da população não estavam imersos em um projeto pedagógico similar ao da Banda Municipal de 1925, que visava difundir uma "verdadeira cultura musical" em oposição a outras formas musicais. A prática da música erudita por parte dessas bandas correspondia apenas a uma pequena parte de seu extenso repertório, que era notavelmente plural. Da mesma forma também eram suas participações agregadas aos mais variados eventos, onde esta música plural se tornava acessível para a população de diferentes formas. Essas instituições "populares" que difundiam a música "erudita" também promoviam outras formas musicais compreendidas como "populares". Em outras palavras, entre o final do século XIX e as primeiras décadas do século XX, Porto Alegre contava com diversas bandas musicais vinculadas a instituições públicas (Arsenal de Guerra, Brigada Militar, Banda Municipal de 1912), compostas de músicos negros. Essas bandas "oficiais" apresentavam um repertório que transitava entre o erudito e o popular.

A partir da pesquisa documental, foi possível perceber que a relação conflitante entre uma cultura popular protagonizada por negros em um estado que pretende ser compreendido como branco é apenas aparente. A cultura musical negra, na verdade, era plural e desempenhava um papel significativo no cenário cultural de Porto Alegre durante a Primeira República. Em relação à experiência musical da comunidade negra, a bibliografia local destaca sua participação basicamente a partir de festejos populares, tanto no século XIX como no século XX. A relação com a música adquire maior visibilidade a partir da década de 1930 por meio de regiões urbanas caracterizadas por uma composição majoritariamente negra, no caso os territórios negros. Nessas regiões, a vinculação com gêneros populares, especialmente no Carnaval de rua, por meio de blocos e cordões, é particularmente enfatizada. Não há dúvidas sobre a importância das regiões urbanas e dos festejos populares na construção de identidades étnicas, na mobilidade social e econômica de diversos músicos e na visibilidade geral da comunidade negra. Contudo, a cultura musical negra também se desenvolveu e se destacou de formas que vão além dessas características. Músicos como Honório Porto, Luiz Joaquim Pereira, Arnaldo Dutra, Januário José de Souza, João Penna de Oliveira e Alberto Martiniano, entre outros, foram figuras centrais nos Ternos de Reis no final do século XIX e nos Blocos e Cordões Carnavalescos da década de 1930. Todos eles articularam diferentes gêneros e locais de trabalho com a música, assim como estiveram empenhados em variadas pautas políticas.

O recorte étnico por si só não explica a complexidade da cultura musical e as tensões e aproximações entre raça e classe que marcaram sua formação. A experiência musical vivenciada por músicos e associações negras não se configurava como unidades ou universos isolados, com pontos de intersecção ocasional. Ela era constantemente construída na interação de diferentes linguagens musicais e grupos sociais, por meio das instituições musicais e de seus integrantes. Mostramos que as atividades sociais promovidas pelos clubes sociais negros também apresentavam um repertório musical plural, sem colocar em oposição o erudito e o popular. As diversas apropriações musicais e as redes de proximidade estabelecidas pela comunidade negra não surgiram de forma natural, mas foram moldadas pelas oportunidades que o regime republicano e o mercado de trabalho proporcionaram a esse grupo social.

Não se pode esquecer que as atividades sociais que incorporavam a música só eram possíveis porque havia músicos executando-a. Do final do século XIX ao início do século XX, a música tornou-se acessível ao público graças aos músicos. Apesar das inovações técnicas, como os gramofones, que em alguns casos substituíram a presença dos músicos, ainda eram necessários instrumentistas para realizar essas gravações. Mesmo de forma indireta, foram eles que conectaram a matéria-prima musical com a população, que podia se identificar ou não com o que era apresentado. Assim, os músicos desempenharam um papel primordial na difusão da cultura musical, seja como "amadores" ou "profissionais", pois os locais onde a música era praticada nem sempre eram espaços de trabalho. Portanto, o músico atuou como um mediador essencial dessa cultura musical, distribuindo-a para a população de diferentes maneiras, seja por meio de espaços de trabalho ou de sociabilidade.

Na busca por estabilidade financeira, esses musicistas exploraram uma variedade de espaços de trabalho, alguns dos quais não estavam diretamente relacionados à música. Um exemplo é o Maestro Luiz Joaquim Pereira, que também era carpinteiro. Em outros casos, como demonstrado pelo Maestro João Penna de Oliveira, observamos a atuação em diferentes bandas musicais vinculadas a instituições públicas, que concentravam um número significativo de músicos. Essa busca por segurança profissional também levou alguns músicos a ingressar em instituições legitimadas, como o próprio Maestro Penna, por exemplo, entrou para o Instituto de Bellas Artes em 1915. Um dos interesses em explorar diferentes espaços de trabalho com a música foi destacar como a ampla atuação profissional desses instrumentistas resultou na apropriação de distintas linguagens musicais. Ao participar de uma variedade de contextos — como o Centro Musical Porto-Alegrense, bandas militares, cerimônias religiosas, circos, cinemas e teatros —, esses músicos tiveram acesso a uma diversidade de gêneros musicais, enriquecendo seu conhecimento musical. Contudo, esse conhecimento não se restringia a eles. A forma como cada músico utilizava suas habilidades ampliava ainda mais a difusão dessa cultura musical, que já era plural em seus diversos espaços de formação. Além de gerar trabalho, a música também foi distribuída nos espaços de sociabilidade e outros eventos sociais, mesmo quando não envolvia remuneração direta.

A ampla rede associativa negra, composta de músicos profissionais e trabalhadores de diversos ofícios, desempenhava um papel crucial na congregação dessa população, ampliando as formas de socialização e fomentando a criação de redes de solidariedade. Essas redes eram potencializadas pelas conexões individuais que cada sócio desenvolvia, ligando seus espaços de trabalho, moradia e sociabilidade. Além disso, essa rede associativa proporcionava oportunidades para que diversos músicos se inserissem no mercado de trabalho, oferecendo alternativas às instituições de formação musical controladas pelos grupos dominantes, que procuravam delimitar esse ofício, ao passo que buscavam também legitimar determinados significados da música erudita.

Não é necessário retomar toda a relação de proximidade entre essas instituições musicais e as diversas associações da comunidade negra. A presença de músicos circulando e trabalhando nesses espaços revela parte da pluralidade musical efetivada por esses clubes sociais. Nos clubes sociais negros, que incluíam bandas de música, corpos cênicos e outras associações com objetivos diversos, músicos profissionais tocaram ao lado de músicos não profissionais — aqueles que não tinham na música seu principal meio de remuneração. Essa interação ampliou o conhecimento musical de todos os envolvidos. Porém os músicos "amadores" que trabalhavam em diferentes ofícios, já que não faziam da música um meio de ganhar a vida, tinham sua bagagem cultural desenvolvida, principalmente, a partir de sua atuação em espaços de sociabilidade que apresentavam um recorte étnico, a qual era compartilhada com outras pessoa a partir de um critério profissional e não necessariamente étnico. Na leitura do jornal *O Exemplo*, é recorrente a presença de músicos, clubes e seus associados em eventos e comemorações da classe operária. Um exemplo notável é a participação da Banda da Floresta Aurora na comemoração operária pela conquista das oito horas de trabalho diárias, em 1911. Nesse evento, as Bandas da Floresta Aurora e Lyra Oriental lideraram uma "passeata cívica" que contou com "aproximadamente 5.000" pessoas, possivelmente operários de diversas etnias. Essas bandas, embora constituídas por um recorte étnico e ativas em atividades sociais vinculadas à comunidade negra — como clubes, festejos populares, carnaval e Ternos de Reis —, distribuíram sua bagagem cultural para um público mais heterogêneo, o operariado. Assim, a relação dos músicos dessas associações negras com seus locais de trabalho, seja na música ou fora dela, possibilitou contínuas trocas e apropriações de conteúdos musicais diversos, que foram amplamente distribuídos e desenvolvidos na rede associativa negra. Esse compartilhamento de variadas bagagens culturais não pode ser compreendido como uma via de mão única. Não eram apenas os músicos negros que distribuíam a música que praticavam em seus locais de sociabilidade; o mesmo também ocorria (ou poderia ocorrer) com diversos operários descendentes de italianos, alemães, portugueses, espanhóis, poloneses e de outras etnias, que estabeleciam relações de proximidade com setores da comunidade negra.

No entanto, perceber que a cultura musical negra entre o final do século XIX e as primeiras décadas do século XX era heterogênea não encerra a questão. Também demonstramos que esses músicos e associações, ao efetivarem suas atividades "privadas", não o fizeram necessariamente em oposição a outros grupos sociais e à vivência no espaço público da cidade. Esses clubes dialogaram muito de perto com a formação dos ofícios, a consciência dos trabalhadores e a percepção de direitos. Não se colocavam em oposição à classe operária; ao contrário, essas identidades foram progressivamente entrecruzando-se. Em outras palavras, a cultura musical praticada e construída nos clubes civis negros não estava fechada intrinsecamente. Ela era causa e consequência da ampla circulação e participação desses sujeitos e instituições em diversos eventos e grupos sociais, justamente tensionando e combatendo o fechamento étnico resultante da discriminação e da segregação étnico-racial. A partir da atuação das associações negras observada, fica claro que suas propostas políticas e defesas de identidades sociais não eram de fechamento, mas, sim, de integração. A constituição dessa cultura musical estava intimamente vinculada à construção de identidades sociais que, embora heterogêneas, se relacionavam. A apropriação plural da música, na qual o músico profissional exerce uma função mediadora, permite sua utilização na construção dessas identidades coletivas e na cultura musical compartilhada de diferentes formas. A atuação desses clubes sociais e a maneira como foram apropriados e visibilizados publicamente demarcaram distintas estratégias de participação social dessa comunidade, que estava atenta à mobilidade social.

Esses diferentes usos da música foram avaliados e discutidos internamente, resultando em debates que tensionaram e evidenciaram os usos estratégicos da atividade musical e sua vinculação com as demandas sociais no período pós-abolição, visando múltiplos caminhos de mobilidade social. Essa apropriação plural da música forneceu variadas respostas à exclusão e estigmatização da comunidade negra, estabelecendo diferentes formas de mobilidade — sejam sociais, econômicas ou culturais — que estavam intimamente articuladas com a construção de identidades sociais, tanto da população negra quanto da cidade em geral. Ao lado dessas atividades com música plural, incluindo a erudita, estavam assentadas propostas políticas voltadas para o pertencimento racial da comunidade negra. Conforme pontuado no Capítulo 2, os clubes elaboraram estratégias para divulgar suas pautas e propostas internas, estabelecendo formas alternativas de instrução ligadas a diversas atividades políticas. Um exemplo é o grupo teatral Grêmio José do Patrocínio, cujas ações estavam vinculadas a comemorações de datas cívicas, como o 13 de maio e o 28 de setembro, celebradas no interior desses clubes sociais. Também é importante mencionar as iniciativas para angariar fundos para a construção da herma de José do Patrocínio no Rio de Janeiro, onde festivais artísticos contribuíram para a arrecadação, e as atividades de recepção de lideranças negras ilustres, como a do Deputado Monteiro Lopes, em sua jornada para assumir seu cargo político. Muitos desses festivais eram permeados por calorosos debates sobre a relação dos clubes com a instrução, suas conexões com diversas reivindicações políticas e as comemorações de datas cívicas e étnicas. Mais do que apenas demarcar hierarquias internas, esses debates revelam a agência da comunidade negra sobre sua vida social e sua interação com o contexto em que estava inserida. Em um processo marcado por aproximações e distanciamentos, conflitos e solidariedades, o que estava em discussão era o futuro dessa comunidade, que atuava e criava alternativas para melhorar suas condições de vida e alcançar respeitabilidade pública. Esses esforços também alimentaram suas construções identitárias e o desenvolvimento de uma cultura musical própria.

O contato com a chamada música erudita, promovido por setores da comunidade negra, não se tratava, necessariamente, de uma simples cópia do que esses indivíduos observavam em associações musicais formadas por imigrantes europeus e seus descendentes. A música erudita circulava amplamente e contava com diversos promotores, independentemente de cor ou classe. Seu uso em atividades privadas — desenvolvidas nas sedes das associações civis — não implicava a exclusão de outros gêneros musicais. Ao contrário, em muitos festivais artísticos promovidos por associações negras, temas eruditos coexistiam com modinhas, valsas, cançonetas, schottisch e lundus, além de poesias, monólogos, apresentações teatrais e conferências literárias. O compartilhamento de padrões sociais e culturais atribuídos à sociedade branca pela comunidade negra não deve ser entendido como um processo mecânico de branqueamento. Ao contrário, essas eram formas de combate a esse mesmo processo. Em diversas ocasiões, esses grupos demonstravam diferentes formas de ser negro, sem se afastar das demandas políticas particulares da comunidade e dos processos de construção de identidades étnicas. Longe de representarem uma assimilação passiva, essas práticas configuravam variadas formas de protagonismo em uma sociedade que constantemente tentava invisibilizar e/ou estigmatizar sua presença.

Por meio desse projeto político de participações, apropriações e construções diversas, podemos compreender a presença de alguns músicos negros no interior do Centro Musical Porto-Alegrense e na própria Banda Municipal, criada em 1925. Esse projeto de integração, que também envolvia a chamada música erudita, não deve ser confundido com submissão ou aceitação da política de branqueamento, nem com um afastamento de referenciais raciais ou populares. Embora a relação com a música erudita possa ser interpretada como um símbolo de resignação ou dominação, essa apropriação reflete um projeto político definido e situado historicamente. Afinal, como a música erudita era protagonizada por diferentes espaços e grupos sociais, ela foi ressignificada de múltiplas maneiras, atendendo a distintos projetos sociais vinculados às demandas específicas de cada grupo em busca de sua legitimidade.

Inserida nessa disputa de valores, a música erudita foi utilizada para fundamentar uma representação da cidade como italiana, conforme o projeto político que a Banda Municipal de 1925 desejava consolidar. Esse projeto buscava aproximar-se de valores externos e promover a europeização dos costumes, afastando-se das formas culturais populares e de uma "falsa cultura musical". No entanto, a mesma música erudita também foi empregada por setores da comunidade negra em campanhas de incentivo à instrução, permeando comemorações cívicas e contribuindo para a consolidação de referências étnicas. Além disso, ela servia para celebrar campeões do carnaval, como em 1924, com o festival "Grande Concerto Sinfônico", conferindo ao evento um status de sofisticação ao operar dentro da própria lógica que visava à distinção e oposição cultural. Talvez, neste caso, trata-se de especulação, o tal concerto sinfônico foi a "gota d'água" para setores da população que reivindicavam a música erudita como uma nobre tradição europeia que deveria ser protagonizada por selecionáveis. Para os mais influentes da cidade, o que se desejava não estava plenamente presente em Porto Alegre. Assim, a criação da Banda Municipal de Porto Alegre no ano seguinte viria a suprir essas necessidades, atendendo à demanda por uma música que reforçasse essa visão elitista e europeizada da cultura local.

Podemos avaliar que a proposta implementada com a criação da Banda Municipal de Porto Alegre, em 1925, que buscava elaborar uma representação da cultura musical (e social) baseada na contribuição de músicos estrangeiros difundindo a erudição europeia, não prosperou materialmente. No âmbito da indústria do entretenimento, incluindo teatros, cinemas e até gramofones, músicos e conjuntos musicais negros desempenhavam um papel proeminente. Quanto às festividades populares realizadas em espaços públicos, o protagonismo dos negros era ainda mais evidente, embora isso não excluísse a participação de outros grupos étnicos nesses eventos. No entanto, os significados políticos que acompanharam a criação da Banda Municipal em 1925, de certo modo, prevaleceram ao serem vinculados a uma noção de identidade regional cristalizada no senso comum, que priorizava uma sociedade branca formada principalmente por portugueses, alemães e italianos. Como consequência, a participação dos negros, embora ativa e relevante, teve sua importância diminuída, para não dizer invisibilizada.

Apesar dos reiterados processos de exclusão, houve diferentes formas de resistência. Entre elas, o estabelecimento de redes que possibilitaram formas de mobilidade social, que são variadas. Não são absolutas, mas, sim, negociadas. O que faz com que a divisão entre essas fronteiras não tenha tido o resultado esperado pela ideologia dominante, que queria que a música erudita fosse eminentemente branca e que fosse a bandeira da civilização. Isso não aconteceu, porque houve uma apropriação da população, dos músicos, dos espaços públicos e privados que vai além da ideologia dominante. Tanto isso se deu em um processo complexo de incorporações, agregações e atribuições que se chegou ao final com uma definição de cultura popular que nada deve à ideologia da Banda Municipal da década de 1920. Dentro dessa disputa de valores, de representações e de lugares sociais, a música foi um forte componente na construção de identidades e formas de resistência para a comunidade negras, apesar do investimento e dos esforços públicos que visavam excluí-los.

REFERÊNCIAS

LIVROS, ARTIGOS, TRABALHOS ACADÊMICOS

ABREU, Martha. Histórias musicais da Primeira República. Revista ArtCultura, Uberlândia, v. 13, n. 22, p. 71-84, 2011.

ABREU, Martha. *O Império do Divino:* festas religiosas e cultura popular no Rio de Janeiro, 1830-1900. Rio de Janeiro: Nova Fronteira, 1999.

ABREU, Martha. Participação política e identidade negra nas histórias de um músico cantor (1890-1920). Topoi, Rio de Janeiro, v. 11, n. 20, p. 92-113, jan.-jun. 2010.

ABREU, Martha; DANTAS, Carolina Vianna. Música Popular, folclore e nação no Brasil, 1890-1920. *In:* CARVALHO, José Murilo. Nação e cidadania no Império: novos horizontes. Rio de Janeiro: Civilização Brasileira, 2007. p. 123-152.

AMARANTE, José Albano. Indústria brasileira de defesa: uma questão de soberania e de autodeterminação. *In*: PINTO, José Roberto de Almeida; ROCHA, Antônio Jorge Ramalho da; SILVA, Roberto Doring Pinho da (org.). *As Forças Armadas e o desenvolvimento científico e tecnológico do País.* Brasília: Ministério da Defesa/ Secretaria de Estudos e de Cooperação, 2004. p. 23-44.

ANDREWS, George Reid. *Negros e brancos em São Paulo (1888-1988)*. Bauru: EDUSC, 1998.

AZEVEDO, Célia Marinho Martinho. *Abolicionismo:* Brasil e Estados Unidos: uma história comparada (séc. XIX). São Paulo: Annablume, 2003.

AZEVEDO, Célia Marinho Martinho. *Onda negra, medo branco:* o negro no imaginário das elites – século XIX. Rio de Janeiro: Paz e Terra, 1987.

BAKHTIN, Mikhail. *A cultura popular na Idade Média e no Renascimento:* o contexto de François Rabelais. São Paulo: Hucitec, 1987.

BAKOS, Margaret Marchiori. *Porto Alegre e seus eternos intendentes.* Porto Alegre: EDIPUCRS, 1996.

BASTIDE, Roger. A imprensa negra do estado de São Paulo. *Boletim de Sociologia,* São Paulo, v. CXXI, n. 2, p. 50-78, 1951.

BINDER, Fernando Pereira. *Bandas militares no Brasil:* difusão e organização entre 1808-1889. 2006. Dissertação (Mestrado em Música) – Universidade Estadual Paulista Júlio de Mesquita Filho, São Paulo, 2006.

BITTENCOURT JUNIOR, Iosvaldir Carvalho. Os percursos do negro em Porto Alegre: territorialidade negra urbana. *In:* PORTO ALEGRE. *Museu de percurso do negro em Porto Alegre.* Porto Alegre: Secretaria de Cultura-Prefeitura Municipal de Porto Alegre, 2010. p. 7-74.

BURKE, Peter (org.). *A escrita da História:* novas perspectivas. São Paulo: Editora da Universidade Estadual Paulista, 1992.

CARDOSO, Fernando Henrique. *Capitalismo e Escravidão no Brasil Meridional:* O Negro na Sociedade Escravocrata do Rio Grande do Sul. 4. ed. São Paulo: Ed. Paz e Terra, 1997.

CHALHOUB, Sidney. *Cidade fedril:* cortiços e epidemias na Corte Imperial. São Paulo: Companhia das Letras, 1996.

CHALHOUB, Sidney. *Trabalho, lar e botequim:* o cotidiano dos trabalhadores no Rio de Janeiro da "Bell Epoche". Campinas: Unicamp, 2001 [1986].

COOPER, Frederick; HOLT, Thomas C.; SCOTT, Rebecca J. *Além da escravidão:* investigações sobre raça, trabalho e cidadania em sociedades pós-emancipação. Rio de Janeiro: Civilização Brasileira, 2005.

CORTE REAL, Antônio. *Subsídios para a história da música no Rio Grande do Sul.* 2 ed. rev. Porto Alegre: Movimento, 1984.

COSTA FRANCO, Sérgio da *Porto Alegre:* guia histórico. Porto Alegre: UFRGS, 2006.

CRUZ, Maria Cecília Velasco. Tradições negras na formação de um sindicato: sociedade de resistência dos trabalhadores em trapiche e café, Rio de Janeiro, 1905-1930. *Afro-Asia*, Salvador, n. 24, p. 243-290, 2000.

CUNHA, Maria C. P. *Carnavais e outras festas*: ensaios de história social da cultura. São Paulo: Editora da Unicamp, 2002.

CUNHA, Maria C. P. *Ecos da Folia:* uma história social do carnaval carioca entre 1880 e 1920. São Paulo: Companhia das Letras, 2001.

DA MATTA, Roberto. *Carnavais, malandros e heróis:* para uma sociologia do dilema brasileiro. Rio de Janeiro: Zahar, 1989.

DANTAS, Carolina Vianna. Manuel da Motta Monteiro Lopes, um deputado negro na I República. *Afro-Ásia*, Salvador, v. 41, n. 41, p. 167-209, 2010.

DENIS-CONSTANT, Martin. A Herança Musical da Escravidão. Revista Tempo, Niterói, v. 9, n. 15, p. 15-41, 2011.

DOMINGUES, Petrônio. *Uma história não contada. Negro, racismo e branqueamento em São Paulo no pós abolição*. São Paulo: Senac, 2004.

ESCOBAR, Giane Vargas. *Clubes Sociais Negros:* lugares de memória, resistência negra, patrimônio e potencial. 2010. Dissertação (Mestrado em Patrimônio Cultural) – Universidade Federal de Santa Maria, Santa Maria, RS, 2010.

FERREIRA, Athos Damasceno. *O carnaval porto-alegrense no século XIX*. Porto Alegre: Globo, 1970.

FERREIRA, Athos Damasceno. Natal e reis na cidade de outrora. *In:* FERREIRA, Athos Damasceno. *Colóquios com a minha cidade*. Porto Alegre: Globo, 1974. p. 107-132.

FERREIRA, Athos Damasceno. *Palco, salão e picadeiro em Porto Alegre no século XIX:* contribuição para o estudo do processo cultural do Rio Grande do Sul. Porto Alegre: Globo, 1956.

FREITAS E CASTRO, Ênio de. A música no século XIX. *In:* BECKER, Klaus (org.). *Enciclopédia Rio-Grandense:* Volume 2 (Rio Grande antigo). 2. ed. Canoas: Editora La Salle, 1968a. p. 165-190.

FREITAS E CASTRO, Ênio de. A música no RGS na primeira metade do século XX. *In:* BECKER, Klaus (org.). *Enciclopédia Rio-Grandense:* volume 4 (Rio Grande atual). 2. ed. Canoas: Editora La Salle, 1968b. p. 327-359.

GERMANO, Iris Graciela. *Rio Grande do Sul, Brasil e Etiópia:* os negros e o carnaval de Porto Alegre nas décadas de 1930 e 40. 1999. Dissertação (Mestrado em História) – PPGHIS, UFRGS, Porto Alegre, 1999.

GILROY, Paul. *O Atlantico Negro: a modernidade e a dupla consciência*. São Paulo: Ed. 34; Rio de Janeiro: Editora da Universidade Cândido Mendes, 2001.

GINZBURG, Carlo. *O queijo e os vermes:* o cotidiano e as idéias de um moleiro perseguido pela Inquisição. São Paulo: Companhia das Letras, 1897.

GOMES, Arilson dos Santos. *A formação de oásis:* dos movimentos frente negrinos ao I Congresso Nacional do Negro em Porto Alegre – RS (1931-1958). 2008.

Dissertação (Mestrado em História) – Pontifícia Universidade Católica do Rio Grande do Sul, Porto Alegre, 2008.

GOMES, Flávio. *Negros e política (1888-1937)*. Rio de Janeiro: Jorge Zahar, 2005.

GOMES, Tiago de Melo. Negros contando (e fazendo) sua história: alguns significados da trajetória da Companhia Negra de Revistas (1926). *Estudos Afro-Asiáticos*, Rio de Janeiro, ano 23, n. 1, p. 53-83, 2001.

GONZALEZ, Demosthenes. *Roteiro de um boêmio:* vida e obra de Lupicínio Rodrigues. Porto Alegre, Sulina, 1986.

GOULART, Jorge Salis. *A formação do Rio Grande do Sul.* Pelotas: Livraria do Globo, 1927.

GOULART, Mário. *Lupicínio Rodrigues.* 3. ed. Porto Alegre: Tchê; RBS, 1984.

GUIMARÃES, Antônio Sérgio Alfredo. Preconceito de cor e racismo no Brasil. *Revista de Antropologia,* São Paulo, v. 47, n. 1, p. 9-43, 2004.

GUIMARÃES. Antônio Sérgio Alfredo. *Racismo e anti-racismo no Brasil.* São Paulo: Fundação de Apoio à Universidade de São Paulo. Editora 34, 1999.

GUTFREIND, Ieda. *A historiografia rio-grandense.* 2. ed. Porto Alegre: Editora da UFRGS, 1998.

HALL, Stuart. *Da diáspora: Identidade e mediações Culturais.* Organização Liv Sovik. Belo Horizonte: Editora UFMG, 2003.

KERSTING, Eduardo. *Negros e a modernidade urbana em Porto Alegre:* a colônia africana. 1998. Dissertação (Mestrado em História) – PPGHIS, UFRGS, Porto Alegre, 1998.

LAZZARI, Alexandre. *Coisas para o povo não fazer:* carnaval em Porto Alegre (1870-1915). Campinas: Editora da Unicamp; Cecult, 2001.

LAZZARI, Alexandre. Raça, escravidão e literatura nacional na Revista do Partenon Literário (Porto Alegre, 1869-79). *In:* XAVIER, Regina Célia Lima (org.). *Escravidão e liberdade:* temas, problemas e perspectivas de análise. 1. ed. São Paulo: Alameda, 2012.

LEITE, Ilka Boaventura. Descendentes de africanos em Santa Catarina: invisibilidade histórica e segregação. *Textos e Debates,* Florianópolis, v. 1, n. 1, p. 5-42, 1991.

LONER, Beatriz. Negros: organização e luta em Pelotas. *História em Revista*, Pelotas, v. 5, n. 5, p. 1-17, dez. 1999.

LONER, Beatriz. *Construção de classe:* operários de Pelotas e Rio Grande (1888-1930). Pelotas: EdUFPEL, 2001.

LUCAS, Maria Elizabeth. Classe dominante e cultura musical no RS: do amadorismo à profissionalização. *In:* GONZAGA, Sergius; DACANAL, José Hildebrando (org.). *Rio Grande do Sul:* cultura e ideologia. Porto Alegre: Mercado Aberto, 1980.

MAIO, Marcos Chor. Abrindo a "caixa-preta": o projeto UNESCO de relações raciais. *In:* SCHWARCZ, Lilia (org.). *Antropologias, histórias, experiências.* Belo Horizonte: Editora da UFMG, 2004.

MAIO, Marcos Chor (org.). *Raça, ciência e sociedade.* Rio de Janeiro: Fiocruz--CCBB, 1996.

MARCONDES, Marcos Antônio (org.). *Enciclopédia da Música Brasileira:* erudita, folclórica e Popular. v. 2. São Paulo: Art Editora, 1977.

MARTINEZ-ECHAZÁBAL, Loudez. O culturalismo dos anos 30 no Brasil e na America Latina: deslocamento retórico ou mudança conceitual? *In:* MAO, Marcos Choir (org.). *Raça, ciência e sociedade.* Rio de Janeiro: Fiocruz-CCBB, 1996.

MATTOS, Hebe Maria. *Das cores do silêncio:* os significados da liberdade no Sudeste escravista (Brasil, séc. XIX). Rio de Janeiro: Arquivo Nacional, 1995.

MATTOS, Jane Rocha de. *Que arraial que nada, aquilo lá é um areal:* o Areal da Baronesa: imaginário e história (1879-1921). 2000. Dissertação (Mestrado em História) – Programa de Pós-Graduação em História, PUCRS, Porto Alegre, 2000.

MATTOS, Marcelo Badaró. *Escravizados e livres:* experiências comuns na formação da classe trabalhadora carioca. Rio de Janeiro: Bom Texto, 2008.

MAUCH, Claudia. *Ordem Pública e moralidade:* imprensa e policiamento urbano em Porto Alegre na década de 1890. Santa Cruz do Sul: EDUNISC, 2004.

MELLO E SOUZA, Tiago. Para além da casa da Tia Ciata: outras experiências no universo cultural carioca, 1830-1930. *AfroÁsia*, Salvador, n. 29-30, p. 175-198, 2003.

MONTEIRO, Charles. *Porto Alegre:* urbanização e modernidade: a construção social do espaço urbano. Porto Alegre: EDIPUCRS, 1995. 152 p. (Coleção História; 4).

MOURA, Roberto. *Tia Ciata e a pequena África do Rio de Janeiro.* Rio de Janeiro: Secretaria Municipal de Cultura, 1995.

MULLER, Liane Susan. *"As contas do meu rosário são balas de artilharia"*: irmandade, jornal e associações negras em Porto Alegre. 1999. Dissertação (Mestrado em História) – PPGHIS, PUCRS, Porto Alegre, 1999.

NEDEL, Letícia Borges. *Paisagens da Província:* o regionalismo sul-rio-grandense e o Museu Júlio de Castilhos nos anos cinqüenta. 1999. Dissertação (Mestrado em História – Instituto de Filosofia e Ciências Sociais, Universidade Federal do Rio de Janeiro, Rio de Janeiro, 1999.

NEPOMUCENO, Nirlene. *Testemunhos de poéticas negras:* De Chocolat e a Companhia Negra de Revistas no Rio de Janeiro (1926-1927). 2006. Dissertação (Mestrado em História) – Programa de Pós-Graduação em História Social, PUCSP, São Paulo, 2006.

OLIVEIRA, Márcia Ramos. *Lupicínio Rodrigues:* a cidade, a música e os amigos. Porto Alegre, 1996. Dissertação (Mestrado em História) – PPGHIS, UFRGS, Porto Alegre, 1996.

OLIVEN, Ruben George. A invisibilidade social e simbólica do negro no Rio Grande do Sul. *In:* OLIVEN, Ruben George. *Negros no sul do Brasil.* Florianópolis: Letras Contemporâneas, 1996.

ORTIZ, Renato. *Cultura brasileira e identidade nacional.* São Paulo, Editora Brasiliense, 1985.

PEREIRA, Lúcia Regina Brito Pereira. *Cultura e Afro-descendência:* Organizações Negras e suas estratégias educacionais em Porto Alegre (1872-2002). 2008. Tese (Doutorado em História) – Programa de Pós-Graduação em História, PUCRS, Porto Alegre, 2008.

PESAVENTO, Sandra Jatahy. Os excluídos da cidade. *In:* SEFFNER, Fernando (org.). *Presença negra no Rio Grande do Sul.* Porto Alegre: UE, 1995.

PESAVENTO, Sandra Jatahy. Lugares malditos: a cidade do outro no sul brasileiro (Porto Alegre, passagem do século XIX ao século XX). *Revista Brasileira de História,* São Paulo, v. 19, n. 37, p. 195-216, 1999.

PESAVENTO, Sandra Jatahy. *Os pobres da Cidade:* vida e trabalho (1880-1920). Porto Alegre: Ed. da Universidade-UFRGS, 1994.

PETRUCCELLI, José Luis. As doutrinas francesas e o pensamento racial brasileiro (1870-1930): Arthur de Gobineau e Louis Couty no Brasil. *Estudos Sociedade e Agricultura,* Rio de Janeiro, v. 7, n. 7, p. 134-149, dez. 1996.

PINTO, Ana Flávia Magalhães. *Imprensa negra no Brasil do século XIX.* São Paulo: Selo Negro, 2010.

PORTO ALEGRE. *Museu de percurso do negro em Porto Alegre.* Porto Alegre: Secretaria de Cultura-Prefeitura Municipal de Porto Alegre, 2010.

QUEIRÓZ, Maria Isaura Pereira de. *Carnaval brasileiro*: o vivido e o mito. São Paulo: Brasiliense, 1992.

RIOS, Ana M. Lugão; MATTOS, Hebe M. *Memórias do cativeiro*: família, trabalho e cidadania no pós-abolição. Rio de Janeiro: Civilização Brasileira, 2005.

RODRIGUES, Cláudia Maria Leal. *Institucionalizando o ofício de ensinar:* um estudo histórico sobre a educação musical em Porto Alegre (1877-1918). 2000. 236 f. Dissertação (Mestrado em Música) – Instituto de Artes, Universidade Federal do Rio Grande do Sul, Porto Alegre, 2000.

RODRIGUES, Mara Cristina de Matos. *A institucionalização da formação superior em história:* o curso de Geografia e História da UPA/URGS – 1943 a 1950. 2002. Dissertação (Mestrado em História) – Programa de Pós-Graduação em História, Universidade Federal do Rio Grande do Sul, Porto Alegre, 2002.

ROSA, Marcus Vinicius de F. Colônia africana, arrabalde proletário: o cotidiano de negros e brancos, brasileiros e imigrantes num bairro de Porto Alegre durante as primeiras décadas do século XX. *In:* ENCONTRO ESCRAVIDÃO E LIBERDADE NO BRASIL MERIDIONAL, 5., 2011, Porto Alegre. *Anais* [...]. Porto Alegre: ANPUH RS, 2011. Disponível em http://www.escravidaoeliberdade.com.br. Acesso em: 24 dez. 2013.

ROSA, Marcus. V. F. *Quando Vargas caiu no samba:* um estudo sobre os significados do carnaval e as relações sociais estabelecidas entre os poderes públicos, a imprensa e os grupos de foliões em Porto Alegre durante as décadas de 1930 e 1940. 2008. Dissertação (Mestrado em História) – PPGHIS, UFRGS, Porto Alegre, 2008.

SANTOS, Irene (org.). *Colonos e quilombolas:* memoria fotográfica das colônias africanas de Porto Alegre. Porto Alegre: Secretaria de Cultura-Prefeitura Municipal de Porto Alegre, 2010.

SANTOS, Irene (org.) *Negro em preto e branco:* história fotográfica da população negra em Porto Alegre. Porto Alegre: Secretaria de Cultura-Prefeitura Municipal de Porto Alegre, 2005.

SANTOS, Isabel Silveira. *Abram-se as Cortinas:* Representações Étnico-Raciais de Negros (as) e Pedagogias Abolicionistas no Teatro de Arthur Rocha. 2009. Dissertação (Mestrado em Educação) – Universidade Luterana do Brasil (Ulbra), Canoas, 2009.

SANTOS, José Antônio dos. *Raiou A Alvorada:* intelectuais negros e imprensa, Pelotas (1907-1957). Pelotas: Ed. Universitária, 2003.

SANTOS, José Antônio. *Prisioneiros da História:* trajetórias intelectuais na imprensa negra meridional. 2011. Tese (Doutorado em História) – PUC-RS, Porto Alegre, 2011.

SCHWARCZZ, Lilia Moritz. *O espetáculo das raças:* cientistas, instituições e questão racial no Brasil, 1870-1930. São Paulo: Companhia das Letras, 1993.

SEYFERTH, Giralda. Construindo a nação: hierarquias raciais e o papel do racismo na política de imigração e colonização. *In:* MAIO, Marcos Chor (org.). *Raça, ciência e sociedade.* Rio de Janeiro: Fiocruz-CNBB, 1996.

SHARPE, Jim. "A história vista de baixo". *In:* BURKE, Peter (org.). *A escrita da História:* novas perspectivas. São Paulo: Editora da Universidade Estadual Paulista, 1992.

SILVA, Fernanda. Oliveira. *Os negros, a constituição de espaços para os seus e o entrelaçamento desses espaços:* associações e identidades negras em Pelotas (1820-1943). 2011. Dissertação (Mestrado em História) – Faculdade de Filosofia e Ciências Humanas, Pontifícia Universidade Católica do Rio Grande do Sul, Porto Alegre, 2011.

SILVA, Gabriela Correa da. *O regionalismo sul-rio-grandense de Athos Damasceno e sua polêmica com Vargas Netto (1932).* 2011. Monografia (Trabalho de Conclusão de Curso de História) – Universidade Federal do Rio Grande do Sul, Porto Alegre, 2011.

SILVA, Sarah Calvi Amaral. *Africanos e afro-descendentes nas origens do Brasil:* raça e relações raciais no II Congresso Afro-Brasileiro de Salvador (1937) e no III Congresso Sul-Riograndense de História e Geografia do IHGRS. 2010. Dissertação (Mestrado em História) – Programa de Pós-Graduação em História, Universidade Federal do Rio Grande do Sul, Porto Alegre, 2010.

SIMÕES, Júlia da Rosa. *Ser músico e viver da música no Brasil:* um estudo da trajetória do Centro Musical Porto-Alegrense (1920-1933). 2011. Dissertação (Mestrado em História) – Programa de Pós-Graduação em História, Faculdade de Filosofias e Ciências Humanas, PUCRS, 2011.

SIMON, Círio. *Etapas e contribuições do Instituto de Artes da UFRGS na constituição de expressões de autonomia no sistema de Artes Visuais do RS.* 1999. Tese (Doutorado em História) – Programa de Pós-Graduação em História, PUCRS, Porto Alegre, 1999.

SKIDMORE, Thomas E. *Preto no branco.* Rio de Janeiro: Paz e Terra, 1976.

SOHIET, Rachel. *A subversão pelo riso:* estudos sobre o carnaval carioca da Belle Époche ao tempo de Vargas. Rio de Janeiro: Editora Fundação Getulio Vargas, 1998.

SOUZA, Marcio de. *Mágoas de violão:* mediações culturais na música de Octávio Dutra. Porto Alegre: PUC, 2010. Tese (Doutorado em História) – PUC-RS).

THOMPSON, Edward Palmer. *Costumes em comum.* São Paulo: Companhia das Letras, 1998.

THOMPSON, Edward Palmer. *A formação da classe operária inglesa.* v. I. Rio de Janeiro: Paz e Terra, 1987.

THOMPSON, Edward Palmer "Intervalo: a lógica histórica". *In:* THOMPSON, Edward Palmer. *A miséria da Teoria ou um planetário de erros.* Rio de Janeiro: Jorge Zahar Ed., 1981.

VEDANA, Hardy. *A Elétrica e os Discos Gaúcho.* Porto Alegre: [*s. n.*], 2006.

VEDANA, Hardy. *Octavio Dutra na história da música de Porto Alegre.* Porto Alegre: Editora Proletra, 2000.

VEDANA, Hardy. *Jazz em Porto Alegre.* Porto Alegre: L&PM, 1987.

VELLOSO, Monica Pimenta. As tias baianas tomam conta do pedaço: espaço e identidade cultural no Rio de Janeiro. *Estudos Históricos*, local, v. 3, n. 6, p. 207-228, 1990.

VIANNA, Hermano. *O mistério do samba.* Rio de Janeiro: Zahar, Editora da Universidade-UFRJ, 1995.

XAVIER, Regina Célia Lima (org.). *História da escravidão e da liberdade no Brasil Meridional:* guia bibliográfico. Porto Alegre: Editora da UFRGS, 2007.

XAVIER, Regina Célia Lima. Uma história que se conta: o papel dos africanos e seus descendentes na formação do Rio Grande do Sul. *História Unisinos,* São Leopoldo, v. 10, n. 3, p. 243-258, 2006.

XAVIER, Regina Célia Lima. Raça, classe e cor: debates em torno da construção de identidades no Rio Grande do Sul no pós-abolição. *In:* FORTES, Alexandre *et al.* (org.). *Cruzando fronteiras:* novos olhares sobre a história do trabalho. São Paulo: Editora Fundação Perseu Abramo, 2013. p. 103-131.

XAVIER, Regina Célia Lima; BOHRER, Felipe Rodrigues. *Africanos, afrodescendentes: imagens de Porto Alegre* [e-book]. São Leopoldo: Ed. Oikos, 2018.

WADE, Peter, Compreendendo a "Africa" e a "negritude" na Colombia: a música e a política da cultura. *Estudos Afro-Asiaticos,* Rio de Janeiro, ano 25, n. 1, p. 145-178, 2003.

ZUBARAN, Maria Angélica. Comemorações da liberdade: lugares de memórias negras diaspóricas. *Anos 90:* Revista de Programa de Pós-Graduação em História, Porto Alegre, v. 15, n. 27, p. 161-187, jul. 2008.

SITES

ENCONTROS Escravidão e Liberdade no Brasil Meridional. **Africanos e seus descendentes no Brasil,** [*s. l.*] 2023. Disponível em: https://www.ufrgs.br/escravidaoeliberdade/encontros-meridional/. Acesso em: 6 mar. 2025.

ACADEMIA BRASILEIRA DE MÚSICA. **Acadêmicos – fundadores.** Rio de Janeiro, 2025. Disponível em: https://abmusica.org.br/academicos/#fundadores/. Acesso em: 6 mar. 2025.

HORACINA Correia. *In*: DICIONÁRIO Cravo Albin da Música Popular Brasileira. Disponível em: https://dicionariompb.com.br/artista/horacina-correia/. Acesso em: 15 set. 2013.

DOCUMENTOS

ALMANAQUE da Brigada Militar Para 1929. Anno decimo quarto. Porto Alegre, Livraria Americana J. O. Rentsch & Cia., 1929. (Fundação Biblioteca Nacional)

ALMANAQUE da Brigada Militar Para 1930. Anno décimo quinto. Porto Alegre, Livraria Americana J. O. Rentzch & Cia., 1930. (Fundação Biblioteca Nacional)

ESTATUTOS do Centro Musical Porto-Alegrense (1920). (Arquivo do Sindicato dos Músicos Profissionais do Rio Grande do Sul).

LIVRO de Atas do Centro Musical Porto-Alegrense (1920-1933). (Arquivo do Sindicato dos Músicos Profissionais do Rio Grande do Sul).

RELATÓRIOS dos Presidentes das Províncias Brasileiras — Império — 1830-1889. Disponível em: www.memoria.bn.br.

RELATÓRIOS dos Presidentes dos Estados Brasileiros — 1891-1930. Disponível em: www.memoria.bn.br.

PERIÓDICOS DE ÉPOCA

O EXEMPLO:
1892-1897: Biblioteca Pública Rio-Grandense (Coleção Agostinho José Lourenço) - 11 dez. 1892; 30 abr. 1893; 21 jan. 1897.

1902-1905: Museu de Comunicação Social Hipólito José da Costa (MCSHJC) - 13 nov. 1902; 25 nov. 1902; 27 jun. 1903; 3 jul. 1904; 10 jul. 1904; 24 jul. 1904; 7 ago. 1904.

1908-1911: Núcleo de Pesquisa em História (NPH/UFRGS)
- 17 nov. 1908; 20 dez. 1908; 1º jan. 1909; 11 jul. 1909; 25 jul. 1909; 1º ago. 1909; 22 ago. 1909; 5 set. 1909; 28 set. 1909; 31 out. 1909; 1º jan. 1910; 16 jan. 1910; 13 fev. 1910; 08 abr. 1910; 17 abr. 1910; 24 abr. 1910; 1º maio 1910; 13 maio 1910; 22 maio 1910; 3 jul 1910; 17 jul. 1910; 7 ago. 1910; 11 set. 1910; 18 set. 1910; 13 nov. 1910; 5 fev. 1911; 12 fev. 1911; 28 maio 1911.

1916-1919: Fundação Biblioteca Nacional
- 20 fev. 1916; 5 mar. 1916; 2 abr. 1916; 30 abr. 1916; 2 jul. 1916; 30 jul. 1916; 20 ago. 1916; 8 out. 1916; 29 out. 1916; 5 nov. 1916; 19 nov. 1916; 26 nov. 1916; 24 dez. 1916; 7 jan. 1917; 4 fev. 1917; 11 fev. 1917; 18 fev. 1917; 4 mar. 1917; 18 mar. 1917; 29 abr. 1917; 20 maio 1917; 27 maio 1917; 29 jul. 1917; 12 ago. 1917; 19 ago. 1917; 9 set. 1917; 16 set. 1917; 23 set. 1917; 11 nov. 1917; 3 fev. 1918; 24 fev. 1918; 17 mar. 1918; 31 mar. 1918; 11 ago. 1918; 15 dez. 1918; 22 dez. 1918; 23 fev. 1919; 23 mar. 1919; 25 maio 1919; 1º jun. 1919; 12 out. 1919; 9 nov. 1919; 23 nov. 1919.

1920-1930: Instituto Histórico e Geográfico do Rio Grande do Sul (IHGRGS)
- 3 out. 1920; 13 fev. 1921; 27 fev. 1921; 10 abr. 1921; 22 maio 1921; 20 nov. 1921; 2 jan. 1922; 26 fev. 1922; 7 maio 1922; 7 set. 1922; 22 out. 1922; 26 nov. 1922; 11 fev. 1923; 25 fev. 1923; 18 mar. 1923; 19 ago. 1923; 30 mar. 1924; 27 abr. 1924; 4 maio

1924; 27 jul. 1924; 31 ago. 1924; 7 set. 1924; 28 set. 1924; 25 jan. 1925; 15 fev. 1925; 1º mar. 1925; 29 maio 1925; 8 nov. 1925; 31 jan. 1926; 7 fev. 1926; 13 maio 1926; 21 nov. 1926; 3 dez. 1926; 5 jun. 1927; 10 jul. 1927; 18 set. 1927; 25 set. 1927; 5 fev. 1928; 12 fev. 1928; 10 dez. 1928; 17 dez. 1928; 14 jan. 1929; 11 fev. 1929.

A FEDERAÇÃO: Fundação Biblioteca Nacional (Hemeroteca Digital Brasileira – Disponível em: www.memoria.bn.br)

Década 1880:
- 17 maio 1888; 27 jul. 1889; 3 ago. 1889; 6 set. 1889; 9 set. 1889; 10 out. 1889; 11 out. 1889; 28 dez. 1889.

Década 1890:
- 29 jan. 1890; 20 mar. 1891; 23 mar. 1891; 6 dez. 1891; 27 jul. 1892; 27 out. 1892; 29 jan. 1895; 7 set. 1895; 29 set. 1895; 30 nov. 1895.

Década 1900:
- 22 dez. 1903; 9 nov. 1906; 10 dez. 1906; 5 fev. 1907; 11 set. 1907; 19 set. 1907; 15 out. 1907; 2 mar. 1908; 22 set. 1908; 9 nov. 1908; 24 nov. 1908; 28 nov. 1908; 7 dez. 1908; 30 dez. 1908; 2 jan. 1909; 5 ago. 1909; 6 ago. 1909.

Década 1910:
- 30 dez. 1910; 2 jan. 1911; 15 jul. 1911; 29 nov. 1911; 27 dez. 1911; 16 mar. 1912; 20 mar. 1912; 10 maio 1912; 2 set. 1912; 16 set. 1912; 17 fev. 1913; 6 jun. 1913; 30 jun. 1913; 11 nov. 1913; 18 nov. 1913; 27 nov. 1913; 21 jan. 1914; 20 fev. 1914; 27 jun. 1914; 14 jul. 1914; 3 jan. 1915; 5 jan. 1915; 14 maio 1915; 8 set. 1915; 26 nov. 1915; 28 jan. 1916; 5 ago. 1916; 15 jan. 1917; 20 nov. 1917; 15 ago. 1918; 7 set. 1918; 11 out. 1918; 1º nov. 1918.

Década 1920:
- 2 fev. 1920; 7 mar. 1921; 23 nov. 1921; 23 maio 1922; 30 jan. 1925; 8 abr. 1925; 25 abr. 1925; 14 jun. 1925; 21 jun. 1925; 26 ago. 1925; 25 set. 1925; 10 jun. 1926; 7 jul. 1926; 27 ago. 1926; 15 out. 1926; 15 out. 1927; 20 out. 1927; 15 nov. 1927; 18 nov. 1927; 15 out. 1928.

Década 1930:
-15 mar. 1933; 20 mar. 1933.